CARL AUER

Bert Hellinger

Familien-Stellen mit Kranken

Dokumentation eines Kurses für Kranke,
begleitende Psychotherapeuten und Ärzte

Zweite, überarbeitete und erweiterte Auflage 1997

Über alle Rechte der deutschen Ausgabe verfügt Carl-Auer-Systeme Verlag und Verlagsbuchhandlung GmbH; Heidelberg
Fotomechanische Wiedergabe nur mit Genehmigung des Verlages
DTP-Management: Peter-W. Gester
DTP und Grafik: Drißner-Design u. DTP, Heidelberg
Umschlag: WSP Design, Heidelberg
Printed in Germany 1997
Gesamtherstellung: Druckerei Kösel, Kempten

Zweite, überarbeitete und erweiterte Auflage 1997

Die Deutsche Bibliothek – CIP-Einheitsaufnahme

Familien-Stellen mit Kranken : Dokumentation eines Kurses für Kranke, begleitende Psychotherapeuten und Ärzte / Bert Hellinger. – 2., überarb. u. erw. Aufl. – Heidelberg : Carl-Auer-Systeme, Verl. und Verl.-Buchh., 1997
ISBN 3-89670-018-9
NE : Hellinger, Bert

Inhalt

2. Tag

3. Tag

Anhang I

Rückmeldungen und Ergänzungen nach einem Jahr

Anhang II

Vorwort

Dieses Buch und das dazugehörende Video dokumentieren einen dreitägigen Kurs,* in dem etwa dreißig chronisch oder lebensbedrohlich Erkrankte zusammen mit ihren Psychotherapeuten und Ärzten ihre Familien stellen konnten. Weitere zweihundert Therapeuten und Ärzte nahmen beobachtend teil.

Ziel dieses Kurse war es, einer großen Zahl von Psychotherapeuten und Ärzten die Gelegenheit zu geben,

1. das Familien-Stellen als erhellendes und heilendes Tun bei körperlich oder körperlich-seelisch schwer Erkrankten zu erleben und zu erlernen;

2. mit Hilfe des Familien-Stellens aufzudecken und zu erfahren, was in der Schicksalsgemeinschaft von Familie und Sippe zu schweren Krankheiten führt oder zu Unfällen und Selbstmord, und was solche Schicksale wendet.

Dieser Kurs wurde unter der Bildregie von Johannes Neuhauser – bekannt durch seine Dokumentationen für ORF und ZDF – von zwei professionellen Kamerateams aus verschiedenen Blickwinkeln aufgenommen. Diese Videos wurden zusammen mit diesem Buch unter dem gleichen Titel veröffentlicht.**

Video und Buch dokumentieren das gleiche Kursgeschehen, doch auf einander ergänzende Weise.

Das Video zeigt den Kurs anschaulich und unmittelbar: die Veränderungen im Gesichtsausdruck und in der Stimme, die Bewegungen, den Durchbruch der Gefühle, die Spannung an der äußersten Grenze und die Erleichterung, wenn eine Lösung oder Versöhnung gelingt.

Die Kamera hielt sich aber dort zurück, wo dies angebracht war. Zudem sollte niemand beim Familien-Stellen behindert werden. Beim Schnitt achtete Johannes Neuhauser, der auch als Psychotherapeut arbeitet, auf eine Balance zwischen Nähe und Überblick.

---

* 9.–11. März 1994 in Heidelberg.

** Familien-Stellen mit Kranken. Live-Video Edition von einem Kurs für Kranke mit ihren Psychotherapeuten und Ärzten. Dauer 10 Stunden. Carl-Auer-Systeme Verlag, Heidelberg, drei Videocassetten, DM 248,–.

Im Buch wird das Kursgeschehen wörtlich festgehalten und durch Überschriften und Querverweise überschaubar gegliedert. Auch werden die Familienaufstellungen – im Video manchmal perspektivisch verschoben oder in Ausschnitten sichtbar – graphisch vereinfacht, aber Schritt für Schritt vollständig und perspektivisch genau wiedergegeben. So kann man, was im Video bewegt und oft blitzartig abläuft, im Buch in Ruhe nachlesen und überprüfen. Zusätzlich enthält das Buch auch die Dokumentation der Rückmeldungen von Kranken und von weiterführenden Aufstellungen in einem Folgekurs ein Jahr später.*

Um den Wechsel vom Buch zum Video zu erleichtern, wird im Buch nach jeder Überschrift die Zeit angegeben, zu der dieser Abschnitt auf dem Bandzähler beginnt. Und um umgekehrt den Wechsel vom Video zum Buch zu erleichtern, wurden in den Videos die gleichen Überschriften als Untertitel eingeblendet.

In dieser Dokumentation werden menschliche Schicksale bewegend und auf das Äußerste verdichtet wie auf einer Bühne dargestellt. Nicht auf Brettern, die nur die Welt bedeuten – hier spielt das Leben selbst. Wer diesem Geschehen aufmerksam folgt, kommt in Berührung mit der Tiefe von Schicksal und mit der Ordnung, die einen schlimmen Schicksalslauf manchmal noch aufhält und wendet. Dennoch ist diese Dokumentation in erster Linie für Therapeuten bestimmt, die das Familien-Stellen mit Kranken lernen und anwenden wollen.

Für einen schnelleren Überblick, bringt diese überarbeitete und ergänzte Auflage vor den dokumentierten Familienaufstellungen eine Zusammenfassung der Dynamik und der Lösung und, im Anhang II, ein Inhaltsverzeichnis nach Themen geordnet.

Lernen, mit Kranken Familien zu stellen

Hier wird das Familien-Stellen mit Kranken an vielen Beispielen Schritt für Schritt vor Augen geführt und erläutert. Video und Buch werden so zu einem praxisnahen Einführungskurs in das Familien-Stellen mit Kranken und in die systemische Psychosomatik. Doch so wie die Teilnehmer des Kurses erst langsam mit den einzelnen

* 4.–5. März 1995 in Heidelberg.

Schritten vertraut werden mußten und dann immer sicherer wurden, so ergeht es wahrscheinlich auch Therapeuten, die diese Beispiele sehen und nachvollziehen: von Aufstellung zu Aufstellung geht es leichter und schneller.

Weitere Beispiele des Familien-Stellens mit Kranken sowie ins einzelne gehende Erläuterungen über die Gesetze und Ordnungen, die dabei zu beachten sind, finden Sie in „Zweierlei Glück" und in „Ordnungen der Liebe". *

Eine zusammenfassende Beschreibung der Grundsituationen, die in Familien zu schweren Krankheiten führen, und der Schritte zu ihrer Heilung finden Sie in „Ordnungen der Liebe" im Kapitel „Vom Himmel, der krank macht, und der Erde die heilt". Diesen Text bringt das Video „Ordnung und Krankheit" als Vortrag.**

Doch wirklich lernen kann man das Familien-Stellen nur, wenn man unvoreingenommen auf sich wirken läßt, was in den Aufstellungen ans Licht kommt. Denn jede Aufstellung ist anders und jede Lösung neu. Man kann sich daher nicht auf das bisher Gelernte verlassen, sondern muß selbst im Augenblick das Wesentliche erfassen. Das gelingt, wenn man losläßt: sowohl die Furcht vor dem, was passieren könnte, wenn man seiner Wahrnehmung folgt, als auch die Absicht, das in den Griff zu bekommen, was sich in den Schicksalen zeigt. In solchem Loslassen löst man sich vom eigenen Ich, nimmt ganzheitlich wahr im Einklang mit der anderen Schicksal, und dann erfaßt man plötzlich, wo eine Tür sich öffnet und schließt. Solches Lernen gelingt nur dem, der gesammelt wahrnimmt und wagt. Auf diese Weise lernt jeder unmittelbar aus dem Vollzug. Er wird sein eigener Schüler und nach einiger Zeit durch Schauen zum Meister.

So bleibt mir jetzt nur noch, Sie zu ermutigen, sich einzulassen auf dieses Schauen und auf das Lernen durch Tun.

Bert Hellinger

---

* Gunthard Weber (Hrsg.): Zweierlei Glück. Die systemische Psychotherapie Bert Hellingers. Carl-Auer-Systeme Verlag, Heidelberg, 2. überarbeitete und ergänzte Auflage 1993. ISBN 3-927809-19-5, 332 Seiten.
Bert Hellinger: Ordnungen der Liebe. Carl-Auer-Systeme Verlag, Heidelberg, 2. korrigierte Auflage 1995, ISBN 3-927809-31-4, 553 Seiten.
** Bert Hellinger: Ordnung und Krankheit. Vortrag und Werkstattgespräch. Video 130 Minuten. Carl-Auer-Systeme Verlag, Heidelberg.

Dank

Dr. Gunthard Weber hat diesen Kurs in Zusammenarbeit mit dem Heidelberger Institut für systemische Forschung organisiert. Er und Johannes Neuhauser haben mit großem persönlichen Einsatz diese Dokumentation mit auf den Weg gebracht.

Bei den Videoaufnahmen haben mitgewirkt: Markus Fischer und Wolfgang Lehner (Kamera), Roland Freinschlag und Bertram Hellermann (Ton und Schnitt).

Dr. Otto Brink, Dr. Robert Langlotz, Jakob und Sieglinde Schneider haben Korrektur gelesen, und Dr. Norbert Linz hat mir in bewährter Weise wieder viele wertvolle Hinweise gegeben.

Ihnen allen gilt mein herzlicher Dank.

Besonders danken möchte ich den Teilnehmern, die bereit waren, uns ihre Familie zu zeigen. Was sie uns zeigten, verdient unseren tiefen Respekt.

1. Tag

Willkommen

(Video 1: 01min 04")

Gunthard Weber: Liebe Kolleginnen und Kollegen!

Ich begrüße Sie alle herzlich zu diesem Seminar. Ich habe es noch nie erlebt, daß ich zweihundert Aussendungen für ein Seminar verschickt habe und zweihundert Anmeldungen bekam. Das ist außergewöhnlich. Das muß etwas zu tun haben mit den Ideen und Ansätzen, um die es hier geht, und mit dem Mann, der hinter ihnen steht. Ich freue mich, daß Sie gekommen sind, auch im Namen meiner Kollegen vom Heidelberger Institut für systemische Forschung.

Ich begrüße ganz besonders dich, Bert. Ich freue mich, daß du wieder in Heidelberg bist, und ich denke, wir werden ein sehr intensives Zusammensein diese drei Tage haben. Damit übergebe ich es dir.

Bert Hellinger: Ich danke für die freundliche Begrüßung und nun fange ich gleich an mit der Arbeit.

Eltern eines achtjährigen schwer nierenkranken Jungen (1):

Die Gegenwartsfamilie

(Video 1: 3min 05")

Die Dynamik: *Das erste Kind war totgeboren und wurde ausgeklammert und vergessen.*
Die Lösung: *Das totgeborene Kind wird dazugestellt und mitgezählt. Dadurch fühlt sich das kranke Kind gerührt und erleichtert. Den Eltern wird gesagt, dem Kind einen Platz in ihrem Herzen zu geben und sich gegenseitig zuzusichern, daß sie den Verlust gemeinsam tragen. Auch braucht das tote Kind ein Grab oder einen Gedenkstein.*
Eine zweite Dynamik *ergab sich für die Eltern aus einer Abtreibung.*
Die Lösung: *Das Kind wird in den Blick gebracht. Die Eltern schauen es an und sagen zu ihm: „Mein liebes Kind, jetzt gebe ich dir einen Platz in meinem Herzen". Der Mann, der vor allem die Abtreibung wollte, sagt zur Frau: „Es tut mir leid". Beide Eltern sagen dem Kind: „Es tut mir leid, und jetzt nehme ich dich als mein Kind".*

H. *(zu den Eltern)*: Ich lade Sie ein, hierher zu mir zu kommen. Setzen Sie sich neben mich und sagen Sie kurz, warum sie hier sind.

Mann: Wir sind hier, weil wir einen achtjährigen Sohn haben, von dem wir seit einem dreiviertel Jahr wissen, daß er eine unheilbare Erkrankung der Nieren hat. Die Medizin kann ihm nicht helfen, hält es aber für möglich, daß es zu einer spontanen Besserung kommt.

Wir haben beide das Buch „Zweierlei Glück" gelesen und sind von einem homöopathischen Arzt, der uns begleitet, auf die Möglichkeit hingewiesen worden, daß wir hier unsere Familie aufstellen können. Wir haben die Hoffnung, daß uns das ein Stück weiterhilft.

H. *(zur Frau)*: Und sie stimmen dem auch zu?

Frau: Ich stimme dem zu und ich wünsche mir, daß wir eine Lösung finden können, die unserem Sohn hilft.

H.: Gut. Jetzt frage ich Sie einiges, bevor wir mit der Familienaufstellung beginnen.

(zum Mann): Was ist in Ihrer Familie Besonderes passiert.

Mann: Meine Eltern haben sich getrennt, als ich zwanzig Jahre alt war. Mein Vater ist vor acht Jahren an einer Krebserkrankung sehr schnell gestorben. Das hat sich in etwa gedeckt mit der Schwangerschaft meiner Frau mit diesem Kind. Mein Vater ist vierzehn Tage vor der Geburt dieses Sohnes gestorben. Ansonsten war meine Kindheit schwierig, aber das ist hier vielleicht nicht relevant. – Ich habe noch einen Halbbruder gehabt, den ich nie gesehen habe.

H.: Wo kommt der Halbbruder her?

Mann: Der Halbbruder ist ein uneheliches Kind meines Vaters, einige Jahre älter als ich. Das war in der Familie immer bekannt, ist aber nie besprochen worden. Ich habe den auch nie gesehen und weiß nicht einmal mehr, wie er heißt.

H.: Ich stelle zuerst einmal eure Gegenwartsfamilie auf. Während ich mit euch arbeite, rede ich euch mit du an; das ist leichter. – Wieviel Kinder habt ihr?

Mann: Unser Ältester, das erkrankte Kind, ist fast acht Jahre, das zweite, ein Mädchen, ist fast fünf und das dritte, ein Junge, ist fast drei Jahre alt.

H.: War jemand von euch vorher verheiratet oder verlobt oder in einer festen Bindung?

Frau: Wir waren beide vorher nicht verlobt oder in einer festen Bindung. Wir haben allerdings vor fünfzehn Jahren ein totes Kind bekommen.

H.: Ein totes Kind? Das ist das wie vielte?

Frau: Das war das erste Kind. Es ist am festgesetzten Tag der Entbindung gestorben, noch im Bauch, und ist eine Totgeburt gewesen.

H.: Das ist sehr bedeutsam. Dieses Kind stellen wir nachher mit auf.

Jetzt machen wir eine Aufstellung eurer Gegenwartsfamilie. Der Mann fängt an und die Frau kann es nachher korrigieren.

(zum Mann): Hast du schon einmal gesehen, wie so eine Familienaufstellung geht?

Mann: Ich kenne es aus dem Buch „Zweierlei Glück“.

H.: Okay, du wählst jetzt aus dieser Gruppe Personen aus, die eure

Familienmitglieder vertreten, also jemanden für dich, für deine Frau und für die drei lebenden Kinder. Fang du an, und nach dir kann dann deine Frau die Aufstellung nach ihrem Bild korrigieren.

(zur Gruppe): Wenn ich mit Paaren arbeite, lasse ich sowohl den Mann wie die Frau die Familie aufstellen. Man kann dann die beiden Aufstellungen vergleichen.

(In den folgenden graphischen Bildern werden die männlichen Personen mit einem Viereck gekennzeichnet, z.B.

und die weiblichen mit einem Kreis, z.B.

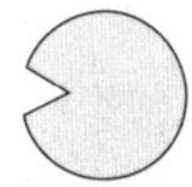

Die Symbole für die Personen, die aufstellen oder für die aufgestellt wird, werden durch eine ***fette Umrandung*** *und durch* ***dunklere Farbe*** *hervorgehoben. Die Kerben zeigen die Blickrichtung an. Die anschließenden Fragen werden, wenn nicht anders vermerkt, an die Stellvertreter der dargestellten Personen gerichtet.*

Fettdruck *für die Anrede oder die Abkürzungen, z.B.* **Mann** *oder* **[Mn]**, *weist darauf hin, daß die Stellvertreter der Personen, um die es vor allem bei der Aufstellung geht, angesprochen sind oder antworten.)*

1. Bild (aufgestellt vom Mann) *

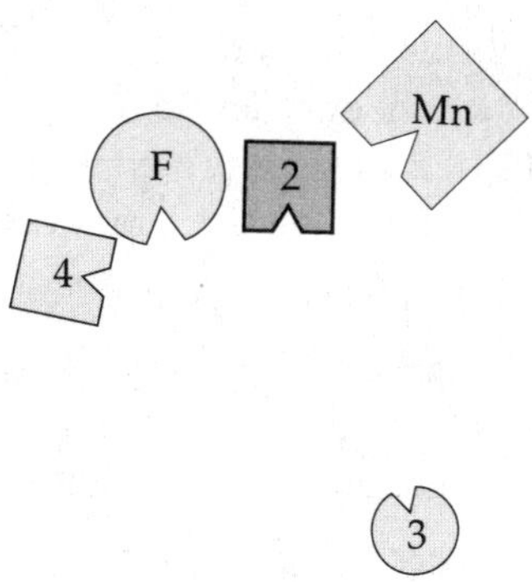

* ***Abkürzungen:***
Mn Mann
F Frau
+1 Erstes Kind, Sohn, totgeboren
2 Zweites Kind, Sohn, unheilbar krank
3 Drittes Kind, Tochter
4 Viertes Kind, Sohn

2. Bild (aufgestellt von der Frau)

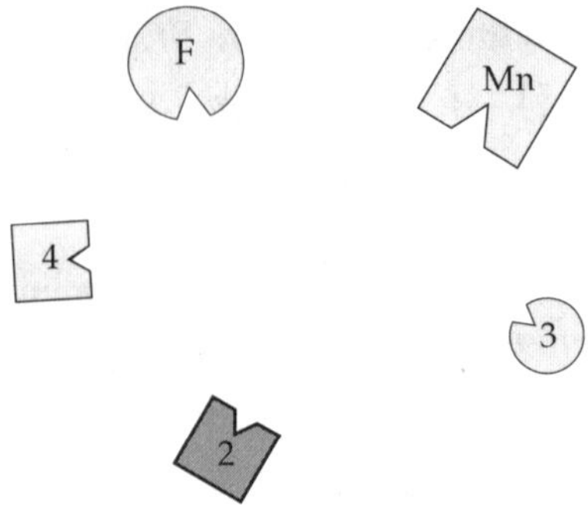

H. *(zu den Stellvertretern)*: Ihr sagt jetzt, wenn ich euch frage, wie ihr euch in der ersten Aufstellung gefühlt habt und wie in der zweiten.

Wie geht es dem Stellvertreter des Mannes?

[Mn]: In der ersten Aufstellung hatte ich nur Kontakt mit meiner Tochter. Meine Frau habe ich gar nicht gesehen. Der ältere Sohn stand zwar vor mir, aber ich sah nur seinen Rücken und hatte keinen Kontakt mit ihm. Ich fühlte mich sehr fremd in der Familie, doch mit Kontakt zu der Tochter.

H.: Wie ist es der Frau ergangen?

(F): Ich habe am Anfang gleich Druck gespürt im Brustbereich. Ich habe mich ganz eng gefühlt. Schlimm wurde es für mich, als der ältere Sohn dazukam. Da hatte ich das Gefühl, ich muß mich verkriechen oder ich muß weg. Mir ist die Luft weggeblieben. Jetzt, in der zweiten Aufstellung, habe ich immer noch Beklemmung in der Brust.

H.: Wie ist es dem kranken Sohn gegangen?

[2]: In der ersten Aufstellung war es mir ganz unheimlich. Am liebsten wäre ich verschwunden. Ich habe die Nähe zum Vater ganz stark gespürt. Er war mir zu nah und ich bekam Kopfschmerzen.

H.: Wie ging es der Tochter?

(3): In der ersten Aufstellung war ich sehr einsam und spürte einen Sog, meinen älteren Bruder zu nehmen und wegzugehen. Die anderen waren relativ fern. Jetzt, bei der zweiten Aufstellung, fühle ich mich zur Mutter hingezogen.

H.: Und wie ging es dem jüngsten Sohn?

[4]: Zu Anfang war ein totales Durcheinander, also keine Ordnung. Jetzt ist es für mich wunderbar.

H. *(zur Frau)*: Jetzt stelle das totgeborene Kind dazu.

3. Bild

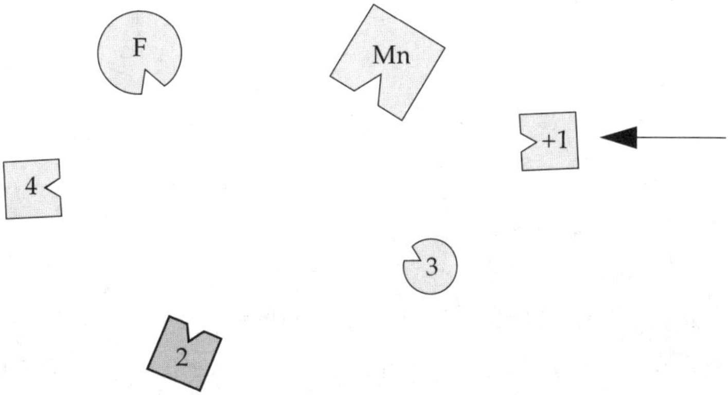

H.: Was ist jetzt beim kranken Sohn verändert?

[2]: Ich habe sofort hier im Nacken einen Zug gespürt, der mich nach hinten gezogen hat, und einen Druck im Kopf hier.

H.: Was ist bei den anderen verändert?

[Mn]: Es ist etwas Unheimliches für mich, etwas, das mich bedroht.

H.: Bei der Mutter?

(F): Ich spüre Tränen kommen und es wird heiß in der Brust.

H.: Was ist bei der Tochter?

(3): Mich drückt es nach rechts weg. Ich möchte gerne wieder zu meinem kranken Bruder.

H.: Und was ist beim Jüngsten?

[4]: Ich bin neugierig, was da kommt.

H.: Wie geht es dem totgeborenen Sohn?

[+1]: Es ist ein Drang da, auf der einen Seite nach vorne, aber auch nach unten.

H.: Ich stelle dich mal neben deine Mutter.

4. Bild

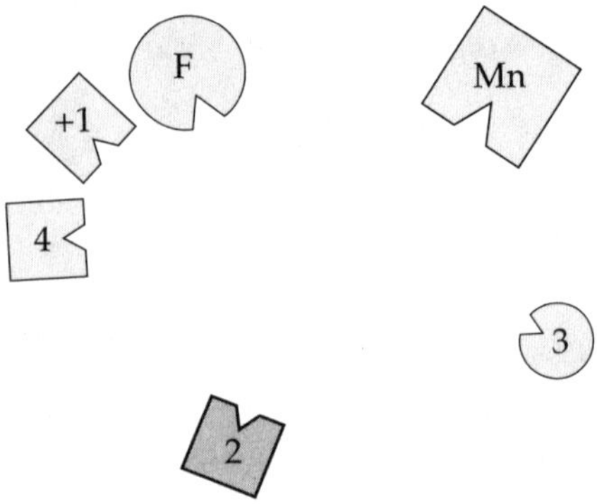

H.: Wie ist das ?

[+1]: Besser. Ich möchte mich ihr zuwenden.

(F): Mir wird ein bißchen leichter. Es ist zwar traurig, aber auch besser.

[Mn]: Es ist schön, das zu sehen.

H.: Ich mache jetzt eine Umstellung.

(H. stellt den Mann rechts neben die Frau und bittet den totgeborenen Sohn, sich auf den Boden zu setzen und mit dem Rücken an die Eltern anzulehnen. Die übrigen Kinder stellt er in der Reihenfolge ihres Alters den Eltern gegenüber. Der Mann legt spontan die Hand auf den Kopf des toten Kindes.)

5. Bild

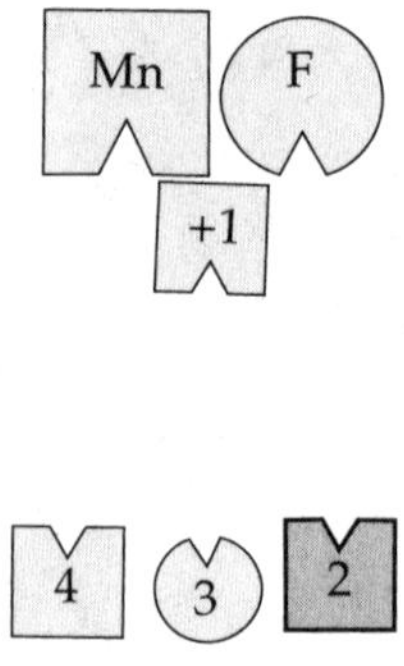

H.: Ach, wie geht es dem Mann jetzt?

(der Mann lacht und schaut freundlich zu seiner Frau hinüber)

(F): Ja, besser, gut.

[+1]:Mir kommen die Tränen.

H.: Wie geht es dem kranken Sohn?

[2]: Ich freue mich und mir kommen auch die Tränen. Ich brauche keine Angst mehr zu haben. Es ist, wie wenn eine Beklommenheit weg ist.

(3): Ich bin geborgen, gut aufgehoben.

[4]: In Ordnung.

H.: Merkwürdig, was sich verändert, wenn ein ausgeschlossenes Kind, das vergessen wurde, ins Spiel kommt. Welche Kraft!

(zu den Eltern): Jetzt stellt euch beide an eure Stelle in dem Bild, damit ihr das selber spürt.

(Mann und Frau tauschen mit ihren Stellvertretern die Plätze. Sie legen ihre Hand sachte auf den Kopf des toten Kindes und schauen sich an.)

H. *(zu den Eltern)*: Hat jemand von euch dem anderen einen Vorwurf gemacht, daß das Kind gestorben ist?

Der Mann: Nein.

Die Frau: Nein.

H.: Wie seid ihr damit umgegangen, daß das Kind starb?

Mann: Für mich war es so, daß ich bedrückt war und in Sorge um meine Frau, aber auch ein Stück erleichtert, weil ich das Gefühl hatte, wir waren noch nicht dazu bereit. Wir haben auch kein Grab für das Kind gemacht, haben es ein Stück wirklich weggeschoben und *(seufzt)* dem Kind keinen Platz gegeben – bis jetzt nicht.

Frau: Für mich war es nach der Totgeburt so, daß ich zuerst sehr intensiv getrauert habe. Dann habe ich mich entschlossen, die Schwangerschaft als eine sehr schöne, einfache, glückliche Zeit anzusehen, die nur ohne Kind geendet hat. Ich habe mich dann mir selbst stärker zugewandt und habe für mich relativ viele neue Erfahrungen und neue Wege gefunden. Mir ist dieses tote Kind wirklich erst eingefallen, als ich das Buch „Zweierlei Glück" gelesen habe.

H.: Wenn ein Kind so stirbt, ist es für die Eltern ein schweres Schicksal. Ihr müßt gemeinsam dazu stehen, daß es ein gemeinsames Schicksal ist für euch beide.

Schaut euch mal so an, als würdet ihr bereit sein, es gemeinsam zu tragen – und gebt dem Kind jetzt einen Platz in eurem Herzen. Das Kind verbindet euch und darf euch auch in Zukunft verbinden. Mit diesem Kind im Herzen wendet ihr euch dann dem kranken Kind zu. Das kranke Kind muß von dem toten Kind erfahren. Auch braucht das tote Kind ein Grab oder einen Gedenkstein. Irgend etwas muß geschehen in der Familie, damit es seinen Platz hat. Spürt ihr das so?

Mann: Ja.

Frau: Ja.

H.: Noch ein Anliegen vielleicht?

Mann: Es hat noch eine Abtreibung gegeben, und auch das war etwas, worüber wir nie mitsammen gesprochen haben.

H.: Das ist noch einmal eine wichtige Sache. Dieses Kind würde ich auch dazu nehmen. Ist es ein Mädchen oder Junge? Was ist die Phantasie?

Frau: Die Phantasie ist: Mädchen.

(H. wählt jemand als Stellvertreterin für dieses Kind aus und bittet sie, sich vor die Eltern zu setzen und sich mit dem Rücken an sie anzulehnen)

6. Bild

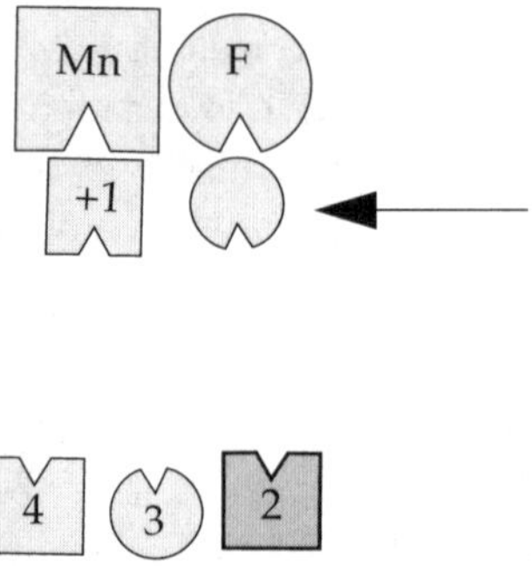

H. *(zu den Eltern)*: Dieses Kind muß auch einen Platz bekommen in eurem Herzen.

[+1]: Jetzt geht es mir besser. Jetzt merke ich, ich klare auf. Ich war vorher traurig.

Stellvertreterin des abgetriebenen Kindes: Bei mir ist nur Aufregung im Moment zu spüren. Ich kann das noch nicht einordnen, die Gefühle. Das ist so ein Durcheinander.

H. *(zur Gruppe)*: Wenn wir Familienaufstellungen machen und es gab eine Abtreibung, geht das in der Regel nur die Eltern etwas an, nicht die Kinder. Deswegen frage ich hier auch die Kinder nicht, wie es ihnen geht.

(zu den Eltern): Die Eltern müssen das miteinander tragen und müssen dazu stehen. Gelöst wird es für euch erst, wenn dieses Kind in den Blick kommt, so daß ihr es als ein Gegenüber seht, als euer Kind.

(zur Mutter): Zum Beispiel könntest du ihm jetzt sagen: „Mein liebes Kind".

Frau: *Mein liebes Kind.*

Mann: Mein liebes Kind.

H.: „Ich gebe dir jetzt einen Platz in meinem Herzen."

Mann: *Ich gebe dir jetzt einen Platz in meinem Herzen.*

Frau: Ich gebe dir jetzt einen Platz in meinem Herzen.

H. *(zu den Eltern)*: Jetzt schaut euch an und steht dazu gemeinsam.

(nach einer Weile zum Mann): Du bist ihr böse. Wer wollte die Abtreibung?

Mann: Ich glaube, letzten Endes ich. *(seufzt)* Ja, ich.

H.: Dann steh du dazu.

Mann *(zur Frau)*: Ich stehe dazu, ich wollte das.

H.: „Und ich mache dir keinen Vorwurf."

Mann: Und ich mache dir keinen Vorwurf. Ich mache dir keinen Vorwurf. Ich mache dir keinen Vorwurf. *(nickt heftig dazu)*

H. *(zum Mann)*: Es ist nicht gelöst. Merkst du das?

Mann: Ja.

(er schaut wieder zur Frau und dann nach unten zum Kind)

H.: Sage zu deiner Frau: „Es tut mir leid".

Mann: Es tut mir leid. Es tut mir leid, daß ich damals nicht bereit war, schon ein Vater zu sein.

H.: Bleibe nur bei dem: „Es tut mir leid".

Mann: *Es tut mir leid.*

H.: Nun sage es dem Kind.

Mann: Es tut mir leid. Es tut mir leid.

H.: Langsamer.

Mann: Es tut mir leid – daß du nicht auf die Welt kommen konntest.

H.: Nichts hinzufügen. Einfach so: „Es tut mir leid".

Mann: Es tut mir leid. Es tut mir leid.

H.: „Und jetzt nehme ich dich als mein Kind."

Mann: *Und jetzt nehme ich dich als mein Kind.* Und jetzt nehme ich dich als mein Kind.

H. *(zur Frau)*: Sage du das auch.

Frau: Jetzt nehme ich dich als mein Kind.

H.: „Und es tut mir leid."

Frau: Es tut mir leid. Es tut mir leid.

H. *(zur Stellvertreterin des abgetriebenen Kindes)*: Wie geht es dir?

Stellvertreterin: Ich fühle mich sehr berührt, und nachdem anfänglich so ein Schauer gewesen ist, werde ich jetzt ruhiger. Aber es ist Traurigkeit da.

H. *(zu den Eltern)*: Ich will euch noch etwas dazu sagen, wie ihr damit umgehen könnt. Das braucht noch Zeit, bis der Schmerz kommt. Dann laßt ihr dem Schmerz Raum im Angesicht des Kindes. Man kann dem Kind auch eine Zeitlang einen Platz geben im Leben. Zum Beispiel könnt ihr diesem Kind seine Geschwister zeigen, innerlich, und ihr zeigt ihm ein Jahr lang die schönen Dinge der Welt. Doch dann muß es vorbei sein. Schuld muß nach einiger Zeit vorbei sein. Und dann wird nicht mehr darüber geredet. Das Kind hat dann seine Ruhe, und ihr schaut nach vorne. Das ist dann die Lösung. Einverstanden so?

Mann. Ja.

Frau: Ja.

H.: Wie geht es den Kindern jetzt?

[2]: Mir sind immer noch die Tränen in den Augen, doch jetzt gehen sie langsam weg.

(3): Traurig.

[4]: Zufrieden.

H.: Okay, das war's dann. Ihr könnt euch wieder setzen.

(zu den Stellvertretern): Danke euch allen.

(Fortsetzung S. 113)

Adrian (1):*

Asthma und Neurodermitis (Die Herkunftsfamilie)

(Video 1: 24min 10")

Die Dynamik: *Adrian vertritt in der Familie einen früheren Freund der Mutter, der im Krieg fiel. Der Sohn ist daher für die Mutter eher Partner als Sohn und für den Vater wie ein Rivale. Der Vater traut sich nicht, seine Frau zu nehmen, weil er sie auf Kosten ihres gefallenen Freundes hat.*
Die Lösung: *Die Mutter wird zu ihrem früheren Freund gestellt und die Kinder zum Vater. Adrian sagt zur Mutter: „Mama, mit deinem früheren Freund habe ich nichts zu tun". Dann sagt er ihr, indem er auf seinen Vater zeigt: „Der ist mein Vater".*
Zum Vater sagt er: „Vati, mit dem anderen habe ich nichts zu tun. Du bist mein Vater und ich stehe neben dir. Das ist mein Platz." Später umarmt er ihn innig und sagt: „Lieber Vati".

* Alle Namen wurden geändert.

H. *(zu Adrian)*: Was ist bei dir?

Adrian: Ich bin Asthmatiker und Neurodermitiker.

H.: Mit dir mache ich weiter. Ist in deiner Familie etwas Besonderes passiert?

Adrian: Mutter, Vater, oder allgemein?

H.: Gab es in deiner Herkunftsfamilie ein besonderes Ereignis? Ich frage nur nach Ereignissen, nicht wie Leute sind.

Adrian: Mein Vater war sehr lange in Kriegsgefangenschaft. Er hatte einen Stiefvater, den konnte er gar nicht leiden. Meine Mutter hatte noch eine Schwester, die sie nicht kannte. Dieses Kind starb, bevor sie auf der Welt war.

H.: Hast du Geschwister?

Adrian: Ich habe eine Schwester, die ist sechs Jahre älter.

H.: Ich stelle jetzt erst einmal deine Herkunftsfamilie auf, also deinen Vater, deine Mutter, deine Schwester und dich. Du hast schon gesehen, wie es geht. Mache es genauso.

Adrian: 1. Bild*

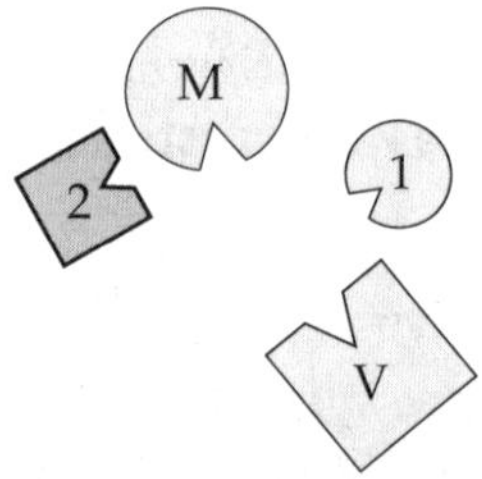

H.: Wie geht es dem Vater?

---

* *Abkürzungen:*

V	Vater
M	Mutter
1	Erstes Kind, Tochter
2	**Zweites Kind, Sohn**
+FFM	Früherer Freund der Mutter, im Krieg gefallen

[V]: Irgend etwas ist ganz verkehrt, ganz schief. Das stimmt nicht. Ich bin zu nah bei der Tochter und ich habe auch einen Vorwurf meiner Frau gegenüber. Ganz unwohl.

H.: Wie geht es der Mutter?

(M): Ich habe hier Angst. Ich fühle mich bedroht, besonders von meinem Sohn, und ich merke richtig so Zittern in den Beinen. Ich habe richtig Angst. Ich will am liebsten weglaufen.

H.: Wie geht es der Tochter?

(1): Mir ist eng hier. Ich hocke auch in den Startlöchern, um zurückzugehen.

H.: Und dem Sohn?

[2]: Ich habe dauernd das Gefühl, die Mutter fällt um, so als müßte ich sie halten und so, als wenn ich sie bedrohe mit einer Frage. Ich weiß nicht, irgend etwas ist ganz schlimm, was ich ihr sagen muß.

H. *(zu Adrian)*: Gibt es ein Geheimnis in der Familie?

Adrian: Es könnte sein. Also, es ging alles sehr schnell; mein Vater kam aus der Gefangenschaft, das waren fünf Jahre her, und ich bin sofort auf die Welt gekommen, als mein Vater aus der Gefangenschaft kam.

H.: Bist du unterschoben?

Adrian: Nein, das nicht. Vielleicht liegt es daran, daß meine Mutter vor der Ehe einen anderen Freund hatte. Vielleicht war da mein Vater nicht so einverstanden, ich kann nur vermuten.

H.: Die Mutter hatte vor der Ehe einen Freund?

Adrian: Ja.

H.: Wieso hat sie den nicht geheiratet?

Adrian: Der ist im Krieg gefallen.

H.: Der ist bedeutsam. Sie hat ihn also nicht geheiratet, weil er gefallen ist. Kann man das sagen?

Adrian: Ja.

H.: Okay, jetzt wähle jemanden für ihn aus und stelle ihn dazu.

Adrian: 2. Bild

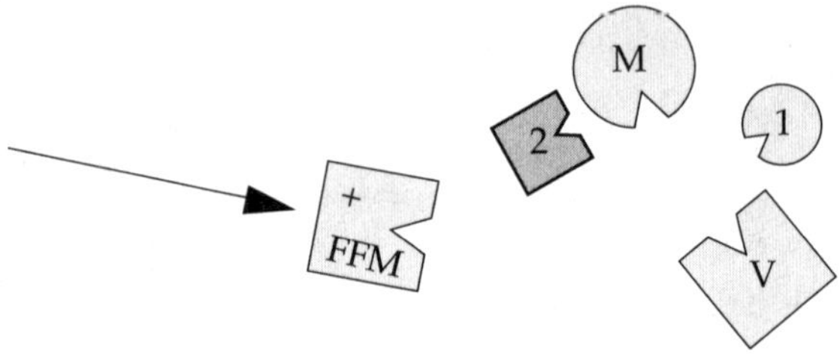

H.: Wie geht es der Frau jetzt?

(M): Es ist eigentlich schlimm, ich sehe meinen früheren Freund jetzt gar nicht. Ja?

H.: Doch, du siehst ihn schon.

(M): Da steht ja der Sohn davor, ich sehe den nicht!

H.: Der Sohn vertritt ihn. Jetzt wechsle ich mal die zwei.

Adrian 3. Bild

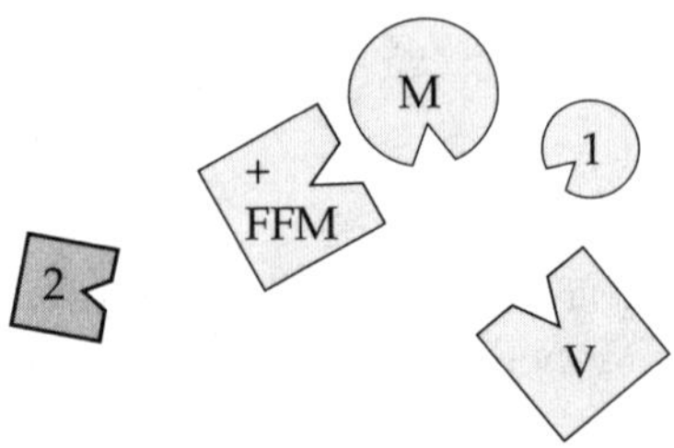

H.: Wie ist es jetzt?

(M): Da habe ich es ja gut dann *(sie lacht)*. Leicht und warm.

H.: Wie geht es dem früheren Freund der Mutter?

[+FFM]: Ich war zuerst böse und habe von außen gedacht: das geschieht ihnen gerade recht, daß es so ist, wie es ist. Jetzt fühle ich mich viel wohler. Ich versuche in Kontakt zu kommen mit dem Mann und der Tochter. Das fällt noch etwas schwer.

H.: Die anderen gehen dich nichts an, nur die Frau.

[+FFM]: Bei ihr fühle ich mich gut und wohl.

H.: Wie geht es dem Sohn jetzt?

[2]: Total entlastet.

H.: Wenn es einen früheren Partner gab, zumal wenn er im Krieg fiel, wird der immer vertreten von einem Kind. Der muß in den Blick kommen, dann ist das Kind entlastet. Das hat man hier ganz deutlich gesehen. Jetzt schauen wir, ob wir noch eine andere Ordnung finden hier drin.

(zum Vater): Wie geht es denn dir jetzt?

[V]: Na ja *(lacht)*, klarer, aber geschwächt. Ich muß hier weg. Ich muß was Eigenes machen, hier kann ich nicht bleiben.

H.: Ich probiere mal was aus.

(H. stellt den früheren Freund der Mutter etwas weiter weg und den Mann rechts neben die Frau, so daß er zwischen den früheren Freund und die Frau zu stehen kommt. Die Kinder stellt er in der Reihenfolge ihres Alters den Eltern gegenüber.)

Adrian: 4. Bild

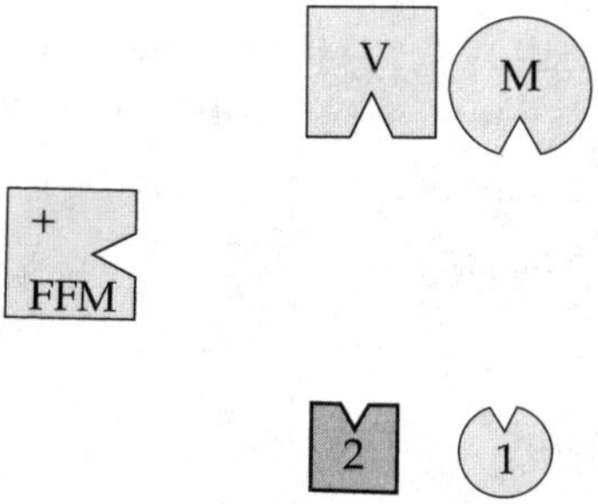

H.: Wie geht es dem Mann jetzt?

[V]: Ich habe das Gefühl, das schaffe ich nicht. Die Bindung ist... – ich habe das Gefühl, das schaffe ich nicht.

(M): Mein Mann stört mich.

H.: Ja, es war eine starke Bindung und vielleicht muß der Mann auf die andere Seite der Frau. Er kann nicht den Platz des anderen einnehmen; das wäre hier die Bedeutung, wenn er zwischen den beiden steht. Er würde sich damit bewußt dazwischen stellen und so die Frau nehmen. Aber wenn der andere im Krieg fiel, glaube ich nicht, daß er das kann.

(H. stellt den früheren Freund näher an die Frau, halbrechts hinter sie; und den Mann links neben sie. Der Mann läßt etwas Raum zwischen sich und der Frau.)

Adrian: 5. Bild

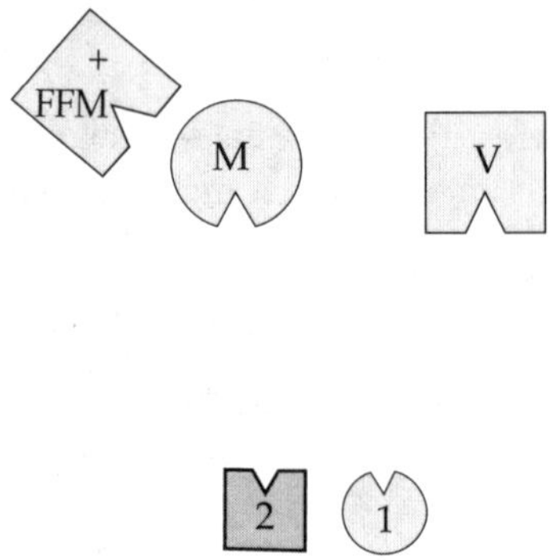

(M): So ist es für mich gut.

[+FFM]: Es ist in Ordnung so. Ich spüre sehr viel Wärme für den Mann. Ich erlebe ihn nicht als Konkurrenten oder Gegner.

H.: Wie geht es jetzt dem Mann?

[V]: Es ist ein trauriges Gefühl.

(H. führt ihn etwas näher zur Frau, aber er strebt wieder weg von ihr)

[V]: Das haut nicht hin.

H. *(zur Gruppe)*: Er traut sich nicht, die Frau zu nehmen auf Kosten dieses ersten Mannes. Das ist so, da kann man nichts daran ändern. Mit gutem Willen oder mit Liebe kann man das alles nicht ändern. Der frühere Mann muß respektiert werden.

(zum Vater): und du mußt dich mit dem zweiten Platz zufriedengeben.

[V]: Ja, das tue ich, und das ist relativ gut, in Ordnung.

H.: Aber die Kinder müssen zum Vater.

(H. stellt die Kinder näher zum Vater. Der nickt zufrieden.)

Adrian: 6. Bild

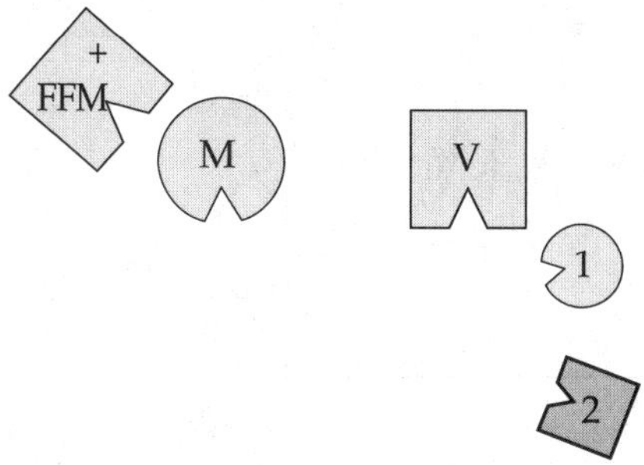

H. *(zur Gruppe)*: Er muß ja auch etwas haben vom Leben.

(zur Mutter): Wie geht es dir jetzt?

(M): So fühle ich mich auch freier, vor allem wenn der Sohn jetzt beim Vater ist.

H.: Der Sohn ist da sicher. Da kommt er aus der Identifizierung heraus und braucht den früheren Freund nicht nachzuahmen.

[+FFM]: Es ist gut.

[2]: Gut

H. *(zu Adrian)*: Willst du dich jetzt selber an deinen Platz stellen?

(als Adrian an seinem Platz steht): Jetzt schnaufe mal tief durch. Wie geht es dir jetzt?

Adrian: Nicht schlecht.

H.: Jetzt sag' deiner Mutter – wie hast du sie angeredet als Kind?

Adrian: Mama.

H.: Sag' „Mama"! – Schaue sie an.

Adrian: *Mama!*

H.: „Mit dem *(deinem früheren Freund)* habe ich nichts zu tun".

Adrian: *Mit dem habe ich nichts zu tun.*

H.: „Der hier ist mein Vater".

Adrian: *Der ist mein Vater.*

H.: Und sag's dem Vater – wie hast du den Vater angeredet?

Adrian: Vati.

H.: Sag' „Vati"!

Adrian: *Vati.*

H.: „Mit dem habe ich nichts zu tun".

Adrian: *Mit dem habe ich nichts zu tun.*

H.: „Du bist mein Vater".

Adrian: *Du bist mein Vater.*

H.: „Und ich stehe neben dir".

Adrian: *Und ich stehe neben dir.*

H.: „Das ist mein Platz".

Adrian: *Das ist mein Platz.*

H.: Wie geht es dir dabei?

Adrian: Gut.

H.: Okay, das war's.

*

H.: Irgendwelche Fragen dazu?

Teilnehmer: Vielleicht hatte ich es nicht ganz richtig mitbekommen. Ich hatte es so verstanden, daß der Vater aus dem Krieg kam und praktisch unmittelbar danach oder beinahe gleichzeitig der Sohn geboren wurde. Daraus habe ich geschlossen, daß der vermeintliche Vater gar nicht der leibliche Vater ist sondern möglicherweise der andere der leibliche Vater.

H.: Wir haben das richtiggestellt.

Adrian: Also ich bin Fünfzig geboren. Als mein Vater aus dem Krieg kam, war ich quasi die erste Handlung. Mein Vater ist mein leiblicher Vater durchaus. Vor dieser Gefangenschaft, also Vierundvierzig, da ist meine Schwester auf die Welt gekommen, vom selben Vater.

H.: Und wann ist der andere gefallen?

Adrian: Das müßte vielleicht Vierzig oder so gewesen sein.

(Fortsetzung Adrian S. 39)

*

H.: Andere, die noch etwas sagen wollen dazu?

Anderer Teilnehmer: Ich habe zwei Fragen. Die erste: Sie sagten, daß, wenn ein früherer Freund da war, steht immer ein Kind dafür. Ich habe gemerkt, das schüttelt mich so ein bißchen, weil es für mich klang wie eine Wahrheit: so ist es. Also die erste Frage heißt: Ist es die Wahrheit?

Die zweite Frage: Ich habe gesehen, du hast verschiedene Zwischenkonstellationen gestellt. Ich würde gerne fragen: Was hat das für eine Bedeutung? Also diese Zwischenkonstellationen, wozu sind die gut?

Frühere Partner werden von Kindern vertreten

(Video 1: 38min 57")

H.: Also zum ersten. Ein früherer Freund oder Verlobter oder eine frühere Verlobte oder eine frühere Freundin, mit der es eine feste Bindung gab, wird immer von einem Kind in der späteren Ehe vertreten. Ich habe noch keine Ausnahme gesehen.

Wenn es nur Mädchen gibt und die Mutter hatte einen früheren Freund, wird der Freund von einem Mädchen vertreten, und dieses Mädchen hat dann Schwierigkeiten, Frau zu werden oder zu sein.

Wenn der Vater eine frühere Verlobte hatte und es gibt nur Jungen in der Ehe, wird die frühere Verlobte von einem Jungen vertreten, und der hat dann Schwierigkeiten, ein Mann zu werden.

Die Lösung besteht immer darin, daß das Kind, das einen früheren Partner vertritt, neben den richtigen Vater oder die richtige Mutter tritt und sich aus der Identifizierung löst, indem es ganz klar sagt: *Ich gehöre nur hierhin, mit den anderen habe ich nichts zu tun.*

Frühere Partner gehören in die Paarbeziehung der Eltern, und das geht die Kinder nie etwas an. Diese Identifizierung geschieht aber völlig unbewußt. Es ist nicht so, daß die Eltern ein Kind da hineintreiben. Diese Dynamik läuft ab, ohne daß sie jemand steuert. Erst wenn sie ans Licht kommt, so wie hier – hier können wir sie ans Licht bringen – können wir sehen, was war.
Das war also die erste Frage: Ist sie beantwortet?

Teilnehmer: Nein.

H.: Nicht beantwortet?

Die Wahrheit?

(Video 1: 41min 27")

Teilnehmer: Meine Frage war weniger eine inhaltliche als eine erkenntnistheoretische. Ich habe gefragt: Ist das die Wahrheit oder ist es eine Sichtweise, also eine mögliche Sichtweise, die Kraft entfaltet. Das war eigentlich meine Frage.

H.: Also, ich sehe, daß bestimmte Ereignisse Wirkungen haben, und danach richte ich mich – nach nichts anderem. Ob das jetzt eine Wahrheit ist, kümmert mich nicht. Ich sehe die Wirkungen und mit den Wirkungen gehe ich mit. Mein Anspruch ist nicht größer. Ist die Frage jetzt beantwortet?

Teilnehmer: Ja.

Die Zwischenschritte

(Video 1: 42min 02")

Die zweite Frage betraf die Zwischenschritte. Bei einer Aufstellung will ich den ganzen Verlauf, der zur Lösung führt, auch nachvollziehbar machen. Deswegen mache ich auch Zwischenschritte, damit man das verfolgen kann.

Grundstellungen

(Video 1: 42min 25")

Es gibt aber gewisse Grundprinzipien oder Grundstellungen, mit denen man experimentieren kann. Wenn es z.B. einen früheren Partner gab oder wenn eine Ehe geschieden ist und der eine Partner heiratet neu, dann muß der neue Partner in der Regel zwischen dem früheren und dem jetzigen stehen. Ich habe das hier ausprobiert mit dem Mann und dem verstorbenen Freund. Wenn der neue Partner zwischen dem früheren und dem jetzigen steht, heißt das, daß der neue Partner voll zu dieser Beziehung steht. Es gibt aber Situationen, wo das nicht geht. Hier haben wir gesehen, daß es nicht geht. Das Schicksal des früheren Freundes war zu wuchtig, als daß man ihn einfach so hinausdrängen konnte.

Bei einer Aufstellung ist die Grundordnung, die am ehesten zur Lösung führt, so: Die Eltern stehen den Kindern gegenüber. Dabei kommt in der Regel zuerst der Mann und dann die Frau – mit Ausnahmen, wie wir das hier gesehen haben. Den Eltern gegenüber stehen dann die Kinder in der Reihenfolge ihres Alters: erstes Kind, zweites Kind, drittes Kind; und zwar immer im Uhrzeigersinn. Es fängt also beim Vater an, dann kommt die Mutter und ihnen gegenüber das erste Kind, das zweite, dritte, vierte, jenachdem.

Das ist das Richtmaß, und dann gibt es Ausnahmen. Diese sieht man, wenn man aufstellt.

Asthma und Neurodermitis

(Video 1: 44min 03")

Teilnehmer: Mich interessiert, ob das eine typische Konstellation war für die Symptomatik Neurodermitis und Asthma. Ich kenne in meinem näheren Bekanntenkreis eine Familie, in der das dritte Kind, ein vierjähriger Bub, sehr massiv von dieser Symptomatik betroffen ist.

H.: Wir experimentieren hier. Wir haben noch keine großen Erkenntnisse darüber. Was wir hier machen, ist gleichzeitig auch ein Forschungsprojekt. Wir wollen ausprobieren, wie bestimmte Krankheiten mit bestimmten Familiensituationen zusammenhängen – vielleicht.

Asthma

(Video 1: 44min 38")

Bei Asthma haben wir eine Hypothese. Der Asthmatiker hat ja Schwierigkeiten auszuatmen, und ausatmen ist vom Bild her, vom Phänomen her, eine Hinbewegung. So *(haucht)*. Das wäre die Hinbewegung. Bei einem Asthmatiker ist also eine Hinbewegung unterbrochen, die ist nicht möglich. Hier z.B. war für den Sohn die Hinbewegung zum Vater nicht möglich, weil er für ihn einen fremden Mann repräsentieren mußte. Das wäre das Bild, das ich habe. Ob das wirklich so ist, weiß ich nicht. Man muß jetzt ausprobieren, wie die Wirkung ist, wenn er seinen Vater fest nimmt, ihn klar vor Augen hat und sich entsprechend verhält. Das ist das eine.

Neurodermitis

(Video 1: 45min 30")

Bei Neurodermitis stehen wir ganz am Anfang. Ich habe ein Bild, kann es aber nicht erklären. Das Bild, das ich bei Neurodermitis habe, ist, daß das Kind, das Neurodermitis entwickelt, den Segen eines früheren Partners braucht.

Ich erkläre das mal an einer kleinen Geschichte, am *Märchen von Dornröschen.*

Als Dornröschen vierzehn Jahre alt war, tat es das Verbotene, und das ganze Schloß fiel in tiefen Schlaf. Der König und die Königin waren aber nicht zu Hause, als das passierte. Sie kamen zurück und fanden alle, das ganze Schloß, in tiefem Schlaf. Da erinnerte sich der König: da war doch was gewesen, als das Kind geboren wurde. Bei seiner Taufe wurde irgend eine Frau nicht eingeladen. Er sagte: die werde ich mir rufen lassen. Er ließ sie rufen, und als sie kam, erkannte er – seine erste Frau.

Das Kind, das Neurodermitis hat, braucht den Segen der früheren Frau oder des früheren Mannes. In einer Gruppe war vor kurzen eine Frau, die erzählte, sie war vorher verheiratet, hatte mit dem ersten Mann einen Sohn und hat sich dann scheiden lassen. Ihr Mann hat später wieder geheiratet und hatte mit der neuen Frau zwei Kinder. Die Frau erzählte nun, als das zweite Kind geboren wurde, hat ihr erster Mann sie eingeladen, sie soll kommen mit dem Sohn und das Kind besichtigen. Sie sind dann hingegangen, haben das Kind in den Arm genommen und es war für alle eine sehr schöne Szene. Als sie das berichtet hatte, habe ich ihr von meinem Bild über Neurodermitis erzählt. Da sagte sie: Ja, bei seinem ersten Kind mit der neuen Frau hat er mich nicht eingeladen – das hat Neurodermitis.

Es ist aber noch eine ganz vage Hypothese und wir probieren noch aus, ob es da einen Zusammenhang gibt.

Grete (1):

Neurodermitis (erster Kontakt)

(Video 1: 48min 16")

Grete: Ich habe auch Neurodermitis. Ich weiß aber nicht, ob das so war, daß meine Eltern andere Partner hatten vorher.

H.: Probieren wir es aus?

Grete: Ja.

H.: Okay.

(Fortsetzung Grete S. 40)

Adrian (2): (Fortsetzung v. S. 34)

Eine durch die Identifizierung mit einem früheren Partner der Mutter verhinderte Hinbewegung des Sohnes zum Vater kommt endlich ans Ziel

(Video 1: 48min 35")

Der Stellvertreter von Adrians Vater *(zu Adrian)*: Ich wollte noch etwas zu dir sagen als dein Vater, was dir vielleicht nützen kann. Als ich dein Vater war, hatte ich eine große Herzensliebe zu dir hin und war froh, daß ich endlich eine Beziehung zu dir haben konnte. Es war mir sehr danach, dich zu umarmen und dir nahe zu sein. Das wollte ich dir noch sagen, um dich zu ermutigen, vielleicht Entsprechendes dir mal vorzustellen wenigsten.

H. *(zum Stellvertreter des Vaters)*: Stell' dich hierher.

(zu Adrian): Komm hierher und stelle dich ihm gegenüber. So. Und sag': „Lieber Vati".

Adrian: *Lieber Vati.*

H.: Gehe näher heran und umarme ihn – fest. Sag': „Lieber Vati" – Tief atmen. Mund auf. Ausatmen. So. Na, kann der ausatmen jetzt. – Tief ein- und ausatmen. Mit offenem Mund, das ist wichtig.

(nach einiger Zeit): Gut so?

Adrian: Okay *(lacht).*

H. *(zum Stellvertreter des Vaters)*: Gut, daß du das noch gesagt hast.

(Fortsetzung Adrian S. 296)

Grete (2): (Forts. v. S. 39)

Neurodermitis (abgebrochene Aufstellung der Herkunftsfamilie)

(Video 1: 50min 07")

H. *(zu Grete)*: Jetzt bist du dran.

Grete: Ich habe noch eine Stiefmutter und eine Halbschwester. Muß ich die auch mit aufstellen?

H.: Ist die Halbschwester von früher oder von später? Also, wer gehört zu deiner Familie.

Grete: Für mich gehören dazu sechs Geschwister und meine Eltern.

H.: Okay, wir fangen mal an mit dem Vater, der Mutter und den sechs Geschwistern.

(Grete wählt die Stellvertreter für ihre Herkunftsfamilie aus)

H.: Sind diese Kinder alle von deinen Eltern?

Grete: Ja.

H.: Ist jemand gestorben?

Grete: Nein.

H.: Haben die Eltern sich scheiden lassen?

Grete: Nein, aber meine Eltern sind gestorben.

H.: Wie früh sind die gestorben?

Grete: Als ich fünfzehn war, starb meine Mutter – mein jüngster Bruder war damals fünf. Mein Vater starb, als ich dreiundzwanzig war.

H.: Und wo kommt die Halbschwester her?

Grete: Aus der zweiten Ehe meines Vaters.

H.: Er hat also nach dem Tod deiner Mutter wieder geheiratet. Die zweite Frau nehmen wir dazu. – An was ist die Mutter gestorben?

Grete: An Krebs.

H.: Wie alt war sie?

Grete: Vierzig.

H.: Wann hat die Neurodermitis angefangen bei dir?

Grete: Seit Geburt. Mit siebzehn hat sie sich verschlimmert und die letzten zehn Jahre ist es ganz extrem geworden. Ich konnte fast nicht kommen; ich habe jetzt wieder Kortison gekriegt.

H.: Okay, jetzt stelle mal auf.

(Grete stellt die Stellvertreter so auf, wie sie zufällig schon stehen, mit ganz geringen Änderungen)

Grete: 1. Bild *

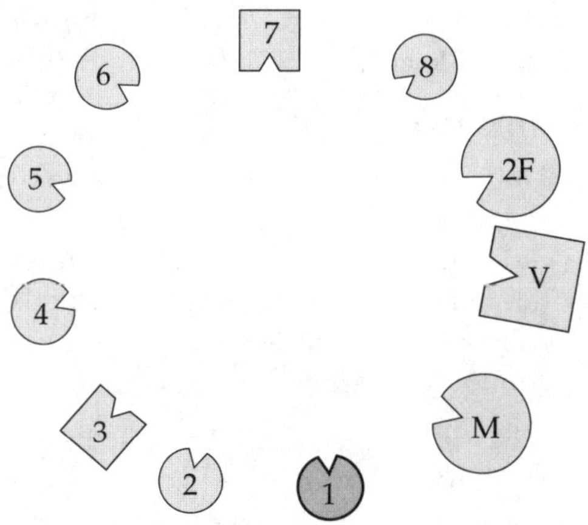

H.: Jetzt stelle es noch mal richtig auf, und zwar ganz gesammelt. Nimm jeden an die Hand und prüfe genau, so daß du ihn richtig hinstellst. Fange noch mal an mit dem Vater.

** Abkürzungen:*

V	Vater
M	Mutter
1	**Erstes Kind, Tochter**
2	Zweites Kind, Tochter
3	Drittes Kind, Sohn
4	Viertes Kind,Tochter
5	Fünftes Kind, Tochter
6	Sechstes Kind, Tochter
7	Siebtes Kind, Sohn
2F	Zweite Frau
8	Achtes Kind, Tochter von der zweiten Frau

(Grete macht wiederum nur geringfügige Änderungen, ohne wirklich etwas umzustellen)

H. *(zur Gruppe)*: Sie hat es nicht aufgestellt. Habt ihr das gemerkt? Wir müssen das unterbrechen. Man kann nur dann etwas mit der Aufstellung machen, wenn gesammelt aufgestellt wird und wenn man merkt, daß die Person ganz dabei ist und es ihr ernst ist. Das war hier nicht ernst.

(zu den Stellvertretern): Ihr müßt euch setzen. Ich muß das unterbrechen, es geht nicht anders.

(zur Gruppe): Der Therapeut muß sehr darauf achten, daß eine Aufstellung richtig gemacht wird. Sie hat z.B. die Personen fast genauso gelassen, wie sie schon standen. Sie hat es nicht von innen her gemacht. Wenn sich der Therapeut auf so etwas einlassen würde, würde alles ganz durcheinander und verwirrt. Man merkt genau, wenn es einer nicht ernst macht. Das dann abzubrechen, ist für den Therapeuten eine sehr schwere Maßnahme. Aber man muß das wagen. Damit wird sie auf den Ernst gebracht und es wird daraus kein Spiel. Sonst wird es leicht zum Spiel; das darf man nicht zulassen.

Ich möchte dazu eine kleine *Geschichte* erzählen:

Ein Freund von mir hat zwei Söhne. Der eine von ihnen lernte Zimmermann und hat sich, als er siebzehn war, mit einer Maschine am Bein schwer verletzt. Er lag dann im Krankenhaus, und die Ärzte konnten ihn wieder herrichten. Aber der Junge ging in sich und als sein Vater ihn besuchte, hat er ihm gesagt: „Papa, ich hatte keine Ehrfurcht mehr vor der Maschine."

So gehe ich hier mit den Aufstellungen um. Ich muß spüren, ob da Ehrfurcht mit dabei ist. Auch ich habe Ehrfurcht davor. Oft geht es ja bei diesen Aufstellungen um Leben und Tod. Daher darf man sich darauf nur einlassen, wenn es auch ernst gemacht wird. Das war hier nicht der Fall.

(zu Grete): Jetzt kommst du zu dir. Genau.

Grete: Das war so viel, und ich habe mich nicht richtig getraut.

H.: Du bekommst später noch mal eine Chance; ich bin nicht ganz so hart. Einverstanden?

Grete: Ja.

(zur Gruppe): Jetzt ist sie ernst. Merkt ihr den Unterschied? Genau.

(Fortsetzung Grete S. 158)

Dora:

Neurodermitis
(Die Herkunftsfamilie)

(Video 1: 57min 58")

Die Dynamik: *Die Mutter entzieht sich. Es scheint ein Geheimnis in ihrer Familie und zwischen ihr und ihrem Mann zu geben, das nicht gelüftet werden darf.*
Die Lösung: *Die Mutter stellt sich links neben ihrem Mann, und die Kinder stellen sich den Eltern gegenüber. Dora umarmt ihre Mutter und sagt: „Liebe Mutti". Dann umarmt sie beide Eltern und sagt zum Vater: „Lieber Vati". Zum Nehmen der Eltern gehört, daß sie deren Geheimnisse achtet.*

Dora: Ich habe eine Frage. Ich bin auch betroffen von Neurodermitis und weiß ziemlich sicher – also ich habe meine Eltern gefragt – daß da keine festen Partnerschaften vorher waren. Wie sieht es dann aus?

H.: Das muß man anschauen.

(zur Gruppe): Habt ihr noch Kraft für eine andere Aufstellung vor der Pause? Dann mache ich das gleich.

(Zustimmung aus der Gruppe)

(zu Dora): Wer gehört zu deiner Familie?

Dora: Mein Vater, meine Mutter, ein älterer Bruder und ein jüngerer Bruder. Der ältere Bruder ist auch stark von Neurodermitis betroffen, schon als Baby, der jüngere kaum; aber die Kinder des jüngeren Bruders sind auch betroffen. Es hat bei uns angefangen und es geht weiter.

(Dora wählt die Stellvertreter aus)

H.: Bist du ernst bei der Sache?

Dora: Ich bin ein bißchen aufgeregt aber ernst. Ich versuche es gerade.

H.: Ich gebe dir die volle Zeit. Du kannst es ruhig langsam machen und gesammelt, damit du es richtig machst.

Dora: 1. Bild *

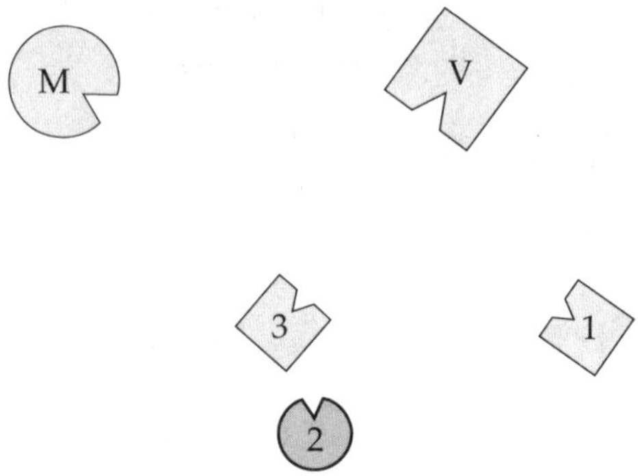

Dora: Ich bin sehr überrascht, daß das so ist. Ich hatte gedacht, das wäre ganz anders.

H.: So geht es meistens.

H. *(zur Gruppe)*: Jetzt konnte man den Unterschied sehen zu vorhin. Das war jetzt eine gesammelte Aufstellung.

(zu Dora): Ist etwas passiert zwischen deinen Eltern, etwas Besonderes?

Dora: Nichts, was ich weiß.

H.: Okay. Wie geht es dem Vater?

[V]: Ich fühle mich hier sehr unwohl, als ob ich gar nicht dazugehöre – eine ungeheure Distanz zu meiner Frau und zu meinem ältesten Sohn. Der ist gar nicht in meinem Blickwinkel. Die beiden anderen Kinder schon, aber auch so, daß hier *(zeigt auf seine Brust)* nichts passiert. Ich spüre nichts. Es ist kalt.

H.: Wie geht es der Mutter?

(M): Ich fühle mich total isoliert hier, und hier *(zeigt auf ihre Brust)* ist alles ganz eng und zu.

H.: Wie geht es dem ältesten Sohn?

[1]: Ich sehe das, aber ich fühle mich nicht sehr wohl. Ich fühle mich

---

* ***Abkürzungen:***

V	Vater
M	Mutter
1	Erstes Kind, Sohn
2	**Zweites Kind, Tochter**
3	Drittes Kind, Sohn

nur als der Beobachter und nicht richtig dabei. Man kann dagegen nichts machen.

H.: Wie geht es dem anderen Sohn?

[3]: Ich habe das Gefühl, ich habe hier eine ganz wichtige Stelle, aber einen Platz, der mir eigentlich nicht zusteht. Ich kriege vom Vater und von hinten unheimlich viel Druck.

H.: Das wäre die typische Position von jemandem, der einen anderen Partner vertreten muß: der würde sich so fühlen.

(2): Ich sehe meine Mutter nicht, ich spüre sie nicht. Ich habe sie nur als roten Fleck im Blickwinkel. Ich fühle mich hier sehr einsam. Ich habe die Neigung, mich auf meinen jüngeren Bruder zu stützen *(legt ihre Hand auf seine Schulter).* Sonst habe ich das Gefühl, ich bin hier ganz verloren.

H.: Jetzt mache ich mal einen Versuch.

(zur Mutter): Dreh dich mal um.

Dora: 2. Bild

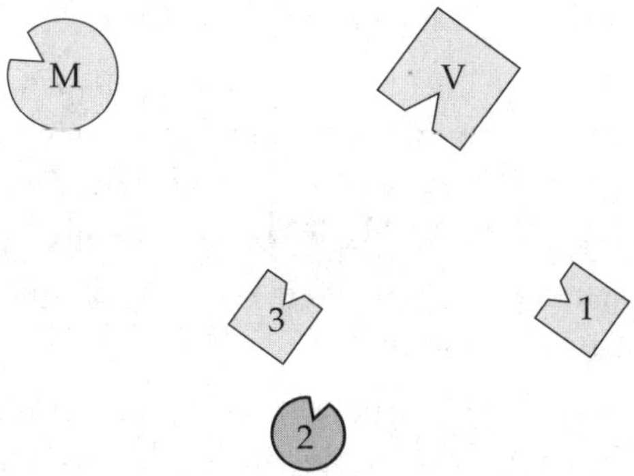

H.: Wie ist das, besser oder schlechter?

(M): Besser.

H.: Wie geht es dem Mann jetzt?

[V]: Auch besser.

[1]: Ich würde die Mutter lieber sehen. Also für mich ist das nicht so gut.

[3]: Nach da hin *(zur Mutter)* ist jetzt ein bißchen mehr Platz, aber ich fühle mich auch nicht so richtig wohl.

(2): Es ist weniger eng hier im Hals, aber ich habe das Gefühl von Isoliertheit noch immer.

H. *(zu den Kindern)*: Stellt euch mal neben den Vater, der Altersreihenfolge nach.

Dora: 3. Bild

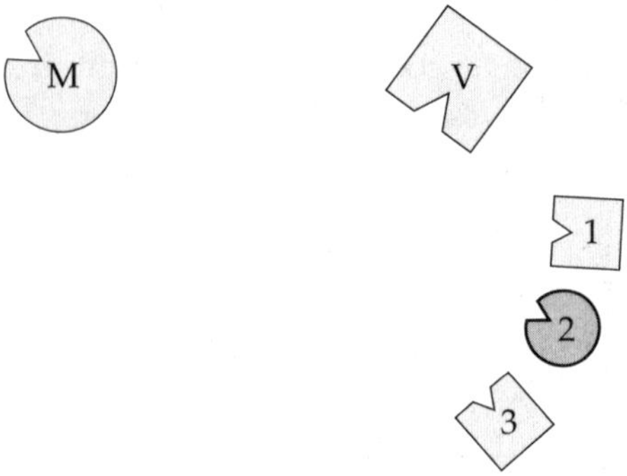

H.: Wie ist das für den Mann?

[V]: Das ist deutlich besser, deutlich angenehmer. Ich spüre jetzt eine gewisse Zugehörigkeit den Kindern gegenüber.

[1]: Ich spüre, daß ich nicht so alleine bin, denn ich habe meine Geschwister. Das ist das richtig Greifbare für mich, das ist meine Sicherheit. Mit dem Vater geht es, da ist eine Brücke manchmal möglich vielleicht. Aber zur Mutter ist es schlimm.

(2): Ich fühle mich hier wohler, aber zu meiner Mutter ist keine gute Beziehung, das ist zu entfernt.

[3]: Es ist sehr viel von dem Druck von vorher weg, und ich habe auch das Gefühl, ich kann zu dem älteren Bruder aufschauen. Zu den Eltern habe ich noch keine rechte Beziehung.

H. *(zu Dora)*: Was ist passiert? Wo tendiert die Mutter hin? Ist etwas passiert in ihrer Ursprungsfamilie?

Dora: Ich weiß, daß sie in ihrer Ursprungsfamilie ein schweres Schicksal hatten. Nach dem ersten Weltkrieg ist da etwas mit der Familie passiert. Mein Opa war in beiden Kriegen. Nach dem ersten Krieg mußten sie ein Stück weg – da waren sie in einem Land, das besetzt war.

H.: In welchem Land?

Dora: Sie haben in Ostdeutschland gewohnt, in einem Teil, der dann an Polen abgegeben wurde. Da mußten sie nur ein Stück weg. Im zweiten Weltkrieg hat mein Opa eine schwere Kriegsverletzung gehabt, einen Bauchdurchschuß, und sie mußten aus Ostdeutschland fliehen und hatten es sehr schwer. Mein Opa hat beruflich nie wieder richtig Fuß gefaßt. Sie haben aber alle überlebt.

H.: Das reicht nicht, um diesen Sog zu erklären.

Dora: Ich habe noch mal genauer nachgefragt, wie das war. Sonst weiß ich nichts. Ich weiß nicht, ob es da vielleicht noch etwas gibt, nach dem ich konkret fragen könnte.

H.: Wir sehen einfach, daß es da so etwas gibt.

(zur Mutter): Wie geht es dir jetzt?

(M): Ganz wohl fühle ich mich hier auch nicht. Ich habe das Gefühl, ich verpasse da in meiner Familie etwas. Zuerst dachte ich: Ja, hier der Kontakt zur Außenwelt, das ist ganz gut. Aber daß ich so von meiner Familie nichts mehr spüre und nichts mehr sehe, das ist auch nichts. Mir ist immer noch heiß.

H.: Jetzt drehe dich wieder um.

Dora: 4. Bild

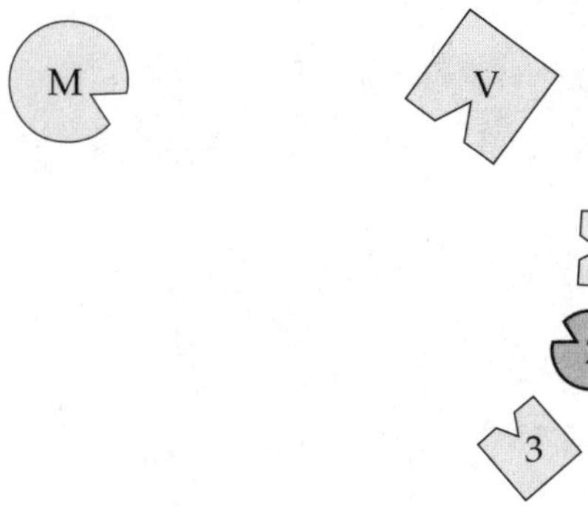

H.: Wie ist das?

(M): Ich fühle mich zu weit weg.

H.: Wie ist das für den Mann?

[V]: Das fühle ich auch. Als sie sich umgedreht hat, wurde es besser.

Es ist aber immer noch ziemlich viel Distanz.

H.: Soll sie näher kommen?

(zur Frau): Wie nahe willst du ran. Probiere es aus. – Geh mal ganz nah, damit wir sehen, wie das wäre.

(Sie stellt sich erst ganz nah und sagt: Das ist mir ein bißchen zu eng. Dann stellt sie sich etwas weiter weg.)

Dora: 5. Bild

(M): So ist es gut.

[V]: Ja.

[1]: Das ist eindeutig besser.

(2): Mir geht es auch besser damit.

[3]: Ich will noch etwas mehr von der Mutter haben. Da steht der Vater dazwischen.

H. *(zu den Kindern)*: Stellt euch mal den Eltern gegenüber. – Wie ist das?

Dora: 6. Bild

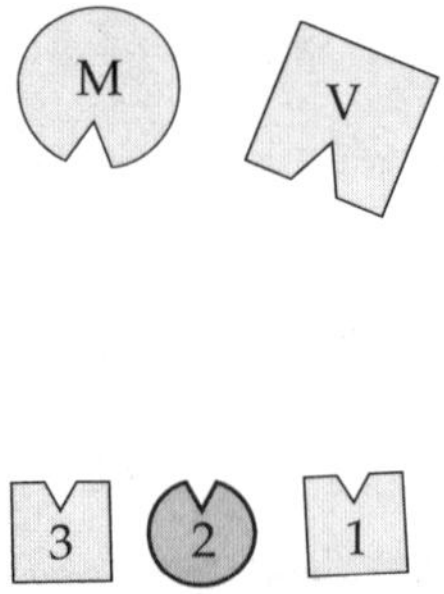

[1]: Für mich wäre es so ganz in Ordnung.

(2): Ja, jetzt habe ich sie beide wirklich im Blick, und ich spüre die anderen.

[3]: Für mich ist es so auch gut.

(M): Für mich auch.

[V]: Ja.

H.: *(zur Mutter)*: Stelle dich mal auf die andere Seite vom Mann, wie das ist.

Dora: 7. Bild

H.: Ist es besser?

(der Mann und die Frau strahlen)

[V]: Es ist viel besser.

(M): Ja, für mich auch.

H. *(zur Gruppe)*: Das ist die Standardordnung.

(Lachen in der Gruppe)

Erst der Mann, dann die Frau, und so die Kinder.

(zu Dora): Mehr kann ich nicht machen. Ich weiß jetzt nicht, wo deine Neurodermitis her kommt. Wir sehen keine Dynamik, die darauf hinweisen würde.

Dora: Ja, ich auch nicht. Genau das ist mein Problem: ich weiß auch nicht, womit es zusammenhängt.

H.: Stelle dich jetzt mal an deinen Platz. – Wie ist das?

Dora: Ich muß mich da im Moment erst reinfühlen. Das braucht ein bißchen. *(sie schüttelt den Kopf)*

H.: Komm mal mit mir!

(H. führt sie näher zur Mutter)

Noch näher. Wie hast du die Mutter angeredet?

Dora: Mutti.

H.: Sag' „Liebe Mutti"!

Dora: *Liebe Mutti!*

(H. neigt ihr den Kopf nach vorne. Dora geht noch näher zur Mutter und umarmt sie.)

H.: Tief atmen. Den Mund auflassen dabei. Atmen! Tief ein und aus, mit offenem Mund.

(Mutter und Tochter umarmen sich lange und innig)

H. *(flüstert dem Vater zu)*: Umarme sie beide auch.

(der Vater umarmt die Frau und die Tochter – sie verbleiben so lange)

H. *(als die Tochter heftig zu schluchzen beginnt)*: Tief atmen dabei. Tief atmen. Sag' „Liebe Mutti"!

Dora: *Liebe Mutti!*

H.: „Lieber Vati" oder wie du gesagt hast.

Dora: *Lieber Vati!* *(sie schluchzt)*

H. *(nach einiger Zeit)*: Jetzt stelle dich wieder zurück an deinen Platz.

Dora: Ich habe das Gefühl, irgendwas Schlimmes ist passiert. Das ist ein Gefühl, das ich auch so in mir drin habe. Ich weiß aber nicht was. Es hat mich aber immer wieder beschäftigt, auch als ich jetzt da bei den Eltern stand. Irgend etwas fehlt noch.

H.: Du mußt es lassen. Du darfst nicht nachforschen. Da ist etwas passiert, was du nicht weißt und was du auch nicht wissen darfst. Aber du darfst deine Eltern nehmen. Einverstanden?

Dora: Ja.

H.: Das war's dann.

Wann werden frühere Partner bedeutsam?

(Video 1: 1h 16min 00")

Teilnehmer: Ich habe noch eine Frage zu weiter vorne. Da ging es um die früheren Partner, Verlobten oder Ehepartner. Ich wollte fragen, woran kann man das merken, wer wirklich ein früherer Partner war. Also woran macht man das fest? Wenn man z.B. ein Jahr lang zusammen eine Wohnung hatte und miteinander intim Kontakt hatte? – Wenn ein Kind da ist, dann ist der Fall ja klar, aber was gehört mindestens dazu?

H.: Sobald eine Paarbeziehung vollzogen wird mit Liebe, entsteht eine Bindung, die nicht mehr auflösbar ist. Wieso weiß ich nicht. Man kann es aber an der Wirkung sehen. Ob es nun eine solche Bindung gab oder nicht, kann man bei der Aufstellung sehen. Ich kann das nicht an allgemeinen Kriterien festmachen.

Wenn ein Kind da war, gibt es immer eine Bindung, aber sonst wüßte ich nicht, woran man das festmachen kann. Bei einer Verlobung würde man auch davon ausgehen, daß es eine Bindung gibt und bei jemandem, mit dem man verheiratet war, auf jeden Fall. Ob aber eine Freundschaft dazu zählt oder nicht, das kann man durch eine Aufstellung ans Licht bringen. Ich weiß dafür keine feste Regel.

Teilnehmerin: Ich habe dazu auch noch eine Frage. Ich bin Einzelkind, meine Eltern haben spät geheiratet. Ich weiß von drei Partnern, die meine Mutter vorher hatte und von einem Partner von meinem Vater. – Was mache ich dann?

H.: Das schauen wir uns später an.

Welche Geheimnisse müssen die Kinder wissen und welche müssen bei den Eltern bleiben?

(Video 1: 1h 17min 55")

Teilnehmer: Du hast eben *(zu Dora)* gesagt: Laß das so, suche nicht weiter. Wann sollte man aus deiner Sicht aufhören zu suchen und das einfach sein lassen?

H.: Es gibt Geheimnisse, die müssen gehütet bleiben und es gibt Geheimnisse, die müssen ans Licht. Zu den Geheimnissen, die ans Licht müssen, gehören immer Kinder, auch totgeborene Kinder. Sie gehören zur Familie und müssen von allen gekannt und anerkannt werden. Aber was z.B. zwischen den Eltern war und nur zu ihnen gehört, das darf ein Kind nicht erfragen. Das Kind darf auch nicht nach früheren Partnern fragen. Die gehören zu den Geheimnissen der Eltern. Nur wenn das öffentlich ist, wie z.B. bei einer früheren Verlobung oder Heirat, arbeiten wir damit. Die Geheimnisse der Eltern würdige ich und hüte ich und laß dann auch nicht nachforschen. Bei Dora war der Eindruck, daß es so ein Geheimnis gibt.

Okay, jetzt machen wir eine Pause.

Gleichgeschlechtliche und gegengeschlechtliche Identifizierung mit früheren Partnern der Eltern

(Video 1: 1h 19min 40")

H.: Gibt es noch Fragen zu dem, was vorher war?

Teilnehmer: Ich habe eine Frage dazu, daß Kinder mit früheren Partnern eines Elternteils identifiziert sein können. Ist das in der Regel gleichgeschlechtlich, oder gibt es da keine Regel?

H.: In der Regel ist die Identifizierung gleichgeschlechtlich. Nur wenn kein Gleichgeschlechtlicher zur Verfügung steht, ist sie gegengeschlechtlich, und das ist dann ein schweres Schicksal. Die gegengeschlechtliche Identifizierung kann zu Psychosen führen und auch zu Homosexualität.

Wie können Eltern eine solche Identifizierung verhindern?

(Video 1: 1h 20min 10")

Anderer Teilnehmer: Die Identifizierung mit den früheren Partnern steckt mir noch im Kopf. Habe ich das richtig verstanden, daß du vorhin sagtest, das sei unausweichlich, also in dem Sinne, daß immer irgend ein Kind der Familie dieses Schicksal hat? Ich frage das noch mit dem Gedanken im Kopf: wenn es möglich ist, das aufzulösen, gibt es auch Verhaltensweisen oder Möglichkeiten der Eltern, damit so umzugehen, daß es nicht zu dieser Identifizierung kommt?

H.: Die Identifizierung mit einem früheren Partner der Eltern ist völlig unbewußt und zwar sowohl von den Eltern her als von den Kindern. Die Eltern schieben also die Kinder nicht in eine solche Position hinein. Deswegen kann man auch keinem einen Vorwurf machen.

Aber Eltern, die um diese Dynamik wissen, können sich so verhalten, daß es nicht zu dieser Identifizierung kommt.

Zum einen, indem ein früherer Partner geachtet wird, wie z.B. vorhin der frühere Partner von Adrians Mutter, der gefallen ist. Zum anderen, indem der zweite Partner sich ganz bewußt zwischen seinen Partner und dessen früheren stellt. Denn der zweite Partner hat ja seinen Partner auf Kosten des ersten. Deswegen traut sich z.B. der zweite Mann in der Regel nicht, seine Frau voll zu nehmen, so wie er das machen würde, wenn er der erste Mann wäre. Weil er sie auf Kosten des ersten Mannes hat. Das gilt, selbst wenn der erste Mann starb. Deswegen braucht es eine große innere Anstrengung, ein Stehen zu „Schuld", wenn man so will in Anführungszeichen. Das heißt, er stellt sich zwischen den früheren Mann und die Frau und sagt dem früheren Mann: *Ich anerkenne, ich habe diese Frau und die Kinder, die ich mit ihr habe, auf deine Kosten; ich würdige das, aber ich stehe auch dazu, daß ich sie voll als meine Frau nehme.* Dann bräuchte kein Kind den früheren Partner zu vertreten.

Depression und Wirklichkeit

(Video 1: 1h 23min 15")

H.: Noch eine Frage dazu?

Teilnehmerin: Ich habe eine Frage genau auch noch zu dem Thema. Mir kam das vorhin sehr rigoros vor, als du *(bei der Aufstellung von Adrian)* gesagt hast: Du Mann, du mußt dich mit der zweiten Rolle und mit der zweiten Stelle abfinden.

Mein inneres Empfinden als Therapeutin wäre eher, auch der Frau zu helfen, von dem ersten Partner loszulassen oder eine Entwicklung in Gang zu bringen, daß der weiter zurücktreten kann.

Ich erinnere mich nicht mehr genau, was der Vater gesagt hat, aber ich hatte so eine Ahnung, er könnte auch sehr depressiv werden an der zweiten Stelle. Von daher würde ich mich auch fragen, wenn z.B. so ein Vater käme, der an zweiter Stelle steht, und wir hätten ein depressives Syndrom, was würde ich da machen? Also ich könnte ihm nicht sagen: finde dich damit ab oder gehe. Das wäre schlimm.

H.: Das war eine ganze Menge Fragen auf einmal. Die zweite Position, wenn sie die richtige ist, ist die, in der sich der Mann wohl fühlt. Er hat sich dann ja wohl gefühlt, obwohl er an der zweiten Stelle war.

(zum Stellvertreter von Adrians Vater): Wie war das gewesen?

Stellvertreter von Adrians Vater: Ja, das stimmt, das war eindeutig das bestmögliche.

H.: Dort braucht er nicht depressiv zu sein.

H.: Die Depression entsteht in der Regel dadurch, daß bei jemand eine wichtige Person keinen Platz hat in seinem Herzen. Gewöhnlich ist das einer der Eltern. Wer einen seiner Eltern verachtet oder ausklammert oder von dem nichts wissen will, der ist immer depressiv. Dem fehlt die halbe Lebensenergie. Das ist nämlich eine Depression: es fehlt an Energie. *Vielleicht gibt es das auch in einer Partnerschaft, wenn ein früherer Partner nicht gewürdigt wird.*

Wenn die Wirklichkeit ans Licht kommt – und das machen wir hier, wir bringen eine Wirklichkeit ans Licht – dann wirkt sie immer freundlich. Also, durch das Sehen und das Anerkennen von Wirklichkeit wird keiner depressiv.

Ich widerstehe der Versuchung, jemandem helfen zu wollen gegen das, was am Licht ist. Wenn es z.B. am Licht ist, daß die Frau noch an einen früheren Partner gebunden ist, hilft ihr alle Therapie nicht, daß sie sich lösen kann. Das geht nicht, denn das ist eine schicksalhafte Bindung. Nur, wenn diese Bindung anerkannt wird, gibt es Lösungen, nicht solche, wie ich sie mir vielleicht wünsche, aber solche, die für alle Beteiligten tragbar sind.

Gerhard (1):

Schwere Unfälle (erster Kontakt)

(Video 1: 1h 25min 34")

H.: Jetzt mache ich weiter mit der Arbeit und schaue mal, was da zu tun ist.

(zu Gerhard): Was ist bei dir?

Gerhard: Ich habe seit dem Tod meiner Mutter permanent Unfälle: Reitunfälle, Autounfälle, mit entsprechenden wirtschaftlichen Folgen. Ich bin selbständig und kann dann nicht arbeiten .

H.: Da warte ich noch ein bißchen. Okay?

(zur Gruppe): Er muß erst reif werden dafür.

(zu Gerhard): Einverstanden?

Gerhard: Das glaube ich auch.

H.: Du lachst nämlich noch dabei.

(Fortsetzung Gerhard S. 69)

Ulrich:

Schwere Depression und Herzinfarkt (Die Herkunftsfamilie)

(Video 1: 1h 26min 40")

Die Dynamik: *Die Eltern haben sich scheiden lassen. Kurz danach wurde der Vater aus politischen Gründen in der DDR inhaftiert und starb im Gefängnis. Die Mutter hat wieder geheiratet und mit dem zweiten Mann zwei Kinder, von denen eines ihren ersten Mann vertritt.*
Die Lösung für Ulrich: *Der Vater wird in den Blick gebracht und die Mutter nach außen gestellt. Ulrich verneigt sich vor seinem Vater bis auf den Boden und sagt: „Lieber Vati, ich gebe dir die Ehre. Bitte segne mich, wenn ich bleibe." Vater und Sohn umarmen sich innig. Die Mutter muß Ulrich gehen lassen.*

H. *(zu Ulrich)*: Was ist bei dir?

Ulrich: In Situationen zwischenmenschlicher Kälte blockieren die Nerven den Bewegungsapparat. Es gab schon Nierenkoliken und ich hatte unlängst, zu Beginn des Jahres, einen Herzinfarkt.

H.: Mit dir mache ich weiter. Komm, setze dich mal hierhin. – Bist du verheiratet?

Ulrich: Nein.

H.: Ist etwas Besonderes passiert in der Ursprungsfamilie?

Ulrich: Ja, meine Eltern ließen sich scheiden in meinem achten Lebensjahr.

H.: Aus welchem Grund, weißt du das? Ist etwas passiert zwischen den Eltern?

Ulrich: Ich glaube, sie hatten sich nichts mehr zu sagen.

H.: Das ist eine Folge, keine Ursache.

Ulrich: Ihre Lebenssichten waren, glaube ich, andere geworden.

H. *(zur Gruppe)*: Auf solche Sachen lasse ich mich niemals ein. Das ist nicht zu greifen. Ich frage immer nach Ereignissen. Er weiß keine. So gut. Dann wissen wir, es ist nichts. Aber das andere würde niemals ausreichen, um zu erklären, daß es ihm schlecht geht. Die äußeren Ereignisse zählen.

(zu Ulrich): Wie viele Geschwister hast du?

Ulrich: Ich habe einen Bruder aus dieser ersten Ehe meiner Mutter und aus der folgenden zwei Halbgeschwister.

H.: War jemand von den Eltern vorher in einer festen Bindung?

Ulrich: Nein.

H.: Okay, stelle einfach mal auf: deinen Vater, deine Mutter, deine Geschwister, dann den zweiten Mann der Mutter und die Halbgeschwister. Fang an. Du hast ja gesehen, wie es geht. So mache es auch.

(Ulrich beginnt, die Stellvertreter auszuwählen)

H.: Bist du beim zweiten Mann der Mutter aufgewachsen?

Ulrich: Zehn Jahre.

H.: Wieso nicht beim Vater?

Ulrich: Der Vater ist unmittelbar nach der Scheidung politisch inhaftiert worden und ist dann früh verstorben infolge dieser Sache.

H.: Wo ist er politisch inhaftiert worden?

Ulrich: In Leipzig.

H. *(zur Gruppe):* Das ist bedeutsam; das ist ein Ereignis. Das würde sehr viel erklären. Und da sehen wir auch schon, wo wir die Lösung suchen müssen – bei seinem Vater.

(zu Ulrich): Mach mal weiter.

(Ulrich fährt mit dem Auswählen fort)

H.: Wann ist dein Vater inhaftiert worden, vor der Scheidung? nach der Scheidung?

Ulrich: Kurz nach der Scheidung.

H.: Hat seine Einstellung etwas zu tun gehabt mit der Scheidung?

Ulrich: Auch, ja.

H.: Was war denn seine Einstellung?

Ulrich: Eine humanistische.

H.: Wir lassen es bei diesem Wort: seine humanistische Einstellung. – Nach der Scheidung hat deine Mutter geheiratet. Wie lange nachher?

Ulrich: Zwei Jahre darauf.

H.: War dein Vater da schon tot?

Ulrich: Nein.

H.: Noch nicht. War er zu dieser Zeit im Gefängnis?

Ulrich: Ja.

H.: Okay. Mit dem zweiten Mann hat die Mutter wie viele Kinder?

Ulrich: Zwei.

H.: Jetzt stelle auf, ganz nach Gefühl

Ulrich: 1.Bild *

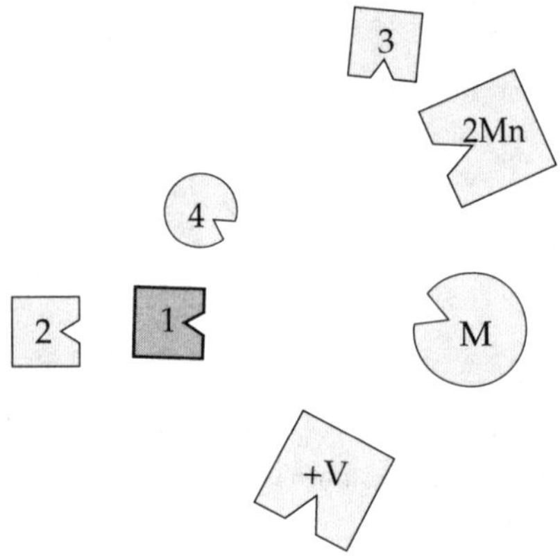

H. *(zu Ulrich)*: Setze dich so, daß du es gut sehen kannst.

(zur Gruppe): Wenn wir uns das jetzt anschauen und schauen uns die beiden Kinder aus der zweiten Ehe an, wie die dastehen – wie geht es der Mutter, wenn sie die Kinder anschaut?

(M): Ich habe wirklich nur meine Tochter im Blick und sonst bin ich ganz isoliert. Ich habe zu keinem der Männer eine Verbindung, nur zu meiner Tochter.

H.: Wie geht es dir, wenn du sie anschaust?

(M): Die Tochter ist sehr wichtig für mich.

H.: Wie geht es der Tochter der Mutter gegenüber?

(4): Ich fühle Verantwortung. Ich fühle mich stärker als die Mutter.

H.: Wie geht es dem zweiten Mann?

[2Mn]: Ich weiß nicht genau, wo meine Frau ist, aber ich spüre da einen ganz engen Draht zu ihr. Also, irgendwie spüre ich, daß sie da ist. Und meine Kinder, die sind nah, aber ich spüre sie nicht. Besonders mein Sohn ist irgendwie, als wäre er gar nicht da.

---

* ***Abkürzungen:***

+V	Vater, im Gefängnis umgekommen
M	Mutter
1	**Erstes Kind, Sohn**
2	Zweites Kind, Sohn
2Mn	Zweiter Mann der Mutter
3	Drittes Kind, Sohn
4	Viertes Kind, Tochter

H. *(zur Gruppe)*: Wer ist nicht da?

(einige aus der Gruppe zeigen auf den ersten Mann der Mutter)

H.: Er ist nicht da. Er wird vom Sohn des zweiten Mannes vertreten.

(zu diesem Sohn): Wie geht es dir?

[3]: *(weint und kann nicht sprechen)*

H.: Es ist die Trauer des ersten Mannes, die dieser Sohn spürt. Wir müssen den ersten Mann unbedingt sofort in den Blick bringen.

H. *(geht zum ersten Mann und fragt)*: Wie geht es denn dir?

[+V]: Jetzt bin ich angerührt. Vorher war ich empört, daß ich hier so hingestellt wurde – weg.

H.: Ich drehe dich jetzt mal um. So.

Ulrich: 2. Bild

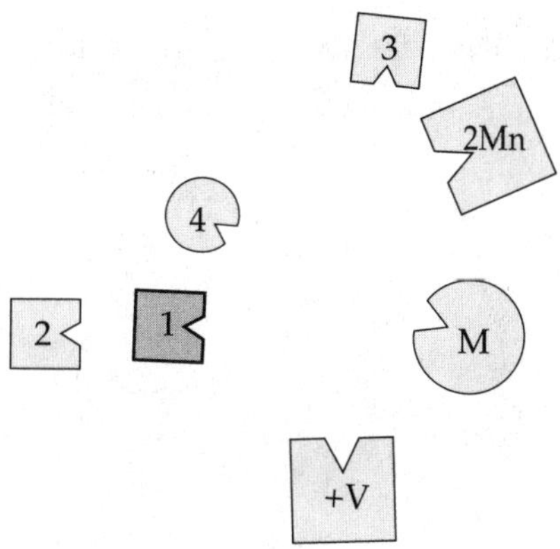

H. *(zum ersten Sohn)*: Was ist bei dir?

[1]: Ich bin total ausgerichtet auf den Vater. Ulrich hat bei der Aufstellung meinen Kopf extra so gedreht, daß ich nur den Vater im Blickfeld habe. Ich fühle mich sehr schlecht, weil ich überhaupt nicht weiß, was dahinten läuft. Ich bin nur auf ihn ausgerichtet.

H.: Genau. Jetzt stelle dich neben ihn. So.

(zum zweiten Sohn): Und du auch.

Ulrich: 3. Bild

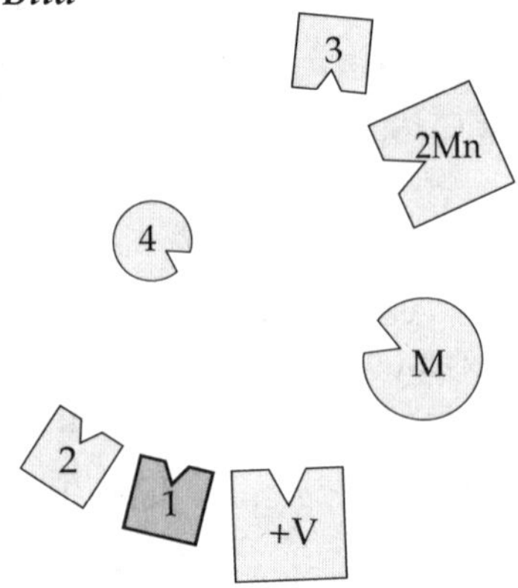

H. *(zum ersten Sohn)*: Wie geht es dir hier?

[1]: Gut, ja.

[2]: Mir geht es auch gut, ja.

[+V]: Es ist besser, aber es ist noch nicht in Ordnung. Es fehlt was.

H.: Okay, wir schauen weiter. – Wie geht es der Frau jetzt?

(M): Ich habe ganz weiche Knie. Mir geht es gar nicht gut.

H.: Ich drehe dich mal um, und gehe jetzt ein paar Schritte vor.

Ulrich: 4. Bild

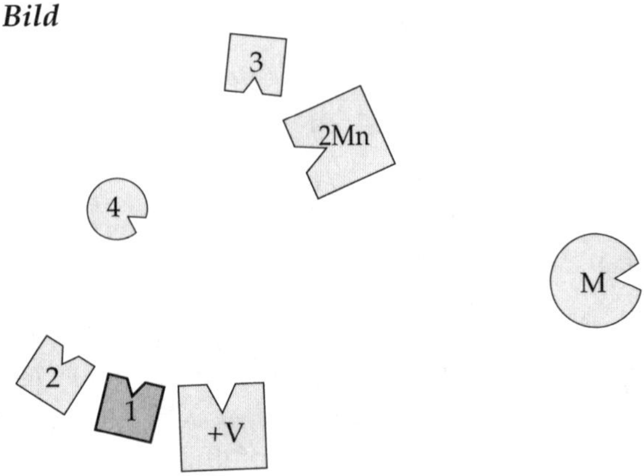

H. *(zur Mutter)*: Wie ist das?

(M): Hier kann ich freier atmen, aber ich bin allein.

H.: Wie geht es der Tochter jetzt?

(4): Sehr schlecht.

[+V]: Für mich ist es leichter, wenn die Frau weg ist.

H. *(zur Gruppe)*: Wer hätte gehen müssen in dieser Familie? – Sie hier. Die Frau hätte gehen müssen. – Wieso, wissen wir nicht.

(zu Ulrich): Weißt du das?

Ulrich: Nein, ich weiß das auch nicht.

H.: Wie geht es jetzt dem zweiten Mann?

[2Mn]: Ich fühle mich aufgerissen. Es ist alles unvollständig hier.

H. (*zum dritten Sohn)*: Ich stelle dich jetzt mal neben die Brüder.

(H. stellt den dritten Sohn neben die älteren Brüder, und seine Schwester neben ihn. Den zweiten Mann stellt er in einiger Entfernung neben die Kinder, so daß er dem ersten Mann gegenüber zu stehen kommt.)

Ulrich: 5. Bild

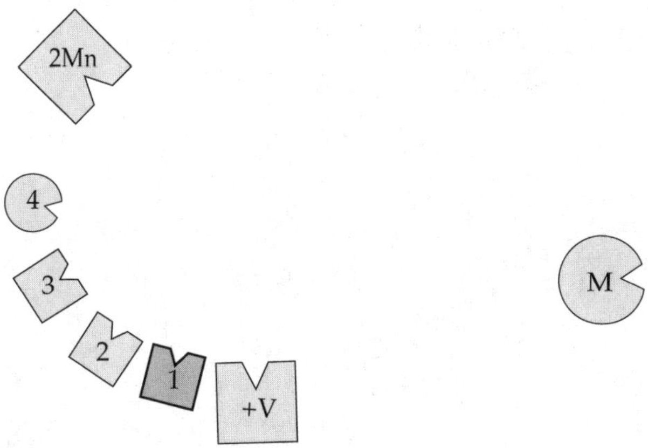

H. *(zum ersten Mann)*: Wie ist das für dich jetzt?

[+V]: Der dritte Sohn *(der Sohn aus der zweiten Ehe der Frau)* ist wichtig für mich. Der wichtigste anscheinend.

H.: Er kriegt deinen Segen.

[+V]: Ja.

[3]: Da geht es mir besser. Viel besser. Das fing an, als die Mutter sich umdrehte und raus ging aus dem Kreis. Jetzt fühle ich mich geborgen, ich fühle mich sicher.

H. (*zur Tochter)*: Wie geht es dir?

(4): Ich möchte zu meiner Mutter.

H. (*zur Gruppe)*: Sie wird der Mutter nachfolgen. Sie ist das gefährdete Kind. – Was ist jetzt bei der Frau?

(M): Ich habe das Gefühl, ich kann aufbrechen, irgendwohin. Ich weiß noch nicht wohin. Das, was dahinten passiert, ist nicht mehr wichtig.

H.: Geh' mal aus der Tür und mache sie hinter dir zu.

Ulrich: 6. Bild

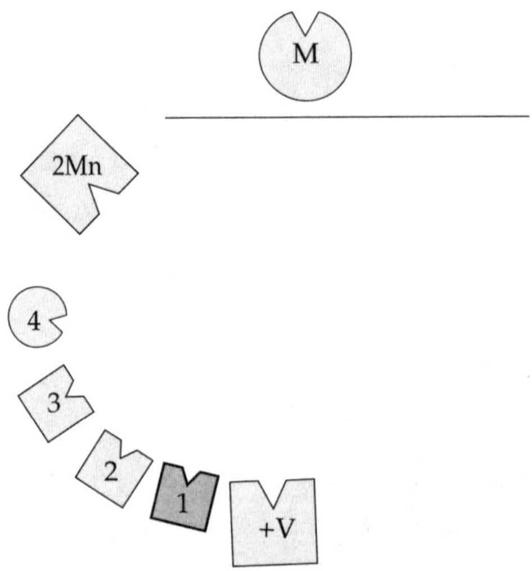

(zur Gruppe): Aus der Türe gehen heißt: entweder sterben oder sich umbringen.

(zu den Stellvertretern): Was ist jetzt verändert?

[+V]: Ich habe den Eindruck, daß das stimmt, daß das richtig ist.

[1]: Ich fühle mich wohl neben meinem Vater, mehr weiß ich nicht im Moment.

[2]: Ich habe das Gefühl, daß es stimmt. Vorher hatte ich vorgehabt, mich zwischen Vater und Mutter zu stellen, um ihn zu schützen.

[3]: Jetzt ist Frieden für mich.

(4): Ich bin traurig, aber erleichtert.

[2Mn]: Für mich stimmt es jetzt nicht. Als die Frau noch hier drinnen stand, hatte ich das Gefühl, die Kinder, das ist meine Familie, ich kann alleine für die da sein. Jetzt, wo sie weg ist, kriege ich Tränen.

H. *(zu den Kindern des zweiten Mannes)*: Rückt mal näher zu eurem Vater.

(Die Tochter stellt sich neben den Vater. Sein Sohn geht erst näher zu ihm und dann wieder zurück zu seinen Halbbrüdern.)

Ulrich: 7. Bild

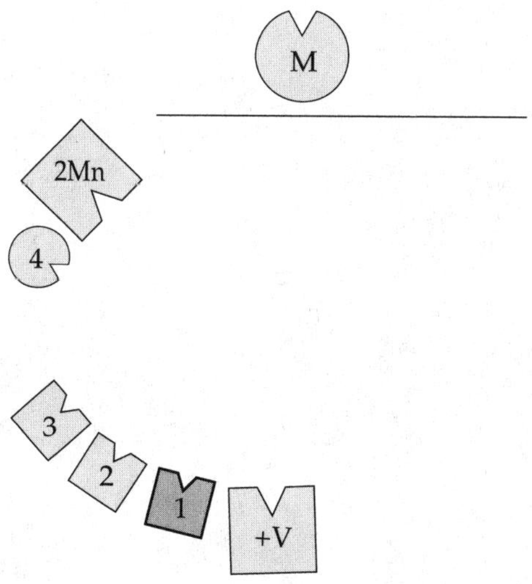

H. *(zur Tochter)*: Wie geht es dir hier?

(4): Gut.

H.: Beim Vater geht es dir gut?

(4): Ja.

[2Mn]: Es ist besser. Ich habe die Frau verloren, aber ich komme jetzt besser damit klar.

H.: Jetzt holen wir die Frau wieder herein.

(zur Frau): Wie ist es dir draußen gegangen?

(M): Da draußen ist das Leben. aber ich spüre, das hat auch seinen Preis *(strahlt).*

H. *(zur Gruppe)*: Das ist die Illusion bei Selbstmord. Ja, genau.

(zur Frau): Aus der Tür gehen heißt: sich umbringen.

(zu Ulrich): Macht das für dich Sinn, diese Aufstellung?

Ulrich: Ja, das hat und macht Sinn.

H.: Stelle dich jetzt mal an deinen Platz.

(zur Mutter): Dich lasse ich abgedreht. So.

(zu Ulrich): Du kannst dir vorstellen, sie ist aus der Tür.

Ulrich: 8. Bild

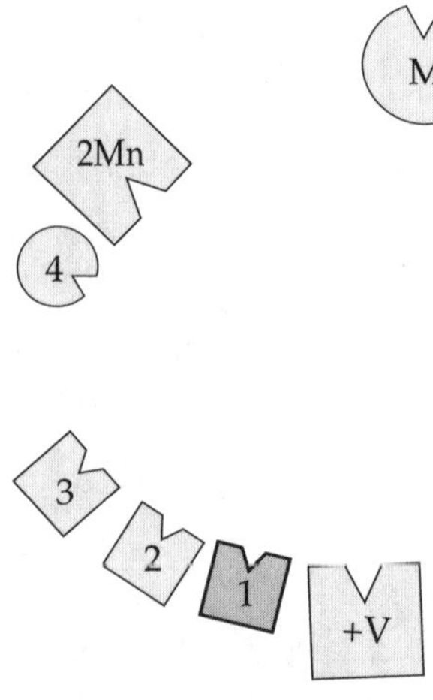

H.*(zu Ulrich)*: Wie geht es dir?

Ulrich: Voller Spannung.

H.: Ich mache jetzt mit dir eine Übung, eine einfache Übung, aber schwer im Herzen zu vollziehen. Komm hierher und knie dich mal vor deinen Vater hin und verneige dich tief bis auf den Boden, die Hände nach vorne und die Handflächen nach oben. So, tief verneigen. Und sag' ihm – wie hast du deinen Vater angeredet als Kind?

Ulrich: Vati.

H.: Sag' „Lieber Vati"!

Ulrich: *Lieber Vati!*

H.: „Ich gebe dir die Ehre".

Ulrich: *Ich gebe dir die Ehre.*

H.: Tief atmen. Bleib ganz ruhig, so. Ruhig atmen, bis das im Herzen voll Raum hat: „Lieber Vati, ich gebe dir die Ehre".

Ulrich: Lieber Vati, ich gebe dir die Ehre.

H. *(nach einiger Zeit)*: Und sag': „Bitte segne mich".

Ulrich: *Bitte segne mich.*

H.: „Wenn ich bleibe."

Ulrich: *Wenn ich bleibe.*

H.: Tief atmen, ganz tief. Laß ganz locker und laß den Kopf sinken. So, ganz locker.

(nach einiger Zeit): Wenn du es wieder sagen willst, sage es ganz einfach: „Lieber Vati, ich gebe dir die Ehre".

(wieder nach einiger Zeit): Jetzt richte dich langsam auf, wenn du möchtest, wenn es gut ist. – Und steh auf.

(als Ulrich vor seinem Vater steht): Neige ganz leicht das Haupt, so, mit Liebe.

(nach einiger Zeit zum Vater): Geh auf ihn zu. Der Vater muß die Führung übernehmen.

(Der Vater geht auf Ulrich zu. Der ist noch etwas scheu. Dann nimmt der Vater ihn in die Arme und sie umarmen sich innig und lange.)

[2] *(leise zu H.)*: Ich möchte auch dort hingehen und meinen Vater umarmen.

H. *(zum zweiten Sohn)*: Ich lasse es ganz bei ihm.

(nach langer Zeit zu Ulrich): Tief atmen, mit offenem Mund. Durch tiefes Einatmen nimmst du den Vater in dich hinein in die Seele, und das Ausatmen ist die Hinbewegung.

(wieder nach längerer Zeit): Wenn es gut ist, stellst du dich wieder neben deine Brüder.

(zur Gruppe, als sich Ulrich nach einiger Zeit aus der Umarmung löst und mit aufgehelltem Gesicht lächelt): Seht ihr, wie die Depression aufhört? Genau.

(zu Ulrich): Gut hast du es gemacht und ich habe es gerne für dich gemacht und für deinen Vater. – Okay, das war's dann.

*

H.: Ich möchte noch etwas sagen zu dem, was der Stellvertreter des zweiten Sohnes gesagt hat. Er hat gesagt, er möchte auch dort hingehen und das machen. Ich habe es aber nicht zugelassen – weil der zweite Sohn selbst nicht hier anwesend ist. Ich arbeite nur mit den Personen, die selber anwesend sind. Ich gehe nicht über das hinaus, als was hier für die anwesende Person zur Lösung notwendig ist. Das ist ein wichtiger Grundsatz. Sonst geht die Energie von der Hauptperson weg auf eine andere, die nur ein Stellvertreter ist. Ich lasse die Energie ganz konzentriert da, wo sie hingehört.

Jetzt muß ich erst mal durchatmen nach so einer Aufstellung.

Der Segen

(Video 1: 1h 49min 57")

H.: Möchte jemand etwas sagen dazu oder fragen?

Teilnehmerin: Als Sie gesagt haben: „Segne mich, wenn ich bleibe“ ist es mir tief durch und durch gegangen. Ich bin angehende Pfarrerin und mir ist zum erstenmal aufgegangen, was es heißt zu segnen. Aber bei dieser Formulierung „Segne mich, wenn ich bleibe“ dachte ich an den Friedhof. Da sage ich ja den Segen über Lebende und Tote.

H.: Segnen heißt hier: „Sei freundlich, wenn ich am Leben bleibe“. Das ist der Segen. Ursprünglich heißt segnen ja: etwas Gutes sagen. Ein Kind in einer Situation wie Ulrich traut sich nicht zu leben, wenn es dem Vater so schlecht geht. Es hat die Tendenz, ihm nachzufolgen. Wenn der Vater aber sagt: „Ich freue mich, wenn du bleibst, du hast meinen Segen, wenn du bleibst“, dann bekommt das Kind die Kraft zu bleiben.

Da ist noch ein zweites Element mit drin. Ein Kind traut sich nicht zu bleiben, wenn der Vater auf diese Weise umgekommen ist, weil es dem Kind besser geht als dem Vater. Dann muß sich das Kind innerlich mit dem Vater solidarisieren. Das geschieht z.B. durch den Satz: *„Lieber Vater, du bist tot, ich lebe noch ein bißchen, dann sterbe ich auch"*. Dann ist das Leben für das Kind keine Anmaßung gegenüber dem toten Vater. Dann kann das Kind ihm auch sagen: *„Sei freundlich, wenn ich bleibe"* oder *„Segne mich, wenn ich bleibe"*. Dann kann es auch sagen: *„Ich mache was aus dem, was ich von dir geschenkt bekommen habe; es war nicht umsonst"*. Das ist die andere Seite dazu.

Der Ausschluß der Mutter

(Video 1: 1h 52min 02")

H.: Noch jemand, der was sagen möchte?

Teilnehmerin: Ich wollte nach der Mutter fragen, weil ich das noch nicht so ganz verstehe. Eigentlich darf man doch niemanden ausschließen aus einem System. Warum mußte sie gehen?

H.: Ich habe keine feste Regel, z.B. die Regel, daß man niemanden ausschließen darf, denn manchmal hat jemand seine Zugehörigkeit verspielt. Wir wissen nicht, was bei der Mutter gelaufen ist, ob sie schuldig geworden ist oder was immer. Aber aus der Aufstellung war deutlich, sie hat die Tendenz zu gehen, und da darf man nicht dazwischentreten.

(zu Ulrich): Wenn deine Mutter da wäre, würde ich mit ihr nachforschen, was da war.

(zur Gruppe): Aber hier, da forsche ich nicht nach. Für seine Lösung brauche ich nicht mehr, als wir gemacht haben. Ich löse also nicht hypothetisch die Probleme von anderen, um die es hier nicht geht.

Frage aus der Gruppe: Ist die Mutter gestorben?

H.: Nein, die Mutter ist nicht gestorben. Aber sie müßte sterben, das ist es, und der Therapeut darf keine Angst haben, das zu sehen, wenn es so ist. Sonst ist er nicht mehr in Verbindung mit den Kräften, die wirken. Erst wenn die Frau sehen würde, daß sie sterben muß, daß sie es verdient hat oder daß irgend etwas sie in den Tod zieht, kann sie etwas tun, um am Leben zu bleiben. Aber vorher nicht. Wenn ich Angst habe, das anzuschauen, wenn ich Angst habe, an die äußerste Grenze zu gehen, kann ich als Therapeut nicht mehr arbeiten. Ist das so klar? Gut.

Woran konnte man sehen, daß die Mutter weg wollte?

(Video 1: 1h 53min 55")

Teilnehmer: Sie sagten, Sie hätten aus der Aufstellung ersehen, daß die Mutter weg wollte. An was haben Sie das gesehen?

H.: Ich habe es ausprobiert. Ich habe sie erst einmal abgewendet weiter weg gestellt. Dort hat sie sich besser gefühlt. Aber das war noch nicht genug. Man konnte an der Reaktion der anderen sehen, daß das noch nicht genug war. Dann habe ich sie aus der Tür geschickt. Es hat sich also das eine aus dem anderen ergeben.

Welche Beschreibung dient der Lösung am meisten?

(Video 1: 1h 54min 25")

Teilnehmer: Könnte die depressive Symptomatik, die Sie angesprochen haben, nicht auch der Platz sein, den der Sohn einnimmt, um die Aggression der Mutter gegenüber nicht zu spüren, also auf einer in Anführungszeichen einfachen „psychodynamischen Ebene"?

H.: Das macht Sinn, was du gerade gesagt hast. Die Frage ist nur, mit welcher Beschreibung finde ich die beste Lösung. Das ist die andere Seite. Aber es macht Sinn für mich, was du gesagt hast.

(Man muß sich bei der Suche nach Lösungen fragen: welche Beschreibung trifft die Ursachen oder die Wurzel und welche trifft nur die Folgen oder das Ende)

Segnen und Lassen

(Video 1: 1h 55min 09")

Anderer Teilnehmer: Mir hat die Formulierung gut gefallen, als es um den Segen ging. Ich versuche es noch einmal, so wie ich es verstanden habe. „Wenn ich bleibe, segne mich bitte." Mir fiel dann der Satz ein: „Ich lasse dich nicht, du segnest mich denn". Ich habe mit dem letzten Satz auch Schwierigkeiten.

H.: Dieser zweite Satz hängt mit dem ersten zusammen. Das ist ein berühmter Satz aus der Bibel. Da kämpfen zwei miteinander, kommen aber nicht auseinander, bis der Stärkere den Schwächeren segnet. So ist das hier auch . Wenn der Sohn vom Vater gesegnet ist, kann er den Vater auch in Ruhe lassen und auch der Vater hat dann seinen Frieden.

Gerhard (2): (Forts. v. S. 55)

Schwere Unfälle
(abgebrochene Aufstellung, weil jemand fehlt)

(Video 1: 1h 56min 05")

H. *(zu Gerhard)*: Jetzt mache ich mit dir weiter. – Was war in deiner Ursprungsfamilie oder in deiner Gegenwartsfamilie? – Bist du verheiratet?

Gerhard: Ich lebe getrennt, habe zwei Kinder und lebe jetzt alleine.

H.: Wieso habt ihr euch getrennt?

Gerhard: Es ging nicht mehr.

H.: Ist etwas passiert?

Gerhard: Das fing an nach dem Tod meiner Mutter *(beginnt zu weinen)*.

H.: Wie alt war Deine Mutter als sie starb?

Gerhard: Einundachtzig.

H.: An was ist sie gestorben?

Gerhard: Sie war total vereinsamt. Keiner wollte sie haben. Sie war sehr verwirrt zuletzt.

H.: Was ist mit deinem Vater?

Gerhard: Mein Vater ist zehn Jahre vorher gestorben.

H.: Ich stelle zuerst dein Gegenwartssystem auf, also dich, deine Frau und die beiden Kinder. War jemand vorher in fester Bindung, du oder deine Frau?

Gerhard: Nein.

H.: Stelle auf – gesammelt.

Gerhard: 1. Bild *

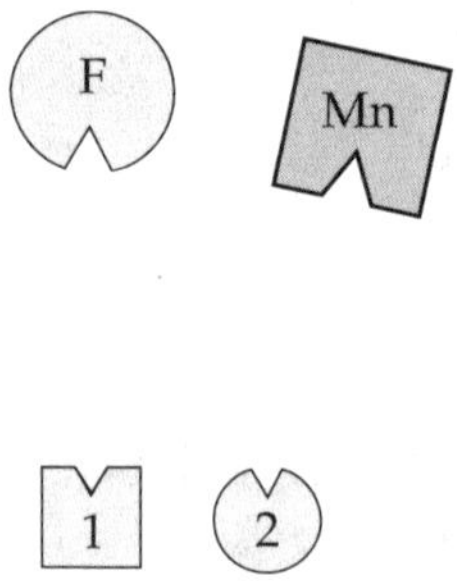

H. *(zu Gerhard)*: Da fehlt etwas. – Da fehlt eine Person oder so. – Ich glaube, ich muß das unterbrechen. Das geht nicht.

(zu den Stellvertretern): Okay, ihr könnt euch setzen.

(zur Gruppe): Ich habe einen Freund, der ist ein Therapeut. Er sagt, er hat sehr großen Erfolg; er nimmt nämlich nur solche Klienten, von denen er sich sicher ist, daß er Erfolg haben wird. Hier war ich mir sicher, ich werde keinen Erfolg haben.

(Fortsetzung Gerhard S. 199)

Phänomenologische Psychotherapie

(Video 1: 2h 00min 50")

Teilnehmerin: Woran hast du festgemacht, daß es nicht ging?

H.: Hast du es nicht gemerkt? Du brauchst nur hinzuschauen.

---

* *Abkürzungen:*

Mn	**Mann**	1	Erstes Kind, Sohn
F	Frau	2	Zweites Kind, Tochter

Ich möchte etwas sagen über die Art der Therapie, die wir hier machen. Ich nenne sie phänomenologische Psychotherapie. Das heißt – und ihr könnt das hier einüben, wenn ihr wollt, daß die heilende oder die lösende Einsicht rein aus dem gesammelten Schauen wie ein Blitz aus dem Dunkel plötzlich uns blendet und trifft.

Die Haltung ist *das gesammelte Schauen*. Gesammelt heißt: ohne Absicht und ohne Furcht. Dann kommt die Einsicht. Das kann man üben. Deswegen, wenn jemand, was wir hier machen, nur anwendet wie man Techniken anwendet, wird er es nicht machen können in der Praxis. Aber wer sich einübt in dieses gesammelte Schauen, der kann es ganz leicht machen nachher, weil er immer im Kontakt ist. Dann ergibt sich für ihn das eine aus dem anderen.

Ich weiß vorher nie, was herauskommt. Der eine Schritt zeigt den nächsten und dann sehe ich , wie es weitergeht. So entwickelt sich das eine aus dem anderen. Es ist aber immer voller Wagnis, weil man nicht weiß, was am Ende herauskommt.

Hedwig (1):

Diabetes
(Die Herkunftsfamilie)

(Video 1: 2h 02min 25")

Die Dynamik: *Beide Eltern wollen einem Toten nachfolgen, der Vater seinem Vater, der an Schwindsucht starb, als er sechs Jahre alt war, die Mutter ihrer Mutter, die an den Folgen der Geburt dieses Kindes starb. Hedwig aber sagt zu beiden Eltern: „Lieber sterbe ich als du".*
Die Lösung: *Hedwig sagt dem Vater: „Papa, ich achte dein Schicksal. Auch wenn du gehst, ich bleibe. Auch wenn du gehst, bitte segne mich, wenn ich bleibe." Zur Mutter sagt sie: „Liebe Mami, auch wenn du gehst, ich bleibe. Auch wenn du gehst, bitte segne mich, wenn ich bleibe." Hedwig fällt es schwer, den Eltern zuzutrauen, daß sie sie segnen, wenn sie bleibt. H. vertraut sie ihren Eltern und ihren früh verstorbenen Großeltern an.*

H. *(zu Hedwig)*: Was ist deine Beschwerde?

Hedwig: Ich bin Diabetikerin.

H.: Wie lange schon?

Hedwig: Zwanzig Jahre.

H.: Wie alt warst du, als es angefangen hat?

Hedwig: Zehn.

H.: Ist etwas passiert in der Familie, als du zehn Jahre alt warst?

Hedwig: Ein paar Monate nach meiner Diagnose ist mein Großvater gestorben, der Vater meiner Mutter.

H.: Vorher muß etwas passiert sein.

Hedwig: Vorher weiß ich nichts.

H.: Ist sonst jemand gestorben, ein Kind oder so?

Hedwig: Nein. Weit vorher, ganz weit vorher sind Sachen passiert.

H.: Was ist passiert?

Hedwig: Es ist für mich auffällig, daß meine Mutter ohne Mutter aufgewachsen ist und mein Vater ohne Vater.

H.: Das ist bedeutsam. – Wie viele Geschwister hast du?

Hedwig: Eine ältere Schwester.

H.: Ich fange damit an, nur diese vier aufzustellen, also deinen Vater, deine Mutter, deine Schwester und dich. – Ist noch etwas?

Hedwig: Mit uns hat, als ich Kind war, die Mutter meines Vaters gelebt. Die gehört in das System.

H.: Nein, wenn jemand nur dabei wohnt, heißt das noch nicht, daß er dazugehört im Sinne der Systemdynamik. – Okay, fang an und stelle auf ganz nach Gefühl.

Hedwig: 1. Bild*

---

* ***Abkürzungen:***

V Vater
M Mutter
1 Erstes Kind, Tochter
2 Zweites Kind, Tochter
+VV Vater des Vaters, an Schwindsucht gestorben
+MM Mutter der Mutter, starb an den Folgen der Geburt

H. *(zu Hedwig)*: Sind deine Eltern geschieden?

Hedwig: Sind sie nicht.

H.: So sieht es aber aus. Was ist passiert zwischen den Eltern?

Hedwig: Ich weiß nicht, daß was passiert ist. Ich weiß, daß ich das so erlebt habe, sehr viel Distanz.

H.: Da ist bestimmt etwas passiert. War jemand von deinen Eltern vorher in einer festen Bindung?

Hedwig: Sie sind ihre erste und einzige Liebe.

H.: Manchmal möchte man sagen: Schade! – Wie geht es dem Vater?

[V]: Ich bin fremd in diesem System. Es ist alles sehr weit weg und wenn ich mich weit aus dem Fenster lehne, dann bekomme ich vielleicht noch Kontakt zur jüngsten der Töchter. Also, es ist kein gutes Gefühl.

H.: Wie geht es der Mutter?

(M): Ich fühle mich einzeln, habe so ein bißchen Draht zu der kranken Tochter, der jüngsten, aber es ist kein starker Zusammenhang.

H.: Wie geht es der Ältesten?

(1): Ich sehe nur die Mutter. Die anderen beiden spüre ich nicht.

(2): Ich fühle mich völlig allein; ich spüre gar keinen von den anderen, ich fühle mich traurig und habe das Gefühl ich schaue irgendwohin.

H. *(zu Hedwig)*: Was ist passiert in der Familie deines Vaters?

Hedwig: Du meinst jetzt geschichtlich?

H.: Ereignisse.

Hedwig: Ereignis ist, daß der Vater meines Vaters gestorben ist, als er sechs war.

H.: An was?

Hedwig: Das war kurz nach dem Krieg. Es gibt keine Diagnose. Das, was gesagt wird, ist, es war Schwindsucht. Er war lange krank und ist gestorben.

H.: Nach dem Krieg gab es häufig Schwindsucht. Dann ist dein Vater alleine bei seiner Mutter aufgewachsen?

Hedwig: Er ist alleine mit seiner Mutteraufgewachsen.

H.: Hat er noch Geschwister?

Hedwig: Eine Schwester, die ist fast zehn Jahre älter als er.

H.: Jetzt stelle ich seinen Vater dazu.

(zum Vater): Wo muß er hin für dich, dein Vater? Probier aus, du kannst ihn schieben wie du möchtest.

(er stellt ihn sich gegenüber)

Hedwig: 2. Bild

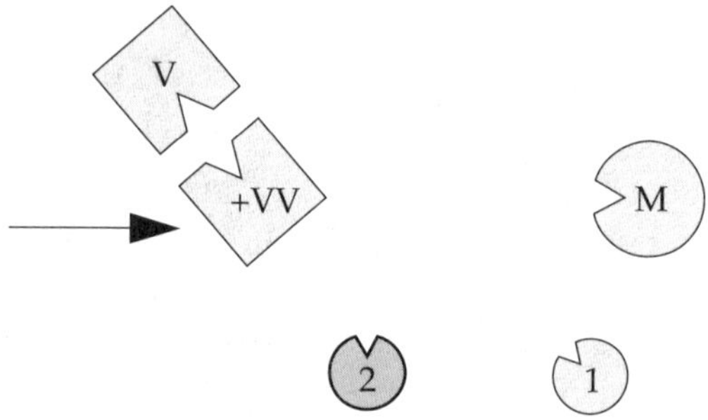

[V]: Ich möchte zu meinem Vater hinauf schauen und möchte die anderen dabei nicht aus dem Auge verlieren.

H. *(zum Stellvertreter des Vaters)*: Ich will dir was sagen: Du denkst zu viel, um zu fühlen.

[V]: Möglich.

H. *(zum Vater des Vaters)*: Wie geht es dir?

[+VV]: Ich bin noch nicht im Kontakt.

H. *(zum Vater des Vaters)*: Stelle dich mal hierher, zur Vorsicht.

(H. stellt ihn mehr zur Seite)

Hedwig: 3. Bild

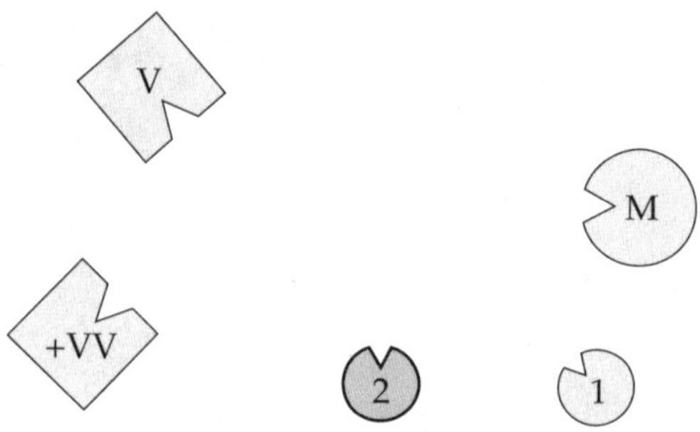

H. *(zum Vater)*: Wie ist das?

[V]: Da spüre ich nichts, nein. Er ist zu fern.

(H. stellt ihn jetzt hinter seinen Sohn)

Hedwig: 4. Bild

H. *(zum Vater)*: Wie ist es jetzt?

[V]: Ja, jetzt ist er angekommen.

H. *(zur Gruppe)*: Seht ihr, wie untrüglich das ist, wenn man es ausprobiert? Da braucht man gar nicht zu denken. Man probiert es aus und findet dann das Richtige.

(zu den Stellvertretern): Was ist jetzt verändert?

(M): Ich will jetzt den Mann, eigentlich nur noch den Mann.

(1): Ich bin irgendwie arbeitslos.

(2): Ich habe das Gefühl, ich habe mit dem allem nichts zu tun. Ich bin hier einfach rein gepflanzt, aber ich habe nichts zu tun. Ich bin auch trotzig, nicht unfröhlich: also es geht mich alles nichts an.

H. *(zu Hedwig):* Selbstmordgefährdete, die haben solche Gefühle.

(Hedwig nickt heftig)

Hast du schon einmal einen Selbstmordversuch gemacht?

Hedwig: Nein, das habe ich noch nicht. Habe ich nicht.

H.: Gut. – Was war in der Familie deiner Mutter?

Hedwig: Als meine Mutter zur Welt kam, ist ihre Mutter krank geworden.

H.: Als Folge der Geburt?

Hedwig: Als Folge der Geburt. Sie hat sich zwei Jahre nicht davon erholt und ist dann gestorben.

H. *(wählt jemanden als die Mutter der Mutter und fragt die Mutter)*: Wo muß sie hin für dich, deine Mutter? Probiere aus wie du es möchtest.

(Die Mutter stellt ihre Mutter hinter sich und diese legt sachte ihre Arme um die Arme der Tochter)

Hedwig: 5. Bild

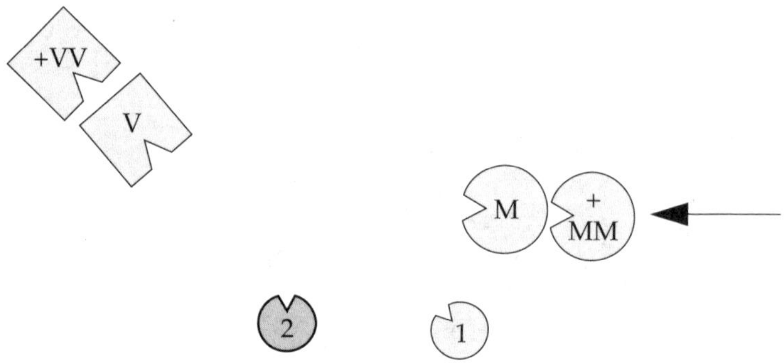

(M): So ist es gut.

(1): So ist es gut.

(2): Jetzt bin ich aufgewacht. Ich habe einen Schauder bekommen und Gänsehaut am ganzen Körper, als die Mutter der Mutter ins Geschehen hereinkam, und ich habe ganz nasse Hände jetzt. Also ich bin sehr aufgeregt darüber. Jetzt betrifft mich das sehr.

H. *(zur Gruppe):* Der Tod einer Frau im Kindbett oder als Folge einer Geburt ist das einschneidendste Ereignis in einem System. Deswegen hat in dieser Familie die Frau wahrscheinlich Vorrang vor dem Mann.

(H. vertauscht die Positionen von Vater und Mutter)

Hedwig: 6. Bild

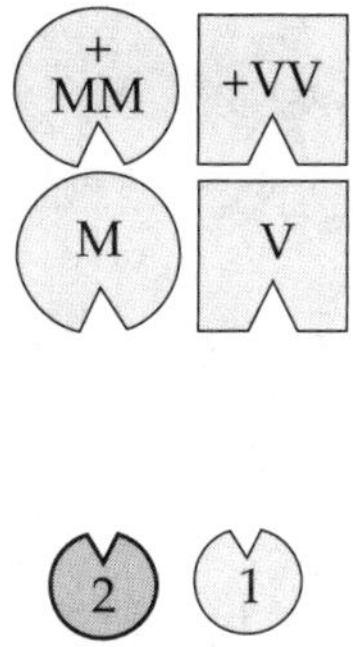

H: Wie ist das jetzt bei der Frau?

(M): Zu meinem Mann habe ich kein Gefühl. Ich sehe jetzt die kranke Tochter.

[V]: Die Kinder sind wichtig geworden, beide. Zur Frau ist kein Gespür da.

H. *(zu den Eltern):* Nur zur Vorsicht, wechselt mal die Positionen.

Hedwig: 7. Bild

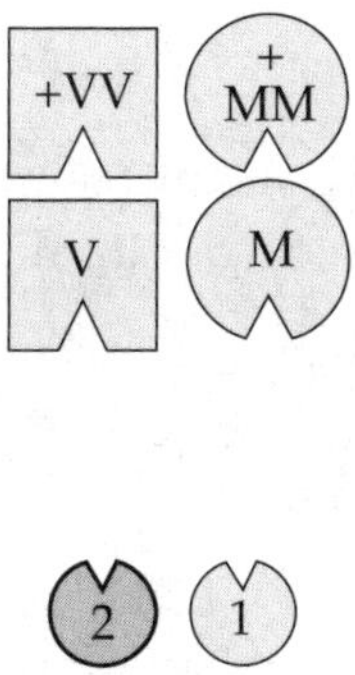

H. *(zur Mutter)*: Ist es besser?

(M): Ja. Ich war zu exponiert, das gefiehl mir vorher nicht.

[V]: Ich weiß nicht; nein, es hat sich für mich nichts geändert.

(H. stellt den Vater des Vater und die Mutter der Mutter mehr zur Seite ihrer Kinder)

Hedwig: 8. Bild

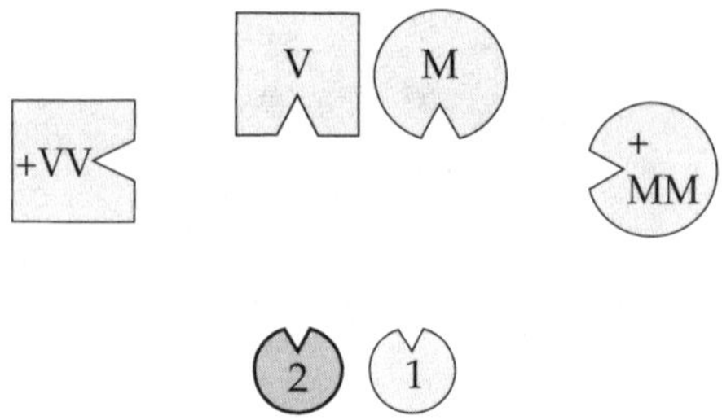

H. *(zur Mutter der Mutter)*: Wie ist das jetzt für dich?

(+MM): Also, ich hatte ein ganz komisches Gefühl, als ich zuerst hinter meiner Tochter stand. Sie hat sich so an mich gelehnt, daß ich fast umkippte. In der nächsten Aufstellung tat sie es nicht, doch als der Vater des Mannes dann weg ging, hat sie sich wieder so zurückgelehnt. Das war für mich sehr belastend jeweils.

(M): Jetzt kann meine Mutter gut weg sein. Jetzt geht es mir gut, obwohl sie weg ist, also viel besser.

[V]: Ich habe jetzt auch eine Ebene der Beziehung nach rechts und links, ein Gespür.

(1): Ich brauche noch ein bißchen mehr Platz.

(2): Ich spüre zum erstenmal meine Schwester, aber ich habe überhaupt keine Beziehung zu meinen Eltern.

H.: Ich probiere aus, wie das ist, wenn die Eltern noch einmal wechseln.

Hedwig: 9. Bild

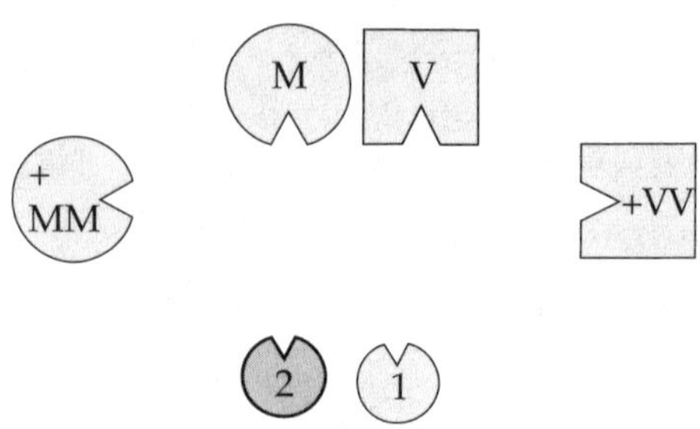

H. *(zur Mutter der Mutter)*: Ist das besser für dich?

(+MM): Ja, es geht mir hier gut.

(M): Ich habe jetzt Herzklopfen, fühle mich aber nah, jetzt auch zu beiden Töchtern.

[V]: Egal wohin ich mit den Armen gehe, ich habe irgendwo einen Kontakt.

[+VV]: Für mich sind meine beiden Enkelinnen in den Vordergrund gerückt.

H. *(zu den Töchtern)*: Ich stelle euch mal in den Bannkreis des Vaters, beide.

Hedwig: 10. Bild

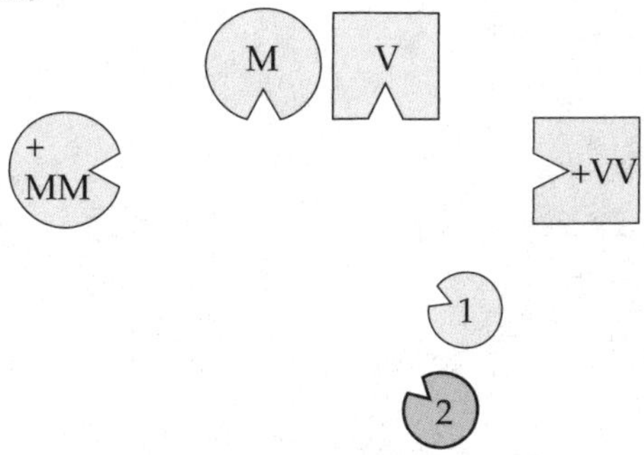

H.: Ist das besser oder schlechter?

(1): Nicht besser.

(2): Nein, es fehlt irgendwas.

H. *(zu den Töchtern)*: Stellt euch wieder gegenüber.

Hedwig: 11. Bild

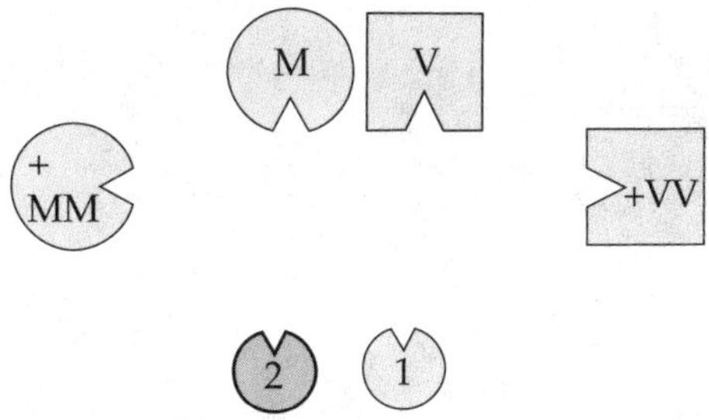

H. *(zu Hedwig)*: Ist sonst etwas passiert in den Ursprungsfamilien?

Hedwig: Ich weiß von nichts.

H.: Ist ein Geschwister der Eltern gestorben?

Hedwig: In den letzten Jahren schon.

H.: Ich meine früher.

Hedwig: Weiß ich nicht; nein.

H.: Okay, stelle dich mal an deinen Platz jetzt.

(Hedwig stellt sich an ihren Platz)

H. *(nach einiger Zeit zur Gruppe)*: So ist keine Lösung drin, merkt ihr das?

(H. dreht die Mutter der Mutter und stellt die Mutter hinter sie. Das gleiche macht er mit dem Vater des Vaters und dem Vater)

Hedwig: 12. Bild

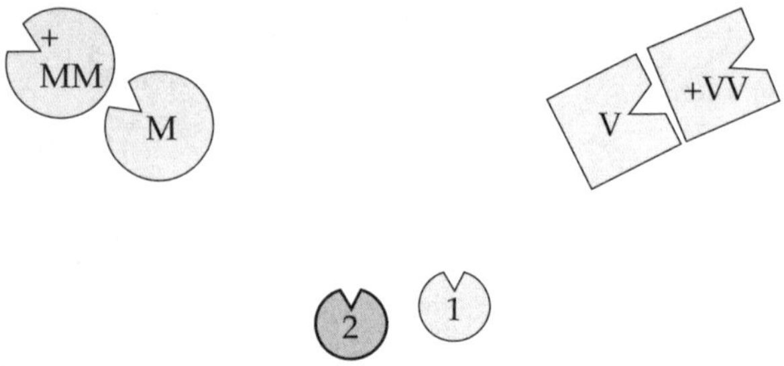

H. *(zu Hedwig)*: Was ist jetzt?

Hedwig: Ich kann Luft holen. Gerade konnte ich keine Luft holen.

(1): Mir ist auch besser. Ich möchte mich ein bißchen umdrehen.

H.: Dreht euch beide um.

Hedwig: 13. Bild

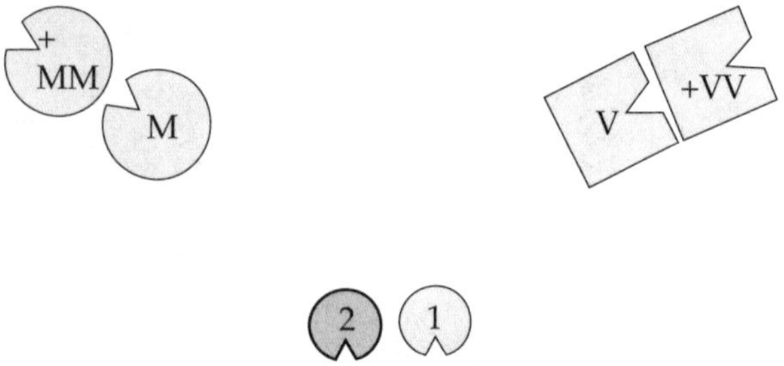

Hedwig: Traurig, aber besser.

(1): Ich wollte so mich doch ein bißchen den Eltern zudrehen.

H. *(zur Gruppe)*: Bei Hedwigs Eltern wirkt die Dynamik: Ich folge dir nach. Wenn so etwas passiert, daß die Mutter früh stirbt, dann tendiert ihr Kind dazu, der Mutter nachzufolgen in den Tod. Und der Sohn auch, er tendiert dazu, dem Vater nachzufolgen in den Tod. Niemand kann die beiden aufhalten; das darf man nicht. Und deren Kinder müssen es achten, daß ihre Eltern so verstrickt sind in ihre Ursprungssysteme, und daß sie ohne sie selber auf sich gestellt sind. Dann rücken die Geschwister zusammen und verlassen sich nur auf sich.

Hedwig: Das stimmt, was du sagst. Meine Eltern sind auch beide sehr viel und sehr häufig krank, schwer und weniger schwer.

H.: Wenn so etwas passiert, daß dann die Eltern schwer krank sind, dann sagt ein Kind häufig: „Lieber ich als du". Das führt dann zu solchen Krankheiten wie Diabetes.

(Hedwig nickt heftig)

H. *(zu den Kindern)*: Jetzt dreht euch beide noch einmal um.

(H. wendet die Kinder den Eltern und ihre Eltern den Kindern zu)

Hedwig: 14. Bild

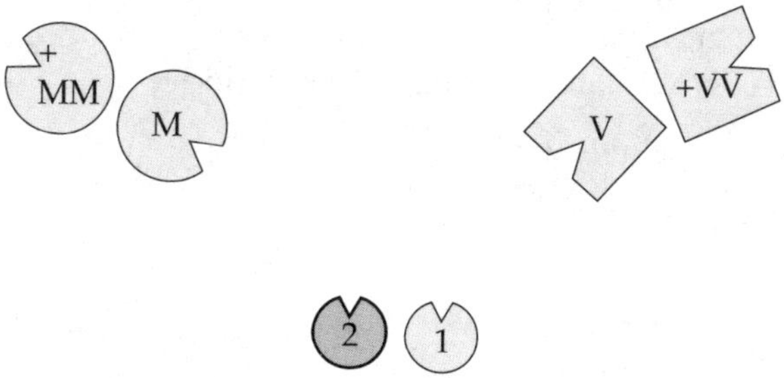

H. *(zu Hedwig)*: Sag deinem Vater: „Ich achte dein Schicksal".

Hedwig: *Papa, ich achte dein Schicksal.*

H.: „Auch wenn du gehst, ich bleibe".

Hedwig: *Auch wenn du gehst, ich bleibe.*

H.: „Auch wenn du gehst, bitte segne mich, wenn ich bleibe."

Hedwig: *Auch wenn du gehst, bitte segne mich, wenn ich bleibe.*

H.: Wie ist das für den Vater?

[V]: Bedeutend. Es ist bedeutend. Es kommt bei mir im Zentrum an.

H. *(zu Hedwig)*: Nun sage das gleiche zur Mutter. – Wie hast du die Mutter angeredet?

Hedwig: Mama.

H.: Sag: „Liebe Mama!"

Hedwig: *Liebe Mama!*

H.: „Auch wenn du gehst, ich bleibe."

Hedwig: *Auch wenn du gehst, ich bleibe.*

H.: „Auch wenn du gehst, bitte segne mich, wenn ich bleibe."

Hedwig: *Auch wenn du gehst, bitte segne mich, wenn ich bleibe.*

H. *(zur Mutter)*: Wie ist das bei dir?

(M): Es ist jetzt gut. Es ist jetzt gut, ja.

(H. stellt Eltern und Kinder wieder so wie sie vorher standen)

H. *(zu Hedwig)*: Die Lösung ist, daß du mit dem Segen der Eltern hinter dir, was immer sie machen, nach vorne gehst, so daß es nicht umsonst war, was sie getan haben für dich. Einverstanden?

Hedwig *(nickt)*: Einverstanden.

H.: Gut, das war's dann.

*

H. (*zur Gruppe)*: Das ist die bedeutsamste Dynamik, die in Familien zu Krankheiten führt: die Dynamik *„Ich folge dir nach"*, also wo es schwere Krankheiten gibt oder Selbstmord, und die andere Dynamik *„Lieber ich als du"*. Bei Kindern zeigt sich diese Dynamik im Wunsch, den toten Eltern nachzufolgen oder toten Geschwistern. Wenn aber einer ihrer Eltern aus der Verstrickung in seine Ursprungsfamilie so weggehen will, springen die Kinder in die Bresche und sagen „Lieber ich als du". Das führt dann manchmal zu so schweren Krankheiten wie Diabetes.

H. *(zu Hedwig)*: Wirst du den Mut haben?

Hedwig: Wozu? Was zu tun?

H.: Zu bleiben?

Hedwig: Ja, ich habe mich entschieden.

H.: Nein, du hast dich nicht entschieden.

(zur Gruppe): Habt ihr gesehen, wie sie es gesagt hat? Sie hat den Kopf geschüttelt dabei.

Die Lösung, wenn sie gelingt, wird erlebt als Gnade, jenseits aller therapeutischen Einflußnahme. Alles, was ich machen kann als Therapeut, ist: ich bringe etwas Verborgenes ans Licht; ich bringe vor allem die verborgene Liebe ans Licht. Das wirkt hier nämlich, eine verborgene Liebe. Wenn sie am Licht ist, dann ist der Einzelne vor eine Entscheidung gestellt. Die ist dann unausweichlich. Aber wie das dann läuft, ist jenseits allen therapeutischen Planens. Ich stimme daher in meinem Herzen sowohl der einen wie der anderen Entscheidung eines Klienten zu. Ich weiß nämlich nicht, was besser ist oder größer. Auch wenn jemand unter dieser Dynamik steht und sie zu Ende führt, stimme ich innerlich zu.

(zu Hedwig): Die Frage ist natürlich, stimmen deine Eltern zu?

Hedwig: Ich weiß es nicht.

H.: Du mußt ihnen in die Augen schauen, dann weißt du es. – Hast du gehört, was dein Vater gesagt hat vorhin?

Hedwig: Ich habe es gehört. Es hat mich auch sehr berührt. Ich habe sie vor dem inneren Auge.

H.: Nein nein, das innere Auge genügt nicht.

Hedwig: Na gut *(sie lacht)*. Ich weiß es wirklich nicht. Oder anders: in mir ist „nein", sie stimmen nicht zu.

H.: Genau. Das ist es.

(zur Gruppe): Sie hat gesagt: innerlich spürt sie: nein, die Eltern stimmen nicht zu.

(zu Hedwig): Zu was?

Hedwig: Daß ich nicht nachfolge.

H. *(zur Gruppe)*: Sie hat es kompliziert aber klar ausgedrückt.

Das ist *magisches* Verhalten. Es ist ganz wichtig für diese Arbeit, das zu wissen. Das magische Denken, das tief verwurzelt ist in der Seele, meint: *„Liebe heißt, ich werde wie"*, oder *„ich mache es wie – meine Eltern"*. Ich folge ihnen nach ins schlimme Schicksal, das ist meine Liebe. Und da ist *die geheime Vorstellung, daß durch Leiden und Sterben der andere gerettet wird – oder daß es ihm besser geht, selbst wenn er tot ist.* Das ist magisches Denken. Und das ist ein sehr billiges Verhalten, man braucht nämlich überhaupt nichts zu tun. Man läßt das Schicksal über sich ergehen, und alles Heil kommt vom Unglück.

Die Lösung, wenn sie sagen würde *„Ich bleibe, und ich traue euch zu, daß ihr mich segnet, wenn ich bleibe"*, verlangt Kraft und Handeln. Das ist im Vergleich zum magischen Vollzug oder magischen Denken *ein religiöser Vollzug* im tiefsten Sinn: Hingabe an die Welt, wie sie ist, und an die Grenzen, die sie setzt, und an alles, was sie schenkt. Sowohl als auch. Dieser Vollzug der Lösung ist gleichzeitig äußerste Entäußerung. Er verzichtet auf alle Macht. Hedwigs vorgestellte Liebe wird dann ganz klein. Dann steht sie mit beiden Füßen auf dieser Erde. Das wäre die Lösung. Leider zu schön, als daß sie es machen kann.

Hedwig: Es klingt schön. Es rührt mich auch.

H.: Ja.

(zur Gruppe): Sie geht rührend in den Tod. Genau. So wird das gemacht.

(zu Hedwig): Okay, ich habe mein Bestes getan und jetzt traue ich wem?

(Hedwig zeigt auf sich)

Nein, dir traue ich nicht. Aber wem traue ich?

Hedwig: Ich weiß es nicht, ich bin durcheinander jetzt.

H.: Ich traue deiner Mutter und deiner Großmutter und deinem Vater und deinem Großvater: denen vier traue ich. Jetzt probiere mal, gegen die anzukommen!

(zur Gruppe): Okay, das war's dann. Wir machen jetzt die Mittagspause.

(Fortsetzung Hedwig S. 305)

Die geschlossene Tür

(Video 1: 2h 27min 09")

H.: Vielleicht gibt es noch Fragen zu dem, was heute morgen war. Am Schluß hatten wir nicht mehr viel Zeit dazu.

Teilnehmer: Das mit der geschlossenen Tür hat mir nicht gefallen, daß du das gleichgesetzt hast mit Tod und Selbstmord. Ich denke, im Hinblick auf die Familie mag das sehr sinnvoll sein – aber wenn ich das jetzt individuell angucke, daß z.B. die Frau hier hinausgeht, die Tür hinter sich zumacht – da fängt ja auch ein neues Leben an, und da öffnen sich dann wieder neue Türen.

H.: Ich hüte mich vor jeder Verniedlichung. Es geht nämlich wirklich um Leben und Tod. Wenn wir solche Wünsche mit hineinbringen: das dürfte doch auch so und so sein, nehmen wir dem Ganzen den Ernst. Also, immer wenn bei diesen Aufstellungen – das ist meine Erfahrung – einer aus der Tür strebt, dann heißt das, er bringt sich um, oder er wird eine schwere Krankheit haben, oder er wird einen Unfall haben und sterben. Und manchmal ist es so, daß man es sieht, daß einer dazu verdammt ist – ich sage es mal so ganz kraß, aus was für Gründen auch immer.

Es kann sein, daß er sich aus einer persönlichen Schuld des Todes schuldig fühlt, oder daß er unter dem Einfluß der Systemdynamik jemandem nachfolgen will, der starb. Wenn ich mich dem stelle und bis an die Grenzen gehe und das auch darstellen lasse, dann kommt die Wirklichkeit ans Licht. Und die rettet, nicht mein Wunsch. Also, wenn es ganz ernst ist und er den ganzen Ernst sieht, dann hat er eher eine Chance, daß er das Leben wählt als den Tod, als wenn ich sage: Nun ja, vielleicht heißt es auch etwas anderes. Deswegen möchte ich vor dieser Art des Helfen-Wollens warnen.

Frühe Identifizierung

(Video 1: 2h 29min 19")

Anderer Teilnehmer: Ich wollte fragen nach deiner Erfahrung, wann das los geht mit Identifikationen und Übernahmen. Wir hatten vorhin ja z.B. von der Neurodermitis gesprochen, auch vom kindlichen Diabetes. Ich sehe in der Praxis sehr viele an Neurodermitis erkrankte Säuglinge, und der Diabetes bricht sehr häufig schon im Kindesalter aus.

H.: Die Identifizierung fängt nach meiner Beobachtung oft ganz früh an. Schon ganz früh ist ein Kind für bestimmte Dinge sozusagen prädestiniert, weil das System aus einem unbewußten Ausgleichsdrang jemanden sucht, der einen Früheren repräsentiert. Ich kann es nicht genau sagen, wann, es spielt auch für die Praxis keine Rolle, weil wir bei der Aufstellung unabhängig davon herausfinden, was ist und was man machen kann. Ich schaue also weniger darauf, wo kommt es her und wann fängt es an, sondern vor allem darauf: was mache ich jetzt, damit ich eine Lösung finde.

Der Segen des früheren Partners

(Video 1: 2h 30min 27")

Teilnehmerin: Du hast vorhin davon gesprochen, daß das neurodermitische Kind den Segen des früheren Partners braucht. Nun stelle ich mir das sehr schwierig vor, weil die früheren Partner ja häufig den Kontakt gar nicht wollen und auch nicht suchen. Hast du Erfahrungen damit, wie das gelingen könnte?

H.: Ich rede mit den früheren Partnern und sage denen, daß ein Kind den Segen braucht.

Teilnehmerin: Dem früheren Partner sagst du das?

H.: Ja, ja, das sage ich. Ich rede mit dem. Wenn ich das kann, sage ich das dem, wenn auch vielleicht verschlüsselt. Ich erzähle ihm z.B. nur die Geschichte von Dornröschen, wie ich sie euch erzählt habe. Aber ich rede mit ihm, wenn ich das kann.

Teilnehmerin: Das könnten doch auch die Eltern machen.

H.: Die können das nicht machen; nein, die hängen vom guten Willen des anderen Partners ab.

Vor kurzem hat mich einer angerufen und erzählt, seine erste Frau, mit der er eine Tochter hat, habe jetzt ein Kind bekommen von einem anderen Mann. Er hat mich gefragt, wie er sich verhalten soll, wenn er mit seiner Tochter darüber redet; denn er will sich da gar nicht viel erkundigen. Da habe ich gesagt: Du brauchst dich da nicht erkundigen, aber segne das Kind. Dieses Kind ist völlig unschuldig an euren Beziehungskonflikten und hat sein Leben unabhängig davon: schaue es freundlich an.

Da war der sehr berührt und sagte: Du hast mich richtig erwischt. Er konnte dann dem Kind innerlich wohlgesinnt sein und es segnen. Also, man kann darauf trauen, daß frühere Partner diesen Kindern Gutes wollen, wenn man sie so anspricht. Das wirkt dann, ohne daß man äußerlich etwas macht. Man braucht es dem früheren Partner nicht einmal zu sagen. Wie es möglich ist, daß es so wirkt, weiß ich nicht, aber man sieht, daß es so ist.

Teilnehmerin: Und wenn der sich trotzdem weigert, können die Eltern was tun?

H.: Dann können die Eltern nichts machen. Aber wenn man als Therapeut oder als Freund einer Familie sieht, daß da so etwas fällig ist, kann man helfend eingreifen, ganz still.

Verschiebung der Gefühle beim Vater und beim Kind, wenn die Mutter bei der Geburt starb

(Video 1: 2h 32min 39")

Teilnehmer: Ich habe noch mal eine Frage zum Segen von den Eltern, wenn z.B. die Mutter als Folge der Geburt verstorben ist. Ich habe in meiner Praxis zwei Konstellationen gesehen, wo die Patientin das Gefühl hat, oder wo sie das wirklich so erlebt hat, daß der überlebende Vater das Kind daraufhin verstoßen hat und dem Kind die Schuld zugeschoben hat. Das eine Mal hat er das regelrecht gesagt – später als dieses Kind selber eine Tochter bekam.

H. *(als der Teilnehmer noch eine zweite Frage stellen will)*: Ich möchte jetzt nur die eine Frage zulassen, weil die so wichtig ist; die andere Frage können Sie nachher stellen.

Sehr häufig ist es so, daß jemand sich vor dem Schmerz drückt oder vor der Trauer drückt, indem er einen Schuldigen sucht. Der Vater würde sich in diesem Fall vor dem Schmerz drücken, indem er der Tochter die Schuld gibt.

Wenn es zu einer Zeugung kommt, wissen beide Eltern um das Risiko und stimmen ihm zu mit Liebe. Davon geht man aus. Ich würde dem Mann sagen: du und deine Frau, ihr habt gewußt, was es für ein Risiko ist, wenn ihr euch auf den Vollzug der Liebe einlaßt; ihr habt dem zugestimmt und jetzt steh dazu, obwohl es schwer ist.

Oft ist es ja so, daß der Mann sich schuldig fühlt, als hätte er die Frau seinen Trieben geopfert. Das ist eine weitverbreitete Phantasie. Wenn man aber eine solche Familie aufstellt, dann sieht man: Frauen, die bei der Geburt gestorben sind, achten den Mann. Sie machen ihm keinen Vorwurf. Es ist eine sehr große Verachtung oder Verunglimpfung für die Frau, wenn man sie als Opfer hinstellt, obwohl sie sich mit dem Mann gemeinsam auf das Risiko eingelassen hat.
Auf dieser Grundlage kann man dann die Lösung finden. Der Mann schaut seine Frau an und sagt: *„Wir haben es gemeinsam auf uns genommen. Du hast schwerer dafür bezahlt als ich. Meine Liebe bleibt bei dir, und ich sorge im Andenken an dich gut für unser gemeinsames Kind"*. Das wäre hier die Lösung.

Da war noch eine zweite Frage gewesen bei Ihnen?

Teilnehmer: Ich arbeite vorwiegend mit Einzeltherapie und habe es häufig so gemacht, daß ich den Patienten mit Hilfe von Stühlen die einzelnen Personen habe aufstellen lassen. Hier in der Gruppe können sie ja dem stellvertretenden Vater sagen, was Sie gerade ausgeführt haben, und der kann dem dann zustimmen. Während in dem Fall bei mir, merke ich, daß die Patientin sagt: Ich kann ja jetzt nicht für den Vater sprechen, denn ich weiß ganz genau, daß der mir das übelgenommen hat. Da hakt es dann. Das löst sich dann schlecht.

H.: In der Einzeltherapie fehlt die unmittelbare Rückmeldung von Stellvertretern, die fühlen, wie die betroffene Person, z.B. wie ein solcher Vater. Das kann man in der Einzeltherapie schwer erreichen.

Da muß man schon auf eine Gruppe ausweichen – bei solch schwerwiegenden Schicksalen.

Für ein Kind, dessen Mutter bei der Geburt starb, ist es unglaublich schwer, das Leben zu nehmen. Viele werden lieber verrückt oder bringen sich um, als daß sie es nehmen um diesen Preis. Wenn es vom Vater sagt, der will mich nicht haben, ist das eine Verschiebung von der Mutter zum Vater. Das Kind muß in erster Linie zur eigenen Mutter sprechen und ihr sagen: *„Ich nehme es, auch um diesen Preis; und ich nehme es auch um den Preis, den es mich kostet"*, was immer der Vater jetzt sagt. Das wäre dann die kraftvolle Lösung.

Nochmals: Was ist die Wahrheit?

(Video 1: 2h 37min 21")

Teilnehmer: Ich hatte heute früh schon mal die Frage gestellt: „Was ist da die Wahrheit" und war erst einmal zufrieden mit der Antwort. Aber jetzt bin ich nicht mehr zufrieden und bin etwas verunsichert auch, und zwar als du meinem Vor-vor-redner Antwort gegeben hast auf die Frage mit dem Durch-die-Türe-gehen. Da hast du gesagt: Das ist die Wirklichkeit, so ist die Wirklichkeit. Ich habe das heute früh für mich so übersetzt, das sind therapeutische Bilder, die eine Kraft entwickeln. Aber wenn du es so sagst, kommt das jetzt bei mir so an, als sei es so und wirkt auch so in die Zukunft: so und nicht anders. Da hätte ich gerne noch mal eine kurze Antwort darauf.

H.: Also, hinter Ihrer Frage, steht schon die Vorstellung, als könnte man durch Umdeutung oder durch eine gewisse Sicht die Welt beeinflussen. Man kann das – vordergründig. Aber etwas, das dauern soll, muß anders angegangen werden.

Ich nehme die Dinge, wie sie hier sich darstellen. Sie stellen sich als eine Wirklichkeit dar, und ich nehme sie voll ernst, als gäbe es nichts anderes. Bei der nächsten Aufstellung zeigt sich eine andere Wirklichkeit, die ist leicht verschoben, auch die nehme ich voll ernst, als gäbe es nichts anderes. Denn Wirklichkeit ist immer im Fluß, und das Richtige wird daher immer im Augenblick erfahren. Die phänomenologische Vorgangsweise verlangt, daß ich auf den Augenblick schaue, und ihn ernst nehme.

Manche, wenn sie nach dem Richtigen fragen, suchen etwas Allgemeines, das darüber steht. Das gibt es nach meiner Meinung so nicht. Es gibt nur die kurze blitzartig erkannte Wirklichkeit, und wenn ich die ernst nehme, kann sie wirken.

Es ist nicht ganz, was Sie wollten?

Teilnehmer: Das sind verschiedene Ebenen.

H.: Das ist der Unterschied zwischen wissenschaftlicher Psychotherapie auf der einen und phänomenologischer Psychotherapie auf der anderen Seite. – Ist es nicht?

Teilnehmer: Für mich nicht. Aber lassen wir es mal so. Ich glaube auch, ich kriege keine Antwort, und ich kann es auch so lassen.

Nochmals: Der Segen des früheren Partners

(Video 1: 2h 39min 59")

Teilnehmerin: Ich habe noch eine Frage zu dem Segen. Es hat mich überrascht, daß du sagst, daß du dann direkt den früheren Partner ansprichst. Angenommen, das geht jetzt nicht, weil der für mich nicht zugänglich ist oder nicht erreichbar oder gestorben ist – kann man das auch in der inneren Vorstellung machen, jetzt mit dem betroffenen Klienten?

H.: Wenn es Situationen gibt, wo jemand nicht erreichbar ist, dann halte ich das, was richtig und notwendig ist, in mir als ein inneres Bild und dann warte ich, bis sich etwas fügt. Das tut es oft ganz überraschend, aber meist später, als wir es uns wünschen. Das kann manchmal ein Jahr dauern oder noch länger.

Teilnehmerin: Ich sage es dann den Klienten auch nicht, daß es gut wäre, so ein Segen.

H.: Ich warte selber, bis ich eine Gelegenheit finde.

Sich verlassen auf das richtige innere Bild

(Video 1: 2h 40min 53")

H.: Ich will über dieses Arbeiten mit inneren Bildern was sagen.

In einem Kurs erzählte eine Frau, mit ihrer Tochter gehe etwas nicht. Sie wohnt außer Haus, kommt ganz selten nach Hause, und die Frau weiß nicht, was vorgefallen ist. Die Tochter war, soviel ich weiß, einmal klinisch tot, und der Vater, ein Arzt, hat sie eine ganze Nacht lang wiederbelebt, und so kam sie wieder ins Leben zurück. Vielleicht hat ihr Verhalten auch etwas damit zu tun.

Ich habe der Mutter gesagt, sie muß die Tochter festhalten mit Liebe, damit die unterbrochene Hinbewegung wieder ans Ziel kommt, und die Tochter wieder zur Mutter kann.

Sie fragte: wie soll ich das machen, sie kommt ja nicht nach Hause? Ich sagte: Nimm es als inneres Bild und warte, bis sich etwas fügt.

Nach einem Jahr kam die Tochter nach Hause, hat, ohne ein Wort zu sagen, ihren Kopf in den Schoß der Mutter gelegt, die Mutter hat sie innig festgehalten, sie haben beide nichts gesagt. Nach einiger Zeit ist die Tochter aufgestanden und wieder gegangen. Dann war es gut. Das ist das Sich-Verlassen auf das richtige innere Bild, und auf das Gute, daß das Gute wirkt.

Wer gehört zum Familiensystem?

(Video 1: 2h 42min 29")

Andere Teilnehmerin: Wenn Kinder tot geboren werden, dann gehören sie in der Aufstellung zu den Eltern. Wie ist das mit Zwillingskindern, wenn eines überlebt und eines tot ist. Dann hat das Kind ja auch was damit zu tun. Dann kann es von seinem eigenen Erleben doch sicherlich etwas damit zu tun haben, oder?

H.: Zum System, in dem solche Dynamiken wirken, die krank machen oder die heilen, gehört immer eine ganz bestimmte Gruppe von Personen, und ich sage die jetzt mal.

Dazu gehören also die Kinder, auch totgeborene Kinder, aber keine abgetriebenen Kinder und keine Fehlgeburten. Aber die Totgeborenen gehören dazu.

Dann gehören dazu auf der nächst höheren Ebene: die Eltern und ihre Geschwister.

Dann auf der nächsten Ebene die Großeltern und manchmal noch der eine oder andere von den Urgroßeltern, z.B. wenn eine Urgroßmutter im Kindbett starb. Die gehört immer dazu, auch noch in der vierten Generation.

Und dann gehören zu dem System alle, die für einen Platz gemacht haben, also z.B. eine frühere Frau und ein früherer Mann – die haben Platz gemacht.

Wenn ein Geschwister gestorben ist, besonders wenn es noch ein Zwillingsgeschwister war, hat das auf das überlebende Geschwister einen ganz tiefgreifenden Einfluß. Das Zwillingsgeschwister kann ohne das andere nicht leben. Das muß dann das tote Zwillingsgeschwister mitnehmen ins Leben, wie einen stillen Begleiter, der mitgeht.

Teilnehmerin: Das kann dann auch auf Seite der Kinder sein und nicht, so wie es heute morgen hieß, daß die Totgeborenen immer zu den Eltern gehören. Das war meine Frage.

H.: Ja, das kann auch auf der Seite der Kinder sein, das muß es auch so.

Herbert (1):

Chronische Prostataentzündung (erster Kontakt)

(Video 1: 2h 44min 42")

H. *(zu Herbert)*: Was ist mit dir los?

Herbert: Ich leide an Prostataentzündung, chronische, vor allem bei engen Beziehungen, also bei Nähe.

H.: Da warte ich noch ein bißchen.

(Fortsetzung Herbert S. 106)

Jane (1):

Was heilt Eßanfälle mit anschließendem Erbrechen (Bulimie)

(Video 1: 2h 44min 53")

H. *(zu Jane)*: Was ist bei dir?

Jane: Ich habe Eßstörungen, ich bin bulimisch.

H.: Eine Bulimie ist ja ganz einfach zu heilen, weißt du das?

Jane: Das wäre schön, wenn es so einfach wäre. Für mich ist es nicht so einfach. Wenn ich damit aufhören könnte, dann würde ich es tun.

H.: Also, bei der Bulimie gibt es folgende Dynamik. Ich erzähle es an einem Beispiel.

Die erste bulimische Klientin, mit der ich zu tun hatte, erzählte, daß die Mutter den Kindern gesagt hat: der Vater gibt euch nichts zu essen. Dann ist die Mutter heimlich arbeiten gegangen, hat heimlich Geld verdient, hat heimlich eingekauft, heimlich gekocht und heimlich mit den Kindern gegessen – und der Vater durfte nichts davon erfahren.

Die Bulimische ist treu zu beiden Eltern. Sie ist treu zur Mutter und ißt, und treu zum Vater und spuckt.

Die Lösung ist folgende, und die ist eben sehr schwer. Da ist das Leiden leichter als die Lösung. Die Lösung wäre, daß die Bulimische im Angesicht der Mutter dem Vater sagt: *Bei dir schmeckt's mir, von dir nehme ich es gerne.*

Wenn also eine Bulimische einen Eßanfall hat, dann ist mein Vorschlag, daß sie einkauft, alles, was sie essen möchte, es ausbreitet auf den Tisch, es mit Lust anschaut und sich vorstellt, sie sitzt auf Papas Schoß. Dann nimmt sie einen Teelöffel und beginnt zu essen. Aber vor jedem Bissen schaut sie dem Papa in die Augen und sagt: Von dir nehme ich es gerne, bei dir schmeckt's mir. – Aber die Übung ist so schwer, daß das Spucken leichter ist.

(zur Gruppe): Habt ihr ihre Reaktion gesehen? Genau. Man soll nur nicht der Illusion verfallen, als wollten die Leute eine Lösung. Sie wollen eine Bestätigung ihres Problems haben; denn die Lösung macht einsam und braucht Kraft.

(zu Jane): Also, da lasse ich es mal vorläufig.

(Fortsetzung Jane S. 249)

Hans (1):

Asthma
(Die Gegenwartsfamilie)

(Video 1: 2h 47min 47")

Die Dynamik: *Hans bekam Asthma, als seine jüngste Schwester, von der er allerdings nichts wußte, kurz nach der Geburt starb. Als er der Mutter sagte, er sei befreundet mit seiner jetzigen Frau, wurde sie psychotisch. Er überlegt, ob er sich von seiner Frau und seinem Kind trennen soll.*
Die Lösung: *Als die tote Schwester zur Mutter gestellt wird, läßt der Sog, die Familie zu verlassen, nach. Hans sagt zu seiner Frau: „Ich bleibe. Ich nehme dich mit allem, was zu dir gehört." Er sagt zu seiner Mutter und zur verstorbenen Schwester: „Hier ist mein Platz. Hier bleibe ich." Dann sagt er zu seiner Tochter: „Ich bleibe. Ich bin dein Vater, und ich bleibe."*

H. *(zu Hans)*: Was ist bei dir?

Hans: Ich habe Asthma und habe im Augenblick auch eine Überlegung, ob ich mich von meiner Frau trenne.

H.: Okay, mit dir mache ich weiter. – Also, du bist verheiratet?

Hans: Ja, seit vier Jahren.

H.: Kinder?

Hans: Ja, eine Tochter von einem Jahr.

H.: Dann fange ich mit deiner Gegenwartsfamilie an. – Seit wann hast du das Asthma?

Hans: Seit dem fünften Lebensjahr.

H.: Okay, ich fange mit der Gegenwartsfamilie an, also du, deine Frau und das Kind. – War jemand vorher in fester Bindung, du oder deine Frau?

Hans: Nein.

H.: Okay, fange mal an.

*Hans: 1. Bild**

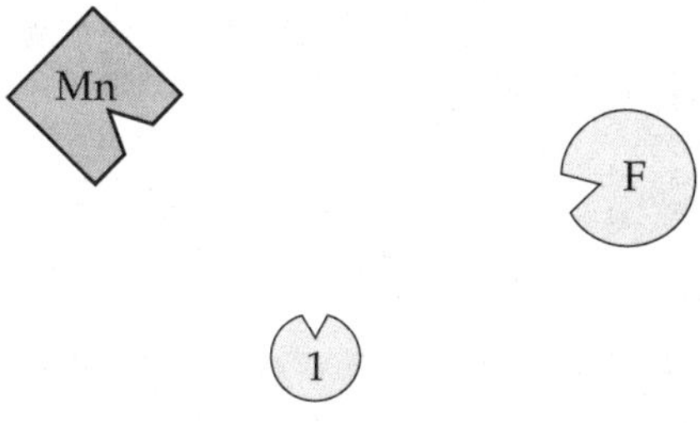

H.: Gehe noch mal außen herum und prüfe und verändere, wenn es notwendig ist. – Langsam, laß dir Zeit. Mache es gesammelt. – Ist etwas Besonderes zwischen dir und deiner Frau passiert, z.B. eine Abtreibung oder eine Verletzung, daß jemand dem anderen böse sein muß?

Hans: Nein. Wir leben letztlich schon zehn Jahre zusammen. Ich wollte schon häufiger einen Absprung, aber ich habe nie die Trennung geschafft oder gemacht.

H.: Wenn man so lange zusammenlebt und heiratet nicht, was sagt man dem anderen Partner die ganze Zeit?

Hans: Eigentlich will ich nicht.

H.: Genau, und das ist eine schwere Verletzung. – Okay, ich fange jetzt mit dem Fragen an. Setze dich so, daß du es gut sehen kannst.

Wie geht es dem Mann?

[Mn]: Ich spüre Spannungen und so was wie eine Abwartehaltung.

H.: Wie geht es der Frau?

(F): Ich habe einen ziemlichen Druck auf dem Kopf und die einzige Beziehung ist zu meiner Tochter.

H.: Wie geht es der Tochter?

(1): Ich stehe zwischen den Eltern, aber als Keil nicht als Bindeglied.

H.: Was ist das Gefühl dabei?

(1): Das ist kein guter Platz.

---

* ***Abkürzungen:***

Mn	**Mann**
F	Frau
1	Einziges Kind, Tochter
MMn	Mutter des Mannes
+SMn	Schwester des Mannes, drei Tage nach der Geburt gestorben

H. *(zu Hans)*: Was ist passiert in der Ursprungsfamilie deiner Frau?

Hans: Meine Frau war einziges Kind. Ihre Eltern waren im Geschäft. Das war eine größere Familie, also Onkel und Tante waren noch da und das Geschäft.

H.: Ist jemand früh gestorben?

Hans: Nein, mir ist nichts bekannt.

H.: War jemand von ihren Eltern vorher in fester Bindung?

Hans: Das weiß ich nicht.

H.: Was ist Besonderes in deiner Herkunftsfamilie?

Hans: Als ich etwa fünf Jahre war, – das ist mir vorher gekommen – haben meine Eltern noch ein Mädchen bekommen, das dritte Kind, und die ist drei Tage nach der Geburt gestorben. Und als ich mich gefunden habe mit meiner Frau, da ist meine Mutter psychotisch geworden.

(einige in der Gruppe haben es nicht gut verstanden)

H.: Wiederhole es noch einmal.

Hans: Als ich etwa fünf Jahre alt war, haben meine Eltern noch ein Kind bekommen, von dem ich allerdings sicher die nächsten fünf Jahre nichts wußte. *(er bekam aber zu dieser Zeit Asthma)*

Ich glaube, ich habe erst mit zehn oder zwölf erfahren, daß sie noch ein Kind hatten. Dieses ist einige Tage nach der Geburt gestorben. Und als ich meinen Eltern gesagt habe, daß ich mit meiner jetzigen Frau befreundet sei, da ist meine Mutter psychotisch geworden.

H. *(zur Gruppe)*: Kann der in der Ehe bleiben, wenn die Mutter psychotisch wird, wenn er heiratet? Schafft das ein Kind? – Jetzt stelle deine Mutter dazu.

Hans: 2. Bild

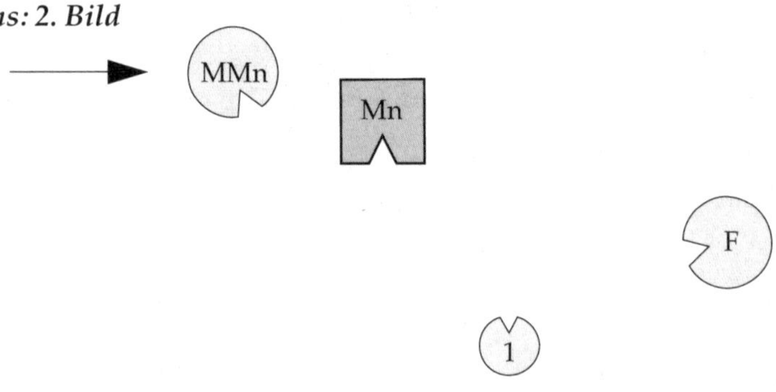

H.: Wie geht es dem Mann jetzt?

[Mn]: Ich habe etwas mehr Klarheit über die Spannungen.

H.: Wie geht es seiner Mutter?

(MMn): Gut, stark. Ich weiß, ich habe ihn noch hier.

H.: Was ist jetzt bei der Frau verändert?

(F): Ich spüre da einen Sog, daß der Mann weggezogen wird.

H.: Was ist jetzt beim Kind?

(1): Mich zieht es weg, nach hinten.

H.: Stelle dich neben deine Mutter. – Wie ist es da?

(1): Nein, ich bin zu nah.

H. *(zu Hans)*: Wähle jetzt noch jemand für die tote Schwester, doch ich stelle sie auf.

(H. stellt das tote Kind neben seine Mutter)

Hans: 3. Bild

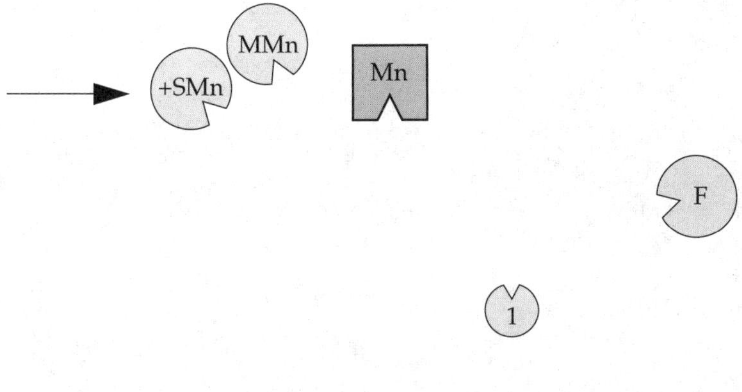

H.: Wie ist das für die Mutter des Mannes?

(MMn): Es verändert sich alles. Der Sohn ist nicht mehr wichtig.

H. (*zur Gruppe)*: Er muß das tote Kind bei der Mutter vertreten. Drum kann er nicht zur Frau.

H. *(zur Frau)*: Ist jetzt bei dir etwas verändert?

(F): Mir wird leichter.

H. *(zur Frau)*: Gehe mal neben den Mann. Etwas näher.

H.: Wie geht es der Tochter jetzt. Du kannst der Mutter nachgehen neben den Vater. Oder wo möchtest du hin? Probiere es aus. Es gibt zwei Möglichkeiten, die eine wäre gegenüber den beiden Eltern, etwas weiter zurück, und die andere wäre, aus dem Bannkreis des Vaters in den Bannkreis der Mutter treten. Aber spüre, wie nahe du zu ihr willst.

(die Tochter tritt nahe links neben die Mutter)

Hans: 4. Bild

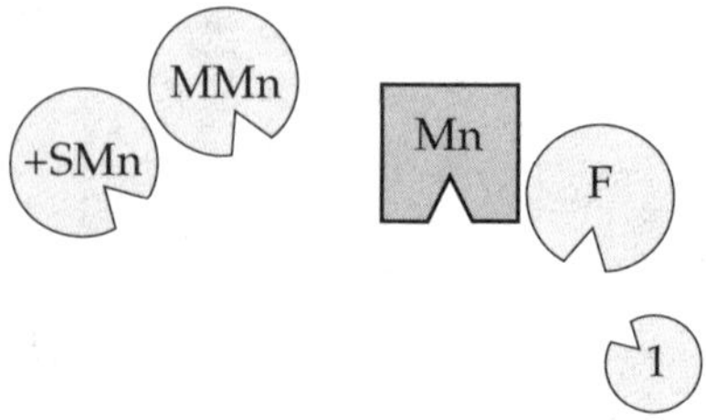

H.: Wie ist das für den Mann?

[Mn]: Das ist okay.

(F): Ja, das ist gut so.

(1): Ja, es ist gut.

(MMn): Es ist nicht ideal, aber es geht *(sie lacht)*. Mir ist das *(die verstorbene Tochter neben mir)* wichtiger.

(H. dreht die verstorbene Schwester des Mannes um und stellt ihre Mutter hinter sie)

Hans: 5. Bild

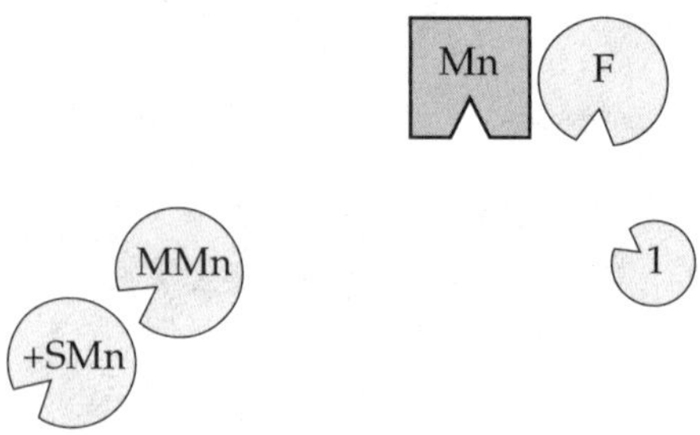

H.: Wie ist das?

(MMn): Etwas Unheimliches im Rücken.

(+SMn): Nicht so gut wie vorher.

H.: Dreht euch wieder um.

(H. stellt das verstorbene Kind auf die andere Seite der Mutter und beide etwas weiter weg vom Mann)

Hans: 6. Bild

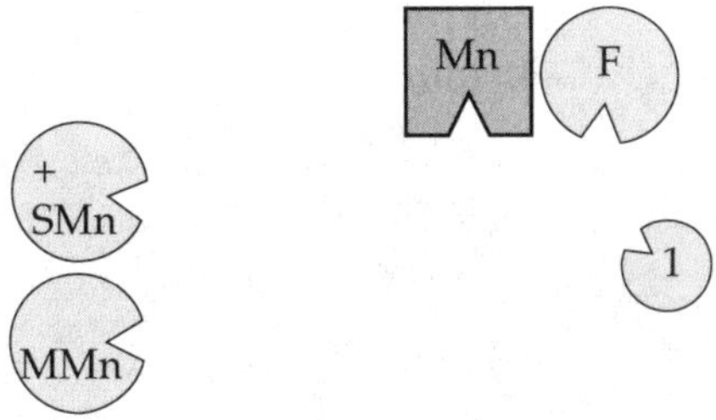

H.: Wie ist es jetzt?

(MMn): Gut.

(+SMn): Es ist gut.

[Mn]: Es ist gut. Es ist noch besser als eben.

H. *(zu Hans)*: Willst du dich mal an deinen Platz stellen?

(Hans stellt sich an seinen Platz)

Schau deine Frau an und sage ihr: „Ich bleibe".

Hans: *Ich bleibe.* – Ich bleibe. – Ich bleibe.

H. *(zur Frau)*: Sagst du was zu ihm?

(F): Das ist das Richtige.

H.: Sage ihm: „Ich nehme dich":

(F): *Ich nehme dich.*

H.: „Mit allem, was zu dir gehört."

(F): *Mit allem, was zu dir gehört.*

H. *(zu Hans)*: Wie ist es für dich jetzt?

Hans: Daß die Ecke da *(er zeigt auf seine verstorbene Schwester und auf seine Mutter)* unwichtiger wird.

H.: Jetzt schau zu ihnen hinüber und sage ihnen: „Hier ist mein Platz".

Hans: *Hier ist mein Platz.*

H.: „Hier bleibe ich".

Hans: *Hier bleibe ich.*

H.: Wie ist das für seine Mutter?

(MMn): Okay, gut.

(+SMn): Jetzt könnte ich mich umdrehen.

H. *(zu Hans)*: Aber so ist es gut. Sie muß im Blick bleiben. Okay? Sonst besteht die Gefahr, daß deine Tochter deine Mutter und deine tote Schwester vertritt. – Und wenn du gehst, folgt sie dir nach.

Sag deiner Tochter: „Ich bleibe".

Hans *(schluchzt)*: *Ich bleibe.* – Ich bleibe.

H.: „Ich bin dein Vater, und ich bleibe." Sage es mit Kraft.

Hans: *Ich bin dein Vater, und ich bleibe.*

H.: Nicht so ganz aufgeregt. Sage es ganz schlicht, so daß sie es glauben kann.

Hans: Ich bin dein Vater, und ich bleibe.

H.: Da war jetzt Kraft drin. – Okay, das war's dann.

(Fortsetzung Hans S. 326)

*

H. *(zur Gruppe)*: Ich warte ein ganz klein bißchen. Das muß jetzt ein bißchen nachwirken dürfen.

Der Dienst des Therapeuten

(Video 1: 3h 00min 54")

H.: Der zweite Teil der Arbeit am Schluß ist immer der schwerste und der wichtigste. Der Übergang zur Lösung und zu den Entscheidungen, das ist der schwerste Teil, und das ist der wichtigste. Und da übernimmt der Therapeut die Initiative. Man darf das nicht den Klienten überlassen, daß sie die Lösung finden. Das braucht Mut, und den hat eher der Therapeut. Das ist der Dienst des Therapeuten am Klienten, daß er ihn dort hinführt. Der Therapeut kann das, wenn er mit allen Personen verbunden ist, vor allem mit den Ausgeklammerten. Ich war hier verbunden mit seiner Mutter, mit der toten Schwester, und ich war vor allem verbunden mit seinem Kind. Wenn die jetzt für ihn so in den Blick kommen, dann kann die Entscheidung fallen, wie sie richtig ist. Es ist keine leichte, aber es ist eine gute.

Bindung und Freiheit

(Video 1: 3h 01min 58")

H.: Was hier auch ganz deutlich wird, ist, daß wir in Beziehungen nicht frei sind, als könnten wir uns so oder so entscheiden, sondern: das Richtige läßt uns keine Wahl. Bei wichtigen Dingen gibt nur *eine* richtige Lösung, in der Regel. Alles andere, obwohl es frei erscheint, ist nur insofern in unsere Freiheit gegeben, als wir das machen können, aber wir können nicht auch über die Folgen verfügen, daß die dann gut sind. Das ist nicht mehr in unsere Freiheit gegeben.

Im Zustimmen zur Bindung und zur Verantwortung ist auf der einen Seite ein großer Verzicht und auf der anderen Seite eine ungeheure Kraft drin, eine ganz neue, viel tiefere Kraft, als sie eine sogenannte glückliche Beziehung hat. Sie ist viel näher an Wirklichkeit.

Ausprobieren und rückgängig machen

(Video 1: 3h 03min 13")

Teilnehmer: Wieso hast du das Kind und die Mutter nach außen gestellt in diesem Prozeß?

H.: Ich wollte testen, ob die Mutter in ihrer Psychose dem toten Kind nachfolgen will. Das hat sich nicht bestätigt. Darum habe ich das wieder rückgängig gemacht. Man darf ruhig zwischendurch mal was versuchen, wenn man nicht genau Bescheid weiß.

„Schlimmes" Fragen

(Video 1: 3h 04min 03")

Teilnehmerin: Ich möchte gerne wissen, ob das Asthma so in der Richtung auf Dauer besser werden kann.

H. *(zur Gruppe)*: Die Frage, die sie gestellt hat, welche Wirkung hat sie? – Eine gute oder eine schlimme?

(lange Pause – dann merkt die Teilnehmerin, daß die Frage nicht gestellt werden darf)

Das darf man nicht machen. Sonst wird der Erfolg in das eigene Handeln gelegt, und man vertraut nicht mehr den großen Kräften im System. Dann wird seine Mutter unwichtig, und die Schwester wird unwichtig. Das darf man nicht machen. Dem muß man widerstehen.

Wann wird ein Stellvertreter umgedreht?

(Video 1: 3h 04min 47")

Andere Teilnehmerin: Ich möchte wissen, wann Sie Personen sich umdrehen lassen, ob das so was ist, wie das Ausprobieren von Trennungswünschen oder das Getrennt-sein von früher. Also, an welchen Stellen Sie die Personen mit dem Gesicht nach außen wenden.

H.: Ich drehe jemanden um, wenn ich testen will, ob es ihn zurück in seine Ursprungsfamilie zieht; ob er durch Schicksale so gebunden ist, daß er zur neuen Beziehung nicht fähig ist. Dann lasse ich ihn sich umdrehen und lasse ihn zurück in diese Familie gehen. Wir hatten heute morgen so eine Aufstellung (*Hedwig)*.

Ich teste auch, wer aus der Familie hinaus tendiert. Oft ist es ja so, wenn z.B. die Frau hinaus tendiert, dann geht an ihrer Statt der Mann, und umgekehrt natürlich auch. Dann teste ich, wenn ich den einen umgedreht habe, an der Reaktion des anderen, wer wirklich hinaus tendiert – ist der zurückbleibende Partner z.B. erleichtert, sehr erleichtert ohne erkennbaren Grund, daß der eine geht, dann lasse ich den anderen sich umdrehen und teste, wie es dann ist. Dann sehe ich aus den Reaktionen, wer wirklich gehen will oder gehen muß.

Wann steht der Mann rechts und wann links von der Frau?

(Video 1: 3h 06min 10")

Andere Teilnehmerin: Sie haben heute morgen mehrfach die Partner wechselseitig links und rechts gestellt, mal den Mann links, mal die Frau links. Welche Bedeutung hat das?

H.: Normalerweise steht der Mann rechts, und links von ihm steht die Frau. Wenn das so ist, fühlt sich der Mann in der Familie verantwortlich, und die Frau fühlt sich geschützt. Wenn es umgekehrt ist, daß die Frau rechts steht und der Mann links, dann fühlt sich der Mann frei für anderes, außerhalb der Familie, und die Frau fühlt sich vom Mann verlassen. Das ist der Erfahrungswert.

Das hat damit zu tun, wer im System verantwortlich für Sicherheit ist. Das hat nichts mit Rang zu tun. In einer Klinik z.B. sind die Ärzte die wichtigsten Personen, weil sie ja vor allem den Heilungsprozeß in Gang bringen. Trotzdem hat die Verwaltung Vorrang vor den Ärzten, muß sie haben, denn sie sorgt für den reibungslosen Betrieb. Und so ist es in der Familie. Der Mann sorgt für den reibungslosen Betrieb, sozusagen, aber zentral ist die Frau in der Familie und die Mutter.

Wenn jetzt aber der Mann ausfällt, z.B. weil er krank ist, steht immer die Frau an der ersten Stelle, und der Mann an der zweiten. Oder auch, wenn es in der Familie der Frau besonders schwerwiegende Schicksale gab, steht die Frau an erster Stelle. Das war heute sichtbar in der Aufstellung der Familie von Hedwig, in der die Mutter der Frau im Kindbett starb. Das ist etwas sehr Gewichtiges. Dann steht sie an erster Stelle und der Mann an zweiter.

Wenn etwas so Schwerwiegendes vorliegt auf der Seite des einen Partners, dann gehören die Kinder aus dem Bannkreis dieses Elternteils in den Bannkreis des anderen, dessen Familie weniger belastet ist. Dann schiebe ich die Kinder hinüber in den Bannkreis des anderen, je nachdem. Es kann das vom Bannkreis der Mutter in den Bannkreis des Vaters, aber auch umgekehrt sein.

Einsicht und Ernstfall

(Video 3: 3h 08min 43")

Teilnehmer: Ich hänge noch sehr stark an dem, was du gesagt hast über die entscheidende Phase am Schluß. Da arbeitet man ja mit sehr kräftigen Mitteln, also Ritualen, und es braucht eine sehr große Sicherheit, um da die richtige Entscheidung zu treffen – also, praktisch verbündet man sich ja da mit dem Schicksal – und die hat man ja nicht immer, diese Sicherheit. Was tut man, wenn man an diesen Punkt kommt und unsicher ist, bzw. keine Klarheit hat? Ich meine, die hat ja auch nicht jeder, und es gehört ja auch ein enormes Wissen dazu, das du z.B. hast. Empfiehlt sich dann, überhaupt nicht damit zu arbeiten, oder was passiert, wenn man an der Stelle abbricht. Kann man das später wiederaufnehmen, wenn man eine Intuition hat?

H.: Es gibt die weit verbreitete Erfahrung – viele haben sie – daß die eigentliche Einsicht erst im Ernstfall kommt, nicht vorher. Der Therapeut hat sie, wenn er arbeiten muß. Der Zuschauer hat sie oft nicht so schnell wie der Therapeut. Denn der Therapeut ist aufgerufen, und wenn er sich dem stellt und zwar blind, ohne daß er weiß, was dabei herauskommt – das ist ein sehr mutiger Schritt, der geht ins Dunkel hinein – dann kommt ihm oft wie ein Blitz genau das richtige Wort, das er jetzt sagen muß. Wenn man das ein paarmal gemacht hat, kann man sich diesem Vorgang leichter stellen.

Jede Lösung ist neu

(Video 1: 3h 10min 29")

Es ist aber so, daß jede Lösung neu ist. Ich darf mich nicht auf etwas Früheres verlassen, z.B. auf ein Ritual. Wenn ich gesehen habe, daß es im einen Fall gewirkt hat, und ich das jetzt unbesehen auf einen anderen Fall anwende, ohne daß ich mich wieder ganz neu stelle, dann geht das schief. Ich muß mich dem jedesmal ganz neu stellen.

Zugeben, wenn man keine Lösung weiß

(Video 1: 3h 10min 54")

Wenn ich keine Lösung weiß, dann sage ich es: mir ist die Lösung verborgen. Ich selbst stimme dann innerlich zu, daß ich jetzt nichts machen kann. Das hat häufig eine sehr große Wirkung auf den Patienten. Auf einmal kommt bei dem ein Energieschub, weil ich zugebe, daß ich vor dem Schicksal machtlos bin. Dann aber wirkt das Schicksal mit ihm. Also, ich würde da trauen.

Sich dem Wagnis stellen

(Video 1: 3h 11min 23")

Oft gehe ich in der Therapie an die äußerste Grenze, wo andere Angst haben, was passiert jetzt, wenn ich z.B. jemand aus der Tür schicke. Die äußerste Grenze fordert immer das Letzte, und es kann sein, daß es auch schief geht. Das ist immer mit drin; dieses Wagnis ist mit drin, daß es auch schiefgehen kann. Sonst ist es kein Wagnis. Wenn ich mich dem aber stelle, ist die Erfahrung, daß es meistens gut geht, weil durch den Mut etwas in Bewegung kommt, auch beim Klienten, das hilft. Während wenn ich mich zurückhalte oder vorsichtig bin und mich frage: ja kann ich das denn zumuten oder so, dann übernehme ich etwas für den Klienten und ich verachte ihn innerlich. Er ist dann in meinen Augen schwach. Ich halte mich für stärker als ihn. Und das geht nicht; das geht immer schief.

Das ist eben der Unterschied bei dieser Art von Arbeit zu anderen Vorgehensweisen: ich kann mich nicht auf Früheres verlassen und ich kann mich auch nicht auf Konzepte verlassen. Ich muß es immer wieder ganz neu aus dem Zusammenspiel der Kräfte erfahren, was weiterhilft.

Herbert (2):

(Forts. v. S. 92)

Chronische Prostataentzündung (Die Herkunftsfamilie)

(Video 2: 00min 33")

Die Dynamik: *Herbert vertritt in der Familie einen Liebhaber der Mutter. Dadurch kommt er in Konflikt mit seinem Vater und ist für die Mutter eher Liebling als Sohn.*
Die Lösung: *Die Mutter wird zu ihrem Freund gestellt. Herbert kniet sich vor seinen Vater, verneigt sich bis auf den Boden und sagt: „Es tut mir leid. Ich achte dich als meinen Vater. Nimm mich als deinen Sohn. „Dann stellt er sich mit dem Rücken vor seinen Vater und lehnt sich an ihn an.*

H.: Jetzt machen wir wieder weiter mit der nächsten Konstellation.

(zu Herbert): Ich nehme mal dich. Was war bei dir noch mal? Ach, mit der Prostataentzündung. Bist du verheiratet?

Herbert: Nein.

H.: Wieso nicht?

Herbert: Ich weiß es nicht. Ich habe zwei recht lange Beziehungen gehabt, und die sind beide gescheitert. Vielleicht wegen der Prostata. Also es war in engen Beziehungen so, daß ich einfach gesundheitliche Probleme gekriegt habe, bei viel Nähe. *(er lacht dabei)*

H.: Hast du die Partnerschaften verspielt?

Herbert: Ich weiß es nicht.

H.: Also, so wie du geredet hast, fehlte die Achtung vor den Frauen. – Macht das Sinn für dich?

Herbert: Vielleicht.

H.: Vielleicht heißt ja. Wir sehen es ja an deinem Gesicht. Also, wer so mit Frauen umgeht, der ist Mutters Liebling. Stimmt das?

Herbert *(zögernd)*: Nein.

H.: Dann stellen wir es auf und schauen es uns an. Okay? Wie viele Geschwister hast du?

Herbert: Drei.

H.: Du bist der wievielte?

Herbert: Ich bin der zweite. Ich habe eine ältere Schwester und zwei jüngere Brüder.

H.: War jemand von den Eltern vorher in einer festen Bindung?

Herbert: Nein.

H.: Bist du sicher?

Herbert: Ziemlich, ja, ziemlich. Aber ich habe das nie so genau erfragt, so ganz genau.

H.: Von wem hat die Mutter geträumt?

Herbert: Von dem Besitzer des Kleidungsgeschäftes, der auch im CDU-Stadtrat gewesen ist.

(lautes Lachen in der Gruppe)

H.: Also, wir stellen jetzt die Familie auf, und den stellen wir später dazu. Wähle aus und fang an: Vater, Mutter und dann die Kinder. – Ist ein Kind gestorben?

Herbert: Nein. Ich habe aber meiner Schwester von dem Seminar erzählt. Sie hat mich gestern abend angerufen, daß meine Mutter ihr irgendwann erzählt hat, daß sie später zwei Abtreibungen noch hatte, also daß noch zweimal Kinder da waren. Ich wußte das überhaupt nicht.

H.: Das geht dich auch nichts an. Wir brauchen das nicht für die Lösung. Das ist Geheimnis der Eltern. Mit Kindern rede ich darüber nie. Ich rede nur mit Eltern über dieses Thema. – Okay, jetzt stell' mal auf.

Herbert: 1. Bild *

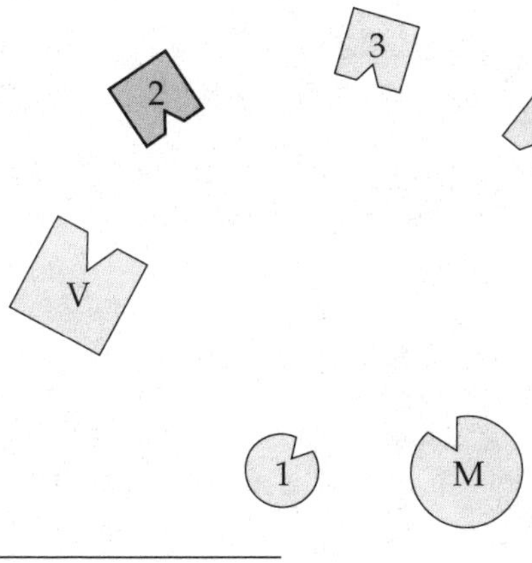

** Abkürzungen:*

V Vater
M Mutter
1 Erstes Kind, Tochter
2 Zweites Kind, Sohn
3 Drittes Kind, Sohn
4 Viertes Kind, Sohn
FM Freund der Mutter

H.: Wie geht es dem Vater?

[V]: Offenbar haben ich und der ältere Sohn etwas miteinander. Sonst kriege ich kaum etwas mit da. Er steht bei mir im Blickfeld.

H. *(zur Gruppe)*: Mit wem hat der Vater etwas, wenn er sagt: „Wir haben etwas miteinander"?

(zu Herbert): Nun, was denkst du, mit wem hat der Vater was?

Herbert: Mit mir offenbar.

H.: Wen vertrittst du?

Herbert: Das weiß ich nicht.

H.: Den Stadtrat, den Besitzer des Kleidergeschäftes. Das ist die Nähe zur Mutter, die besondere, und die Ferne zum Vater.

(zum Stellvertreter von Herbert): Wie geht es denn dir?

[2]: Ich habe mich vom Vater ein Stück bedroht gefühlt. Gegenüber der Mutter habe ich gemerkt, ich muß mit ihr so rüber lachen.

H. *(zur Gruppe)*:Mutters Liebling, heimlicher Liebling, verachtet andere Frauen. Er kann sich das leisten, denn die Mutter verzeiht ihm alles.

(M): Ich fühle mich hier eingekesselt. Das da gegenüber, hm, ja, aber es ist nicht gut, das Ganze.

(1): Meinem jüngsten Bruder schaue ich ins Angesicht, und die Mutter ist mir nah. Der Rest der Familie, der betrifft mich kaum.

[3]: Ich weiß nicht, was ich hier soll.

[4]: Ja, ich bin auch völlig beziehungslos hier in der Familie. Kein Gegenüber.

H. *(zu Herbert)*: Jetzt nehmen wir mal Mamas Traummann. Wer könnte es sein? Wähle jemanden aus. – Stelle ihn auf, ganz nach Gefühl.

(Herbert stellt ihn nahe zur Mutter, ihr in den Blick)

Herbert: 2. Bild

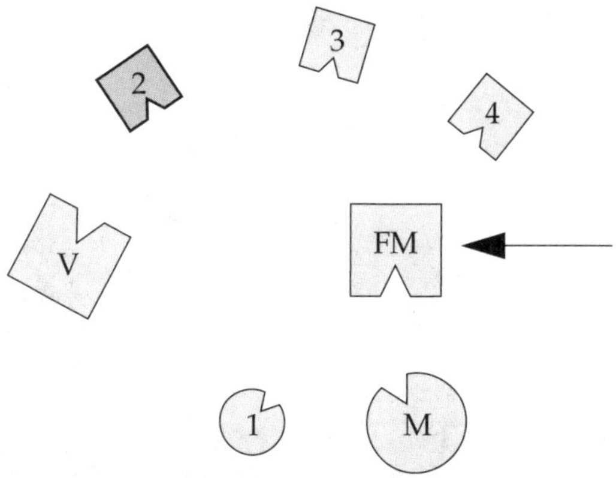

H. Was ist bei der Mutter verändert?

(M): Der gefällt mir überhaupt nicht. Den mag ich nicht. Der muß da weg.

(Lachen in der Gruppe)

H. *(zum Freund der Mutter)*: Wie geht es denn dir?

[FM]: Ja, jetzt nicht mehr so gut.

(Lachen in der Gruppe)

H.: Wie geht es dem Mann?

[V]: Als er hereinkam, habe ich Kreuzschmerzen gekriegt, also bedrohlich dahinten. Ich bin hier mit dem älteren Sohn so ständig abgelenkt und darf eigentlich gar nicht mitkriegen, was da läuft.

H. *(zum älteren Sohn)*: Ist bei dir etwas verändert?

[2]: Mein Druck ist etwas gestiegen. Ich habe ja Angst vor dem Vater, und da ist der Druck etwas gestiegen. Also keine Erleichterung.

H.: Ich mache jetzt den ersten Versuch zur Lösung.

(H. stellt die Frau und den Freund abgewandt aus dem Kreis)

Herbert: 3. Bild

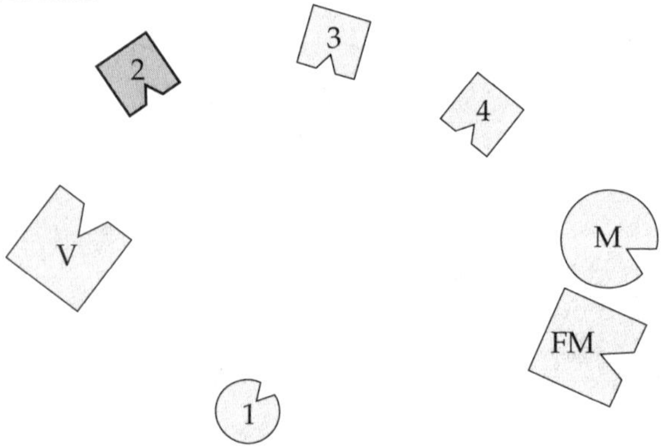

H.: Was ist verändert beim Mann?

[V]: Das kommt nicht in Frage. Also, was soll denn das.

[2]: Ich habe Lust, mich dem Vater zuzuwenden. Es wird leichter.

[3]: Ich finde es interessant, was da drüben *(bei der Mutter und dem Freund)* passiert.

[4]: Ich finde es toll, daß zum erstenmal der Vater sich überhaupt in meine Richtung orientiert und nicht so ständig ganz woanders beschäftigt ist.

H. *(zur Tochter)*: Wie geht's denn dir.

(1): Ich bin allein.

H.: Okay, jetzt schaffen wir mal eine Ordnung.

(H. stellt das Lösungsbild auf)

Herbert: 4. Bild

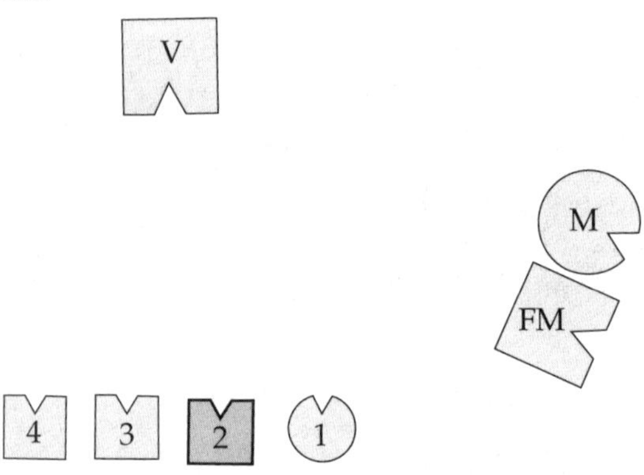

H.: Wie geht es der Mutter da?

(M): Ich bin draußen, aber das ist ganz gemütlich.

[FM]: Es ist leichter, angenehmer so.

H. *(zur Gruppe)*: Die Frau hat den Mann nicht genommen.

(zum Vater): Wie geht es dir jetzt?

[V]: Das mit den Kindern ist gut, und das mit der Frau muß ich aushalten.

H.: Genau, da ist nichts zu retten.

[V]: Ja.

H: *(zur Tochter)*: Wie geht es dir jetzt?

(1): Ja, jetzt habe ich einen guten Platz.

[2]: Erleichterung.

[3]: Jetzt habe ich meinen Platz.

[4]: Mir geht es auch gut, ja.

H. *(zu Herbert)*: Stelle dich mal an deinen Platz jetzt.

(nach einiger Zeit): Knie dich vor dem Vater, bis auf den Boden, so wie du es heute morgen gesehen hast. Ganz tief, die Hände offen lassen. Tief atmen.

(nach einiger Zeit): Jetzt richte dich wieder auf und sag dem Vater: „Es tut mir leid".

Herbert: *Es tut mir leid.*

H.: „Ich achte dich als meinen Vater."

Herbert: *Ich achte dich als meinen Vater.*

H.: „Und nimm mich als deinen Sohn".

Herbert: *Nimm mich als deinen Sohn.*

H.: Wie ist das für den Vater?

[V]: Es ist okay.

H. *(zu Herbert)*: Jetzt mache ich noch etwas mit dir. Komm mal mit mir und stelle dich mit dem Rücken gegen den Vater. Lehne dich an ihn an.

Herbert: 5. Bild

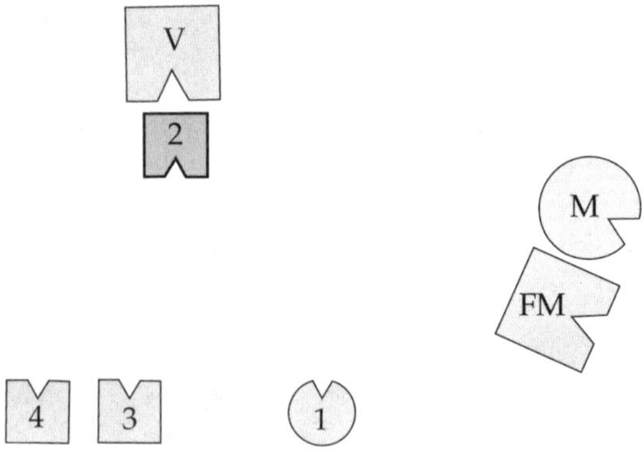

H.: Tief atmen. Den Mund auflassen dabei. Schau dir die Gegend an und die Frauen – und schaue sie an mit Achtung.

(nach einiger Zeit): Schön zu sehen, wie er den Vater nimmt und die männliche Kraft. Das ist der heilende Vorgang.

(wieder nach einiger Zeit): Laß die Augen auf, das ist besser. Bleibe ganz präsent. – Ich will dir noch was sagen über gewisse Männer. Also, der Mann, der bei seiner Mutter steht, mit dem haben die Frauen Mitleid. Wenn der Mann neben seinem Vater steht, finden sie ihn attraktiv – und vertrauenswürdig. Den anderen nicht. – Gut so? Stelle dich noch mal zwischen die Geschwister.

Herbert: 6. Bild

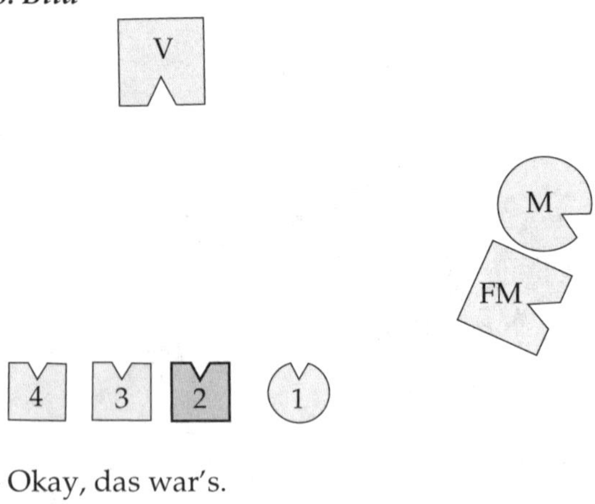

Gut so? – Okay, das war's.

(Fortsetzung Herbert S. 311)

Eltern eines achtjährigen schwer nierenkranken Jungen (2):

(Forts. v. S. 27)

Den kranken Sohn seinem toten Onkel anvertrauen

(Video 2: 18min 30")

H. *(nach der Nachmittagspause)*: Gibt es Fragen zu der Arbeit von heute nachmittag, die noch nicht beantwortet sind?

Mutter des achtjährigen Jungen, der unheilbar an den Nieren erkrankt ist: Mich bedrückt noch was, weil ich bei der Aufstellung zuerst am Anfang des Vormittags nicht gefragt worden bin nach Vorkommen in meiner Herkunftsfamilie und ich deshalb auch nichts gesagt habe. Aber es war doch was Wichtiges, weil ein Bruder von mir, der jüngste Bruder von mir, mit dreiundzwanzig Jahren sich umgebracht hat, und ich in der Zeit, als ich jetzt mit meinem Sohn im Krankenhaus war, immer das Gefühl gehabt habe, der geistert herum und der möchte meinen Sohn mitnehmen.

H. *(zur Gruppe)*: Sie hat in der Pause mit mir darüber gesprochen, und ich habe sie gebeten, das noch mal hier zu sagen, weil das eine wichtige Information ist.

Meine Antwort war, daß sie das kranke Kind ihrem Bruder, der sich umgebracht hat, anvertraut und ihn bittet, daß er das Kind segnet. Man kann aus der Erfahrung bei Familienaufstellungen davon ausgehen, daß die Toten den Lebenden gut gesinnt sind.

(zur Mutter): Das ist auch eine Achtung, die deinem Bruder entgegengebracht wird, wenn du das machst. Erzähle dem Kind von deinem Bruder, daß der sich freut, wenn es seinem Neffen gut geht. Ein schlimmes Schicksal genügt.

Frühere Partner und die aktuelle Beziehung

(Video 2: 20min 10")

Teilnehmer: Ich habe eine Frage zur Rolle des früheren Partners in der jetzigen Beziehung. Wenn man dich so hört, dann könnte man den Eindruck haben, in fast jede aktuelle Beziehung wirkt eine vorige Partnerschaft mit hinein. Gegebenenfalls, das hast du nicht klar gesagt, auch mehrere. Es soll ja vorkommen, daß Leute geschieden sind und vielleicht schon einmal mit jemandem zusammengelebt haben. Dazu zum einen die Frage: gilt das nur für die jeweils letzte oder nur die bedeutendste dieser Beziehungen? Und zum anderen finde ich das schon einen etwas auch irritierenden Gedanken, sich vorzustellen, daß in der aktuellen Beziehung das Kind abhängig ist vom Segen, vom guten Willen oder sogar noch mehr als dem guten Willen der vorherigen Partnerin. Das heißt, wenn die grollt, steht das Ganze unter einem ungünstigen Stern von vornherein.

H. *(zur Gruppe)*: Ich sage die Lösung.

Mich hat mal einer gefragt, was er machen soll, er möchte gerne eine dauerhafte Beziehung haben. Ich habe ihn gefragt, wie viele bedeutsame Beziehungen er schon gehabt habe. Dann hat er nachgedacht und gesagt: vielleicht sieben. Daraufhin habe ich ihm gesagt: Dann kann er den Traum einer festen Partnerschaft aufgeben. Dennoch habe ich ihm die Lösung gesagt. Die Lösung war: er soll alle diese Frauen anschauen mit Liebe und jeder zusichern, daß sie einen Platz hat in seinem Herzen, daß er es würdigt, was jede ihm geschenkt hat, daß er jeder gerne gegeben hat, was er ihr geschenkt hat; und dann die Kraft nehmen, die ihm von allen zusammen zufließt, und sie der neuen Frau schenken. Das wäre eine Lösung.

Welche Ehre ist den Eltern gemäß?

(Video 2: 22min 35")

Anderer Teilnehmer: Ich bin angeregt durch die letzte Konstellation, wie der Vater hinter dem Sohn steht, ihn innig in den Arm nimmt und ihm die Hände auf die Schultern legt. Da wollte ich jetzt fragen, und das betrifft mich persönlich – ich habe jetzt, angeregt durch diesen Tag meinen Vater mehr vor den Augen und spüre stärker meine Sehnsucht, mit ihm zu sprechen, also nicht nur Alltägliches, sondern mehr zu erleben: ist denn das, was hier in Konstellationen von dir gestellt wird, auch in der Realität machbar?

H.: Also, einmal geht man davon aus, jeder *ist* seine Eltern, Kinder *sind* ihre Eltern. Deswegen ist jeder immer innig mit seinen Eltern verbunden. Wenn einer jetzt einen seiner Eltern nicht achtet, dann ist er mit sich selbst nicht im reinen, kann er nicht sein. Er muß beide Eltern nehmen, wie sie sind, und die Eltern brauchen sich nicht zu verändern oder irgend etwas Besonderes tun, z.B. mit dem Sohn über bedeutsame Dinge reden. Das brauchen sie nicht. Das fügt der Vaterschaft und der Mutterschaft überhaupt nichts hinzu.

Vaterschaft und Mutterschaft ist etwas jenseits allen anderen Tuns. Es ist ein Grundvollzug. Vater wird jemand, indem er das Kind zeugt; das ist seine Würde. Und Mutter wird jemand, wenn sie ein Kind empfängt und gebiert; das ist ihre Würde. Es braucht nichts anderes zu sein. Deswegen wird die Achtung, die dem Vater entgegengebracht wird, ihm entgegengebracht als Vater, nicht als das, was er sonst noch ist. Das andere spielt da gar keine Rolle.

Diese Achtung ist vor allem ein innerer Vollzug, der in uns vor sich gehen muß: daß man sich vor dem Vater verneigt und sich an ihn anlehnt oder neben ihn stellt und die Kraft, die er einem bereits geschenkt hat, auch nimmt. Das wäre es, worauf es ankommt.

Wenn jemand seinem Vater Unrecht getan hat, z.B. wenn er ihn verachtet hat oder ihm sonst ein Unrecht getan hat, kann er nicht mehr zum Vater gehen. Er kann nur noch sagen: *„Es tut mir leid"* – auch das vielleicht nur innerlich – und ihm vielleicht sagen: *„Ich gebe dir die Ehre"*. Aber er kann nicht mehr zum Vater hin. Das hat er dann verspielt.

Rosa (1):

Eßsucht (erster Kontakt)

(Video 2: 25min 58")

H. *(zu Rosa)*: Was ist bei dir?

Rosa (*weinerlich)*: Ich bin süchtig, und ich habe einen Selbstzerstörungstrieb.

H.: Ach Gott. So schrecklich? – Ich will dir was sagen. Wer jammert, ist glücklich. – Was willst du wirklich?

Rosa: Ich glaube sterben.

H.: Genau. Na und, ist es so schlimm?

Rosa: So ganz will ich es noch nicht.

H.: Manche sterben auch halb. – Ach so? Man sieht es an deinem Lächeln, daß du gerne stirbst. – Weißt du, wie man mit solchen Leuten umgeht?

Rosa: Nein.

H.: Wie mit Helden. Weißt du, was man mit Helden macht? Was macht man mit Helden?

Rosa: Feiern. So fühle ich mich auch.

H.: Um Gottes willen. Man feiert doch keine Helden. Man winkt ihnen nach, das ist alles.

(Lachen in der Gruppe)

Bist du schon reif für die Arbeit?

Rosa: Ich fühle mich jetzt verarscht.

H.: Du wirst langsam reif, ich merke das. Aber noch nicht ganz.

(zur Gruppe): Habt ihr verstanden, was sie gesagt hat? Gut.

(Fortsetzung Rosa S. 195)

Judith (1):

Chronische Knochenmarkentzündung (Die Herkunftsfamilie)

(Video 2: 27min 51")

Die Dynamik: Judiths Mutter hatte bei ihrer Geburt einen Bandscheibenvorfall und seitdem Probleme damit. Auch scheint, daß die Mutter gehen will, und Judith sich ihr in den Weg stellt.
Die vorgeschlagene Lösung: Judith sagt zur Mutter: „Ich nehme es von dir, zum Preis, den es dich gekostet hat. Ich halte es in Ehren und gebe es weiter so wie du. Es soll nicht umsonst gewesen sein." Dann stellt sie sich mit ihrem Kind vor die Mutter und sagt: „Schau, das ist mein Sohn. Es ist gut weitergegangen." Die Lösung kam nicht an.
Später, in einer kurzen Einzelsitzung, sagte Judith als kleines Kind zur Mutter, die seit ihrer Geburt litt: „Mama, es ist so schlimm. Liebe Mama."

H. *(zu Judith)*: Was ist bei dir?

Judith: Ich habe eine chronische Knochenmarkentzündung und an einer Stelle geht der Knochen auch schon weg.

H.: Ich arbeite mit dir jetzt. Komm nach vorne. Setzt dich mal da hin. – Sage noch mal: Was ist bei dir?

Judith: Also ich habe eine chronische Knochenmarkentzündung. Das fing an am Unterkiefer. Da fehlt auch schon ein ganzes Stück Knochen, weil der sich von selber aufgelöst hat, und jetzt habe ich es auch noch an anderen Stellen, am Oberkiefer teilweise und am Schlüsselbein. Und außerdem habe ich noch eine Colitis ulcerosa.

H.: Bist du verheiratet?

Judith: Ja.

H.: Kinder?

Judith: Ein Kind, ein Jahr.

H.: Hängt diese Knochenmarkentzündung mit der Schwangerschaft zusammen?

Judith: Nein, das habe ich schon seit acht Jahren. Also zwischendurch hatte ich es nicht oder bzw. ich dachte, ich hätte es nicht mehr, aber es ist weiter gegangen, ohne daß ich was gemerkt habe.

H.: Wie hat sich die Schwangerschaft ausgewirkt?

Judith: Die Schwangerschaft war eigentlich eine ganz tolle Zeit für mich und da habe ich mich auch sehr gut gefühlt. Bloß danach, in der Stillzeit, sind dann die ganzen Sachen hochgekommen und haben sich drastisch verschlimmert. Also, ich habe sehr lange mein Kind gestillt und ich denke, daß mich das, also jetzt rein körperlich gesehen, so ausgesaugt hat *(lacht)*, daß die Sachen, die schon viel älter waren, so herauskamen, wie sie dann herausgekommen sind jetzt, also auch die Colitis. Ich habe sie zwar auch schon länger, aber jetzt erst weiß ich das so.

H.: Habt ihr euch für das Kind entschlossen, oder ist es passiert?

Judith: Es war ein absolut gewolltes Kind.

H.: Ihr habt euch beide dazu entschlossen?

Judith: Ja.

H.: Auch angesichts des Risikos?

Judith: Von Risiko wußte ich nichts. Das war kein Risiko zu dem Moment.

H. *(zu Gunthard Weber)*: Was sagst denn du dazu?

Gunthard Weber: Ich denke, es hängt nicht mit der Schwangerschaft und dem Kind zusammen.

H.: Ich kenne mich da nicht aus, deswegen versichere ich mich bei den Ärzten.

(zu Judith): Gibt es etwas Besonderes in deiner Ursprungsfamilie?

Judith: Ja. Meine Eltern sind geschieden, seitdem ich fünf Jahre alt bin. Ich bin das dritte Kind und ich weiß, daß eigentlich schon zu meiner Geburt oder zu der Zeit die Ehe ziemlich fertig war. Meine Eltern haben sich absolut nicht verstanden und ich habe nie herausgekriegt ganz sicher, ob meine Mutter überhaupt meinen Vater jemals wirklich geliebt hat. Von meinem Vater weiß ich, daß er meine Mutter wollte, aber ich weiß nicht, ob meine Mutter meinen Vater wollte. Sie haben geheiratet, weil meine Mutter schwanger war. Also, mein Bruder kam fünf Monate nach der Hochzeit zur Welt. Das habe ich aber auch erst erfahren als ich achtzehn war. Ich wußte das nicht. Ich selber bin bei meiner Mutter, also wir Kinder sind bei meiner Mutter aufgewachsen.

H.: Ich stelle dein Ursprungssystem auf. War jemand von den Eltern vorher in einer festen Bindung?

Judith: Nicht, daß ich wüßte.

H.: Okay, wir stellen dein Ursprungssystem jetzt auf: Vater, Mutter und die drei Kinder.

Judith: Mein Vater lebt nicht mehr.

H.: Das spielt hier keine Rolle.

Judith: 1. Bild *

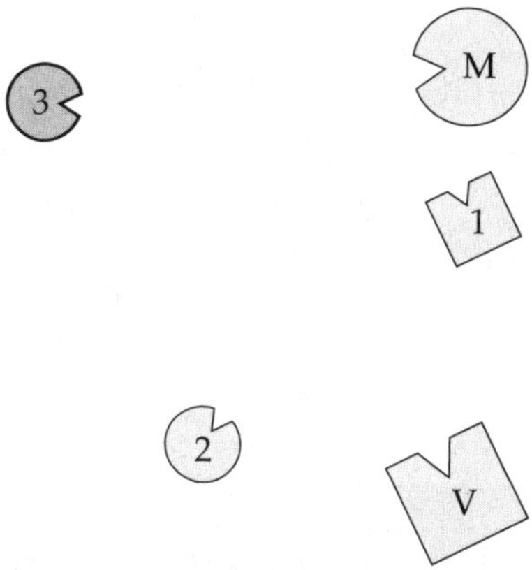

H. *(zu Judith)*: War irgend etwas Besonderes in der Familie deiner Mutter?

Judith: Ich weiß, daß meine Mutter selber mal – darüber weiß ich eigentlich so gut wie nichts, aber da war sie schon über zwanzig – kurzzeitig in der Psychiatrie war. Und daß es wohl irgendwie eine Zeit war – ich weiß es von ihr nicht, ich weiß, daß es für sie so ein Tabu ist und ich könnte sie nie darüber fragen, ich weiß es von meiner Großmutter, die noch lebt, – daß das wohl eine ganz schwierige Zeit war, und sie danach mit den Eltern nicht mehr gesprochen hat. Also eine Zeitlang zumindest.

H.: Okay, das genügt mir. – Wie geht es der Mutter?

(M): Ich fühle mich absolut fasziniert und hingezogen zur jüngsten Tochter. Das andere ist außerhalb des Blickwinkels. Der Sohn ist ein bißchen nah, störend. Den Mann habe ich gar nicht im Blick.

H.: Wie geht es dem Mann?

[V]: Mich stört sehr, daß der Sohn zwischen mir und meiner Frau steht, und ich spüre sehr wohl, daß ich lieber näher bei ihr wäre. Das ist ein bezugsloses, nicht zueinander Geordnetes.

---

* ***Abkürzungen:***

V	Vater		
M	Mutter	**3**	**Drittes Kind Tochter**
1	Erstes Kind	+VV	Vater des Vaters, früh verstorben
2	Zweites Kind, Tochter	S3	Sohn des dritten Kindes

H. *(zum Sohn)*: Du bist der Älteste?

[1]: Ja, ich bin der Älteste. Ich habe Angst hier. Das da, nach hinten zum Vater, das macht mir Angst. Zur Mutter fühle ich mich wie so ein treuer, fast aufdringlicher Diener. Ich kann nicht anders, als ihr dienen zu müssen. So ein Gefühl habe ich.

H.: Du bist ja schuld an ihrem Unglück, weil du zu früh gekommen bist.

[1]: Hm.

H.: Denken die Kinder.

(zum zweiten Kind, Tochter): Wie geht es Dir?

(2): Ich habe eine besondere Beziehung zum Vater und im Rücken irgendwie so ein unheimliches Gefühl. Zum Rest der Familie habe ich keinen Bezug.

H. (*zur jüngsten Tochter)*: Wie geht es dir?

(3): Ich will nicht von der Mutter so angeguckt werden. Ich möchte da weg. Und ich nehme meinen Bruder wahr, und er macht mir Angst – der sieht ja so ernst aus. Die anderen spüre ich nicht.

H.: Okay, jetzt stelle ich mal die Ordnung auf.

Judith: 2. Bild

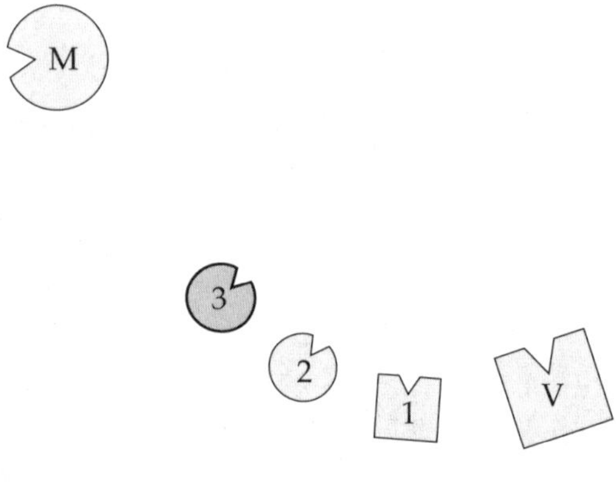

H.: Wie geht es dem Mann jetzt?

[V]: Das stimmt nicht für mich.

H.: Ist es besser oder schlechter?

[V]: Es ist etwas besser, weil ich hier Kontakt zu den Kindern bekommen habe, aber auf die Frau bezogen ist es nicht besser.

[1]: Etwas besser zu den Geschwistern, aber der Vater hat noch nicht das Gewicht des Vaters. Der ist zu leichtgewichtig.

(2): Es ist sehr viel besser, sehr viel wärmer hier, aber ihn kann ich so schlecht als Bruder identifizieren. Er ist eher Vater für mich.

(3): Ich fühle mich auf unsicherem Boden hier als ob ich so nach links rüber fallen könnte.

H.: Also mein Bild vorhin bei der Aufstellung war, daß sich die Tochter der Mutter in den Weg stellt, damit sie nicht geht.

(zu Judith): Macht das für dich Sinn?

Judith: Das ist schwer zu sagen. Ich habe jetzt eben wie bei den anderen Aufstellungen natürlich darüber nachgedacht, was das mit mir zu tun hat. Was ich zu meiner Mutter noch sagen kann, ist, daß meine Mutter, seitdem ich sie kenne, sehr krank ist. Vielleicht ist noch ein wichtiger Punkt zu sagen, daß sie durch meine Geburt – das kam mir eben in den Sinn – einen Bandscheibenvorfall hatte und seitdem damit auch Probleme. Ich meine, das ist nichts Lebensbedrohliches, aber …

H.: Das bindet das Kind an die Mutter, das ist ganz klar. – Was ist in der Familie deines Vaters passiert?

Judith: Mein Vater war Einzelkind und sein Vater ist relativ früh gestorben. Ich glaube er war so zehn oder zwölf Jahre. So genau weiß ich das nicht.

H.: An was?

Judith: Das weiß ich nicht.

H.: Okay, wir brauchen das nicht so genau zu wissen.

(H. stellt den Vater etwas weiter weg von den Kindern und seinen Vater halbrechts hinter ihn)

Judith: 3. Bild

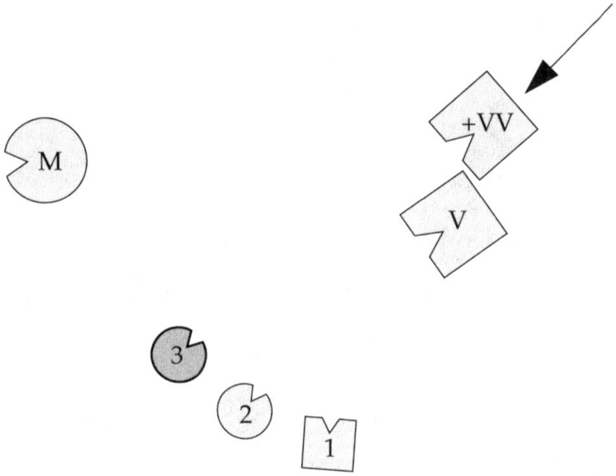

H. *(zum Vater)*: Viel besser so?

[V]: Viel besser, viel besser.

H. (*zum Vater des Vaters)*: Wie ist das für dich?

[+VV]: Ein bißchen nah, aber sonst gut.

H.: Probier aus, wie es für dich am besten ist.

(er stellt sich etwas mehr zur Seite und H. stellt die Kinder dem Vater gegenüber)

Judith: 4. Bild

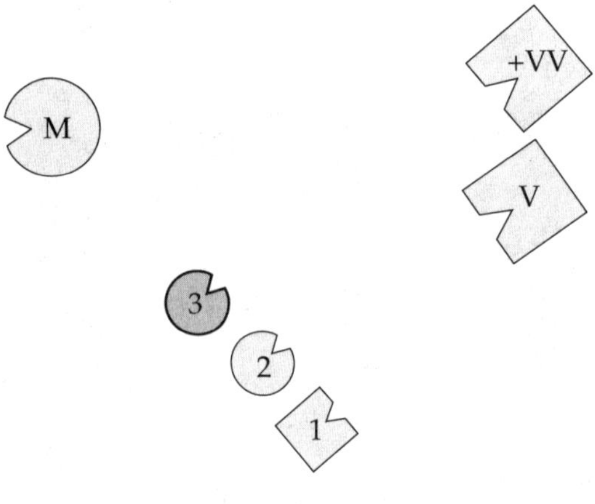

H. *(zum Sohn)*: Was ist jetzt bei dir?

[1]: Es ist besser. Ja, es ist deutlich besser. Aber ich muß noch zur Mutter schauen. Okay.

(2): Es ist besser.

(3): Viel besser.

H.: Wie geht es der Mutter jetzt?

(M): Ich möchte dazu *(lacht)*.

H.: Probiere mal aus, wo du dann hin gehst.

(Sie stellt sich links neben den Mann. Beide nicken sich freundlich zu. Lachen in der Gruppe.)

Judith: 5. Bild

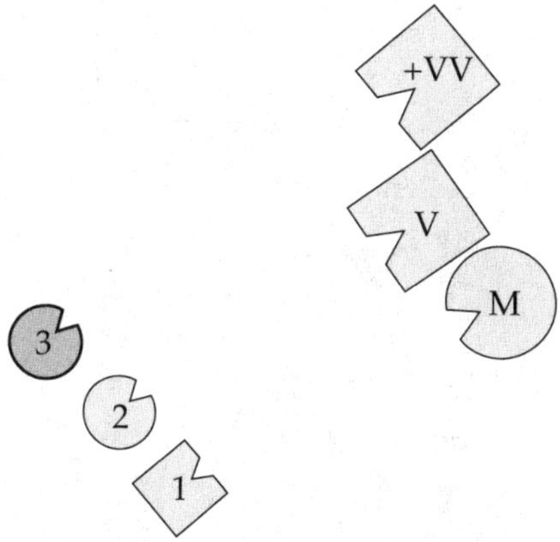

H. *(zu Judith)*: Eine Überraschung für dich?

Judith: Ja.

H.: Stelle dich mal an deinen Platz.

(zur Gruppe): Kinder wissen wenig über ihre Eltern, wirklich. Was sich die Eltern im Schlafzimmer heimlich über die Kinder erzählen, die ihre Eltern retten wollen, das würde die Kinder sehr enttäuschen.

(zu Judith): Wie geht es dir jetzt?

Judith: Also, es geht mir gut, wobei mein Empfinden dabei ist, daß das meinem Wunschbild entspricht, aber ganz fern der Realität. Also, es ist ein Zustand, den ich nie erlebt habe als Kind. Ich habe mich manchmal auch gefragt, ob ich mir zur Aufgabe gemacht habe, das zu erleben oder das herzustellen.

H.: Und was ist, wenn das schon passiert ist, bevor du angefangen hast, das herstellen zu wollen?

Judith: Das verstehe ich nicht.

H. *(lacht)*: Es wäre auch schlimm, wenn du es verstehen würdest. Schau deine Mutter an und sage ihr: „Ich nehme es von dir zum Preis, den es dich gekostet hat".

Judith: Kannst du es noch mal sagen?

H.: „Ich nehme es von dir."

Judith: *Ich nehme es von dir.*

H.: „Zum Preis, den es dich gekostet hat."

Judith: *Zum Preis, den es dich gekostet hat.*

H.: Wiederhole es.

Judith: Ich nehme es von dir zum Preis, den es dich gekostet hat.

H.: „Ich halte es in Ehren."

Judith: *Ich halte es in Ehren.*

H.: „Und gebe weiter so wie du."

Judith: *Und gebe es weiter so wie du.*

H.: „Es soll nicht umsonst gewesen sein."

Judith: *Es soll nicht umsonst gewesen sein.*

H. *(zur Mutter)*: Wie ist das für die Mutter?

(M): Es ist ungewohnt, aber es ist gut.

H. *(zur Gruppe)*: Das gleiche müßte der Sohn sagen zu den Eltern. Aber das lasse ich hier.

(zu Judith): Wie geht es dir jetzt?

Judith: Ich komme innerlich nicht ganz mit.

H.: Dein Kind, ist das eine Tochter oder ein Sohn?

Judith: Ein Sohn.

H. *(wählt einen Stellvertreter für Judiths Sohn)*: Das ist dein Sohn. Gehe mit ihm zu deiner Mutter und sage: „Schau, das ist mein Sohn."

(Judith legt den Arm um ihren Sohn und stellt sich mit ihm vor ihre Mutter)

Judith: 6. Bild

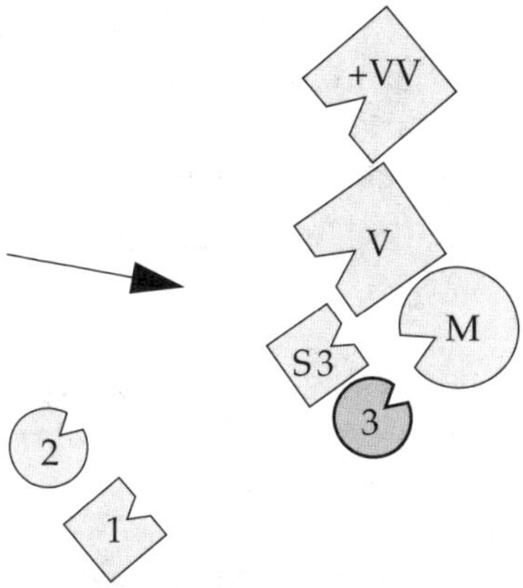

Judith: *Schau, das ist mein Sohn.*

H.: „Es ist gut weitergegangen."

Judith: *Es ist gut weitergegangen.* – Es ist gut weitergegangen.

(lange Pause)

H. *(zur Gruppe)*: Haben wir es gelöst? – Nein, wir haben es nicht gelöst.

(Pause)

(zum Stellvertreter von Judiths Sohn): Du darfst dich wieder setzen.

(zu Judith): Stell dich wieder zurück

Judith: 7. Bild

H. *(nach einer langen Pause zur Gruppe)*: Sie hat vorhin einen Einwand

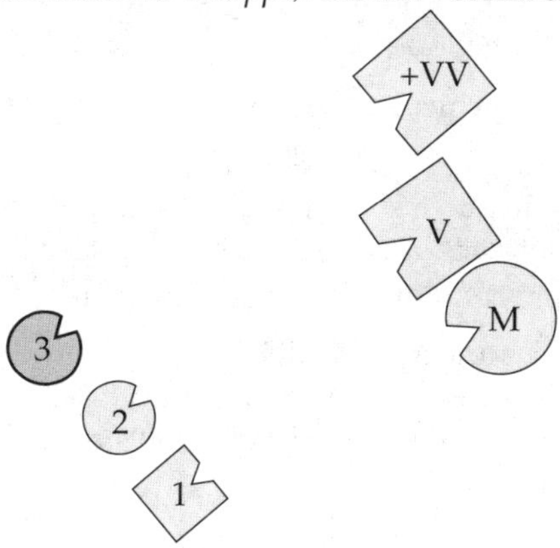

gemacht. Habt ihr den gehört? – Die Wirkung von Einwänden ist, etwas Schönes zu zerstören. Das ist die Wirkung von Einwänden.

(zu Judith): Da gehe ich nach einem Grundsatz vor: ich lasse jeden Esel seine eigene Haut zu Markte tragen, oder seine eigenen Knochen. Ein einziger Einwand kann alles verspielen. – Ich unterbreche es da.

(zu den Stellvertretern): Ihr könnt euch setzen.

*

H. *(zur Gruppe)*: Ich war früher mal Theologe und habe da etwas herausgefunden über Gnade, etwas, das man in Therapien auch oft sehen kann, nämlich: *Gnade geht vorbei.*

Manche meinen, daß ein Handeln ohne Folgen bleibt – das tut es nicht – oder daß sie noch eine zweite Chance hätten. Es braucht dann noch mal etwas ganz Besonderes, damit eine zweite Chance geschenkt wird.

(zu Judith): Deine Chance käme von deiner Mutter. Sie gäbe dir eine zweite Chance.

(nach einer langen Pause zur Gruppe):

Von einem gewissen *Milton Erickson* gibt es eine *Geschichte.*

Ein Mann ist mit seiner Braut zur Hochzeit geritten. Dann hat das Pferd gescheut und er hat gesagt: Eins. Er ist weiter geritten und das Pferd hat noch mal gescheut. Dann hat er gesagt: Zwei. Er ist weiter geritten und das Pferd hat noch mal gescheut. Dann hat er gesagt: Drei, ist abgestiegen und hat das Pferd erschossen. Daraufhin sagte die Frau: Das kannst du doch nicht machen. Dann sagte er zu ihr: Eins.

(lautes Lachen in der Gruppe)

Noch irgendwelche Fragen dazu?

Teilnehmer: Ich bin nicht sicher, ob ich den Einwand gehört habe von ihr.

H.: Ich gehe nicht zurück, weil das den Einwand noch mal verstärkt. Deswegen mache ich das nicht. Man darf dem Schlimmen keine Chance geben, indem man es noch einmal aufgreift.

Teilnehmerin: Kann jetzt aus der Not, in die die Frau gerät, in die eigene innere Not, kann daraus auch eine Lösung entstehen oder ist das jetzt abhängig von der Mutter? Weil sie das eben gesagt haben, die zweite Chance.

H.: Ich habe ihrer Seele einen Weg gebahnt damit.

Andere Teilnehmerin: Warum hast du dich diesmal entschieden mit dem Vergangenheitssystem anzufangen und nicht mit dem Gegenwartssystem?

H.: Ich habe lange überlegt, was ich machen soll, und habe dann lieber … vielleicht war es ein Fehler. Das könnte sein.

Judith (2):

Chronische Knochenmarkentzündung (Die Gegenwartsfamilie)

(Video 2: 50min 18")

Die Dynamik: *Judith will mit ihrer Mutter weggehen. Auch ihr Mann will weg, seinem Vater und Großvater nach.*
Die Aufstellung brachte keine klare Lösung und wurde abgebrochen.

H. *(zu Judith)*: Vielleicht wäre das die zweite Chance, wenn wir dein Gegenwartssystem noch aufstellen. Sollen wir?

Judith: Ja

H.: Okay, mach. Da hast du aber Glück gehabt.

(zu der Teilnehmerin): Du hast ihr geholfen. Gut. Danke schön.

(zu Judith): Also deinen Mann, dich und das Kind.

(als Judith die Stellvertreter aussucht und ihre Gegenwartsfamilie aufstellt): Nimm für dich und das Kind die gleichen Personen. Mache es gesammelt, mache es ganz gesammelt, bis es stimmt.

Judith: 1. Bild *

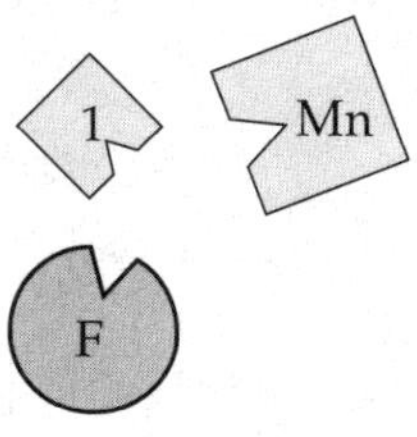

* ***Abkürzungen:***

Mn	Mann
F	**Frau**
1	Einziges Kind, Sohn
MF	Mutter der Frau
VMn	Vater des Mannes
VVMn	Vater des Vaters des Mannes

H.: Wie geht es dem Mann?

[Mn]: Nicht gut hier. Ich fühle mich sehr angespannt. Ich sehe, zwischen mir und der Frau ist eine große Spannung.

H.: Wie geht es der Frau?

(F): Meine rechte Hälfte hier brennt, die ist ganz heiß, und mein Sohn nimmt mir die Luft. Ich möchte weg.

H.: Du möchtest weg?

(F): Ja.

H. *(zum Sohn)*: Wie geht es denn dir?

[1]: Ich fühle mich so zwischendurch bugsiert. Sie hat mich sehr genau eingerichtet, und ich habe das Gefühl, ich will hier oder ich muß hier durch, hier raus.

(H. stellt den Sohn neben den Vater, die Frau etwas zurück und ihre Mutter rechts neben sie)

Judith: 2. Bild

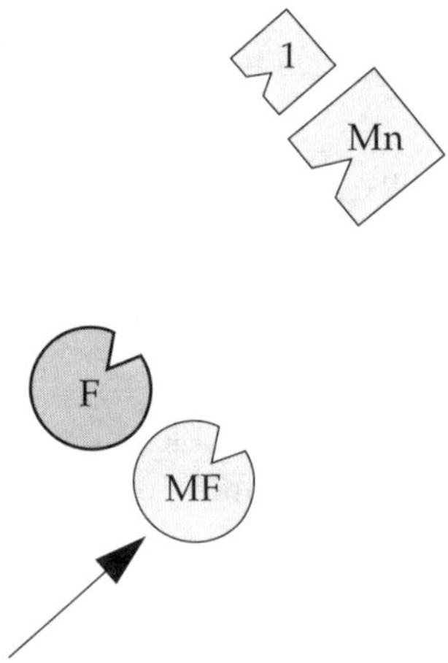

H. *(zur Frau)*: Was ist jetzt?

(F): Es ist besser.

H. *(zur Gruppe)*: Die rechte Seite, da wo jetzt ihre Mutter steht, war die Seite, die gebrannt hat.

(zur Mutter der Frau): Wie geht es dir?

(MF): Gut

[Mn]: Also ich bin noch sehr aufgeregt. Ich weiß, irgend etwas ist los.

[1]: Ich fühle mich hier sicherer, gelassener.

H. *(zur Gruppe)*: Also es würde sich hier noch einmal der Eindruck verstärken, daß die Tochter mit der Mutter gehen will.

(H. stellt das Bild um. Die Frau und ihre Mutter lachen sich an. Den Mann stellt er zuerst neben die Frau und dann wieder etwas weiter weg.)

Judith: 3. Bild

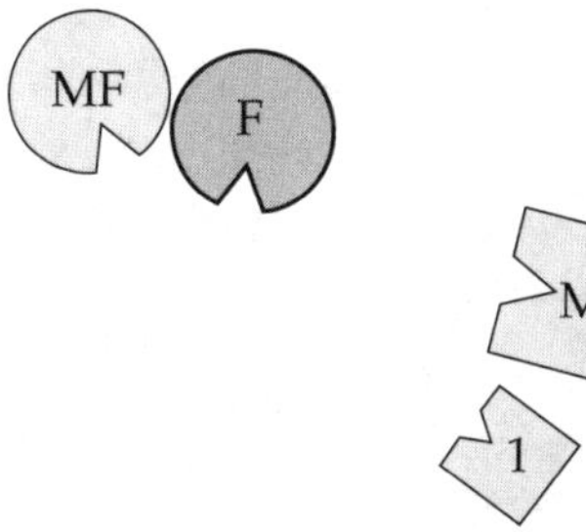

H. *(zu Judith)*: Hast du das gesehen, die Innigkeit zwischen Mutter und Tochter hier? Zwischen deiner Mutter und dir? Hast du das gesehen gerade?

Judith: Ich habe es nicht gesehen.

H.: Setze dich ihnen gegenüber, damit du es besser siehst.

(zum Mann, als dieser noch neben der Frau steht): Wie geht es dir jetzt?

[Mn]: Überhaupt nicht gut.

(H. stellt ihn wieder etwas weiter weg von der Frau)

[Mn]: Ich möchte mich so stellen *(stellt sich dem Sohn gegenüber)*

H.: Schrecklich, um Gottes willen. (*stellt ihn wieder zurück)*

(zur Frau und der Mutter der Frau): Geht ihr zwei mal zusammen weg.

Judith: 4. Bild

H.: Wie ist das?

(MF): Ist auch in Ordnung.

(F): Jetzt haben wir nichts mehr zu tun *(lacht).*

[Mn]: Es stimmt nicht. Eben habe ich das Bedürfnis gehabt, mich mit dem Sohn umzudrehen.

H. *(zu Judith)*: Was ist passiert in der Familie deines Mannes?

Judith: Also, da weiß ich nicht viel drüber. Ich weiß nur, daß sein Großvater sich wahrscheinlich das Leben genommen hat. Das weiß man aber nicht genau. Das ist ein Tabu in der Familie.

(H. stellt den Vater und den Großvater des Mannes dazu)

Judith: 5. Bild

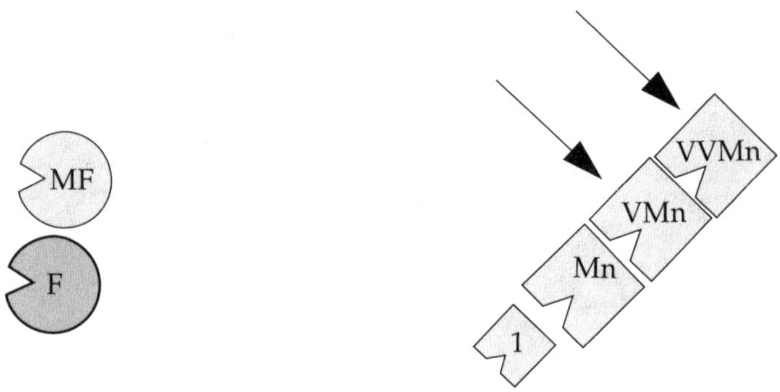

H.: Wie geht es dem Sohn?

[1]: Ich vermisse die Mutter ein bißchen.

H.: Natürlich, klar.

[1]: Zu viele Männer irgendwie.

(Lachen in der Gruppe)

H.: Aber du siehst gut aus dabei.

[1]: Danke.

[Mn]: Es geht mir immer noch nicht gut.

H.: Hm.

(H. stellt das Schlußbild auf)

Judith: 6. Bild

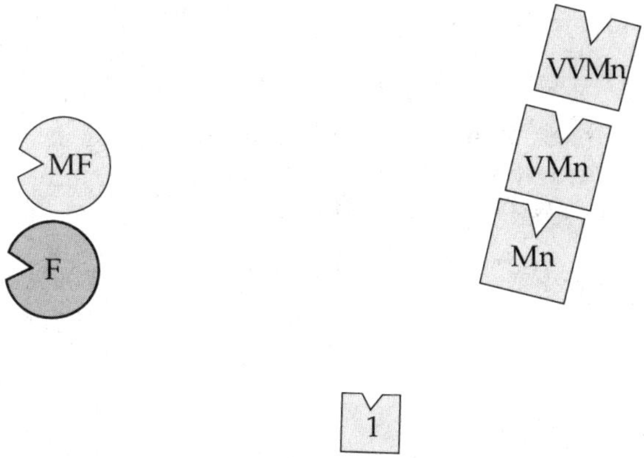

(zum Mann): Wie ist das?

[Mn]: Etwas besser. Ich werde traurig.

H. *(zu Judith)*: Das Kind hat wenig Chancen bei euch. Beide Eltern wollen weg.

(zum Sohn): Wie geht es dir?

[1]: Ich fühle jetzt mehr Platz.

H.: Ja. Du bist auf dich gestellt.

[1]: Ja.

H.: Das ist die Situation hier.

(zum Mann): Was ist?

[Mn]: Da ist noch eine Ambivalenz in mir. Ich möchte noch so zurückgucken. Ich bin mehr hier bei meinem Vater und Großvater, aber die Energie geht auch noch ein Stück zurück zum Sohn.

H. *(zu Judith)*: Ich unterbreche es hier, und jetzt muß man sehen, ob noch was passiert, was Gutes. Mehr kann ich nicht machen. Okay so?

(sie zuckt die Achseln)

Schau dem ins Auge, wie es ist.

(ihr kommen die Tränen)

Jetzt kommt zum erstenmal der Ernst bei dir.

(lange Pause)

Dabei lasse ich dich jetzt.

(zu den Stellvertretern): Ihr könnt euch setzen.

(zur Gruppe): Unsere Zeit ist um für heute. Es war eh sehr viel. Nach so intensiver Arbeit braucht man eine längere Erholungspause. Okay, dann also alles Gute euch für heute. Das war's dann.

(Fortsetzung Judith S. 190)

2. Tag

Eltern mit einem an Diabetes erkrankten Kind (1):

Die Herkunftsfamilie der Frau und die Gegenwartsfamilie

(Video 2: 1h 01min 55")

Die Dynamik der Herkunftsfamilie der Frau: *Die Eltern der Frau haben geheiratet, als sie unterwegs war. Die Frau ist mit der Mutter der Mutter identifiziert. Diese hat sich das Leben genommen, als die Mutter zehn Jahre alt war. Der Vater des Vaters ist im Krieg gefallen. Die Frau sagt zur Großmutter: „Ich folge dir nach." Oder sie sagt zur Mutter: „Lieber ich als du."*
Die Lösung: *Die Frau verneigt sich vor dem Vater des Vaters und der Mutter der Mutter. Dann umarmt sie innig die Großmutter und Mutter.*
Die Dynamik der Gegenwartsfamilie: *Die Frau wollte aus der Familie weggehen. Als sie sich entschloß zu bleiben, bekam das Kind Diabetes, als ob es damit sagen wollte: „Lieber ich als du".*
Die Lösung: *Die Frau sagt dem Kind: „Ich bleibe. Und ich freue mich, wenn du bleibst".*

H.: Heute morgen fangen wir an mit einer Familie, die ein Kind mitgebracht hat, das an Diabetes leidet. Wir wollen sehen, was die Systemdynamik in dieser Familie ist und ob wir eine heilende Lösung finden.

(zur Frau): Fängst du mal an mit Aufstellung deiner Ursprungsfamilie?

Frau: Von meiner Ursprungsfamilie: Vater, Mutter, Kind?

H.: Ja. Ihr seid nur zu dritt?

Frau: Ja.

H.: Waren deine Eltern verheiratet?

Frau: Ja.

H.: Ist jemand von den Eltern gestorben?

Frau: Nein, sie sind geschieden.

H.: Sind später geschieden.

Frau: Sie sind später geschieden, als ich dreizehn war. Mein Vater hat dann noch mal Kinder, ist aber nicht verheiratet. Er ist mit einer Frau zusammen, und meine Mutter lebt auch mit einem Mann zusammen.

H.: Wie viele Kinder hat dein Vater dann?

Frau: Zwei.

H.: Also zusätzliche noch.

Frau: Zusätzlich noch zwei.

H.: Stelle erst einmal das kleine System auf, also deinen Vater, deine Mutter und dich.

Frau: 1. Bild *

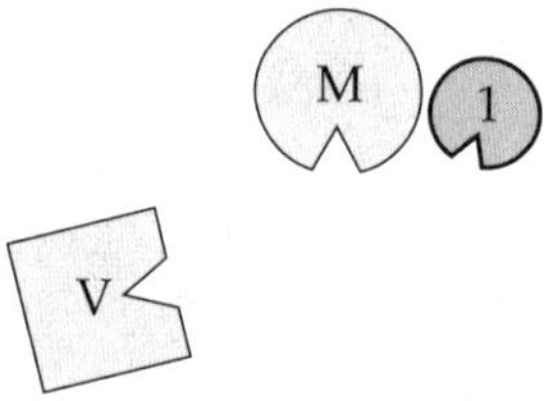

H.: Wie geht es dem Vater?

[V]: Ich fühle mich schuldig und hin- und hergeschoben. Das linke Bein hier tut mir im Unterschenkel weh, so als ob ich mich da erleichtern müßte.

H.: Wie geht es der Mutter?

(M): Zu dem Vater, meinem Mann, wage ich gar nicht hinzuschauen. Ich habe das Gefühl, da hält mich etwas ab, mich überhaupt hinzuwenden. Von der Tochter spüre ich einen Druck, unangenehm.

H.: Wie geht es der Tochter?

---

* *Abkürzungen*:

V	Vater	MV	Mutter des Vaters
M	Mutter	+MM	Mutter der Mutter, hat sich umgebracht
1	**Einziges gemeinsames Kind, Tochter**		
+VV	Vater des Vaters, im Krieg gefallen		

(1): Ich will die Mutter auch hier wegschieben. Das entspricht dem. Ich habe hier das Gefühl, ich müßte mir Raum verschaffen. Ich fühle mich hier unangenehm.

H. *(zur Frau)*: Ist etwas Besonderes passiert zwischen deinen Eltern?

Frau: Nein. Die Ehe ging auseinander, weil mein Vater andere Freundinnen hatte in der Ehe. Sie haben sich sehr jung verliebt, und dann kam ich und dann haben sie geheiratet.

H.: Sie haben wegen dir geheiratet? Das ist noch eine wichtige Information. Dann fühlt sich das Kind für das Unglück der Eltern verantwortlich, obwohl es ja kein Vertragspartner ist, sozusagen. Vertragspartner sind nur die Eltern. Sie tun etwas, und das Kind ist nur die Folge. Das Kind ist nicht handelnd. Aber Kinder reagieren so, als wären sie die Handelnden gewesen. – Was ist in der Ursprungsfamilie deines Vaters?

Frau: Mein Vater hat seinen Vater sehr früh verloren. Er hat ihn praktisch gar nicht gesehen, der ist im Krieg gefallen. Meine Großmutter hat dann einen zweiten Mann genommen und auch noch ein Kind bekommen, aber nicht mehr geheiratet, weil sie immer gesagt hat, sie ist nicht sicher, daß der andere Mann tot ist.

H.: So etwas ist bedeutsam. – Wähle jetzt jemanden für den Vater deines Vaters aus und stelle ihn dazu.

Frau: 2. Bild

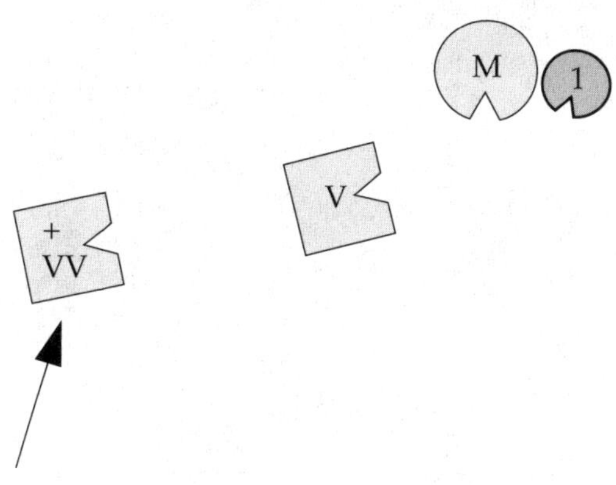

H. *(zum Vater)*: Ist jetzt etwas verändert bei dir?

[V]: Ja, irgendwie fühle ich mich bedroht von hier hinten.

H. Wie geht es dem Großvater?

[+VV]: Ich fühle mich ziemlich weit außerhalb.

H.: Ich stelle dich mal neben ihn.

Frau: 3. Bild

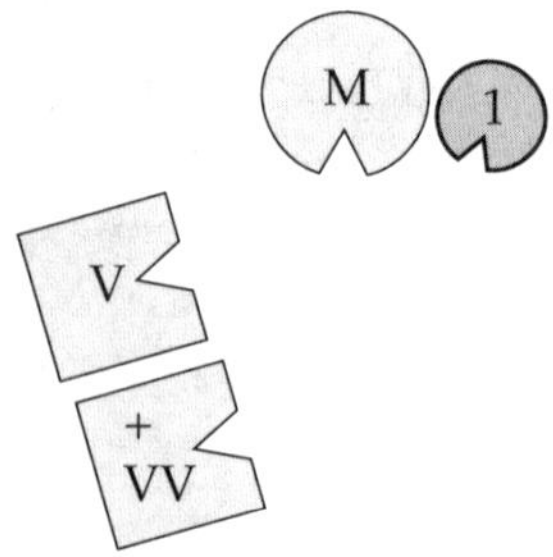

H.: Wie ist das jetzt?

(Vater und Großvater nicken sich zu und lachen sich an)

Man sieht es, ja.

(zur Mutter): Ist bei dir was verändert?

(M): Als er zum erstenmal hereinkam, habe ich Herzensschmerzen gekriegt, und jetzt fühle ich mich ein bißchen wärmer. Also, ich habe so das Gefühl, ich kann jetzt da hinschauen überhaupt.

H. *(zur Frau)*: Ich nehme noch die Großmutter dazu, die Mutter deines Vaters.

(H. stellt die Großmutter links neben den Großvater und den Vater davor)

Frau: 4. Bild

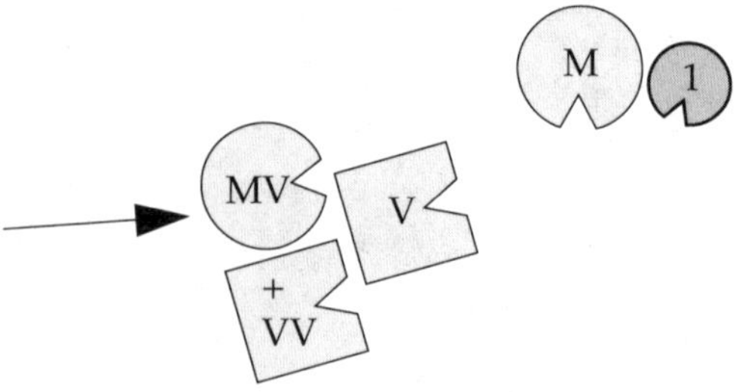

H.: Wie ist das?

[V]: Irgendwie stark jetzt.

H.: Okay, was ist jetzt bei der Frau?

(M): Ja, ich habe das Gefühl, ich sehe ihn das erste Mal jetzt erst richtig, und wärmer.

H.: Die Frau ist in eine seltsame Konkurrenz gekommen mit seinen Eltern und hat sich dann nicht getraut, ihn zu nehmen; weil er eigentlich zu diesen Eltern hingehört. – Jetzt stelle ich mal die Frau daneben. Wie ist das?

Frau: 5. Bild

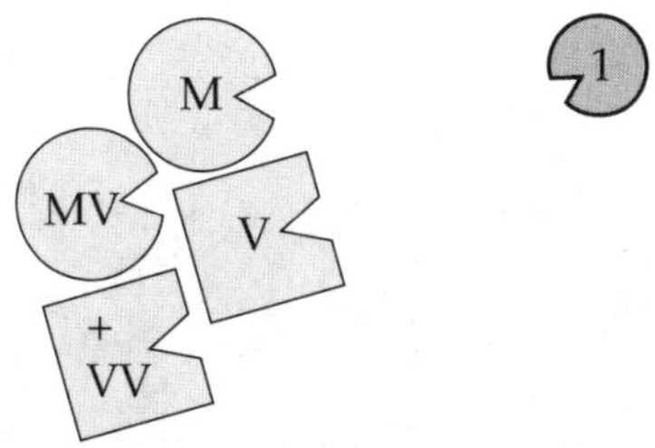

(M): Ja besser für mich, gut.

H.: Wie geht es der Tochter jetzt?

(1): Das verändert sich von Konstellation zu Konstellation. Ich würde lieber bei der Mutter stehen. Hier fühle ich mich einer Phalanx gegenüber.

H. : Es ist vielleicht gut so. Probier aus.

(sie stellt sich neben ihre Mutter)

Frau: 6. Bild

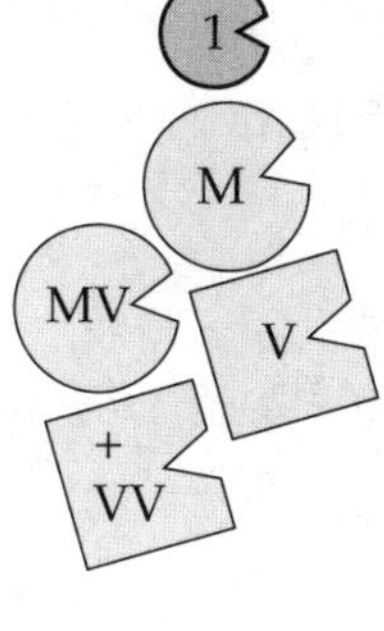

H.: Jetzt ist das ganze System nach einer Seite ausgerichtet. Merkt ihr das? Dann fehlt hier vorne etwas Wichtiges.

(zur Frau): Also was war jetzt in der Familie deiner Mutter?

Frau: Meine Mutter hat ihre Mutter früh verloren mit zehn Jahren. Die hat sich selber das Leben genommen. Mein Großvater hat dann auch noch mal eine Frau geheiratet. Sie hatten schon zwei Mädchen, und die Frau hat dann noch mal ein Mädchen mit in die Familie gebracht, also selbst eine eigene Tochter.

H.: Jetzt nehmen wir auch die andere Großmutter dazu, die Mutter deiner Mutter. Stelle sie einfach mal gegenüber.

Frau: 7. Bild

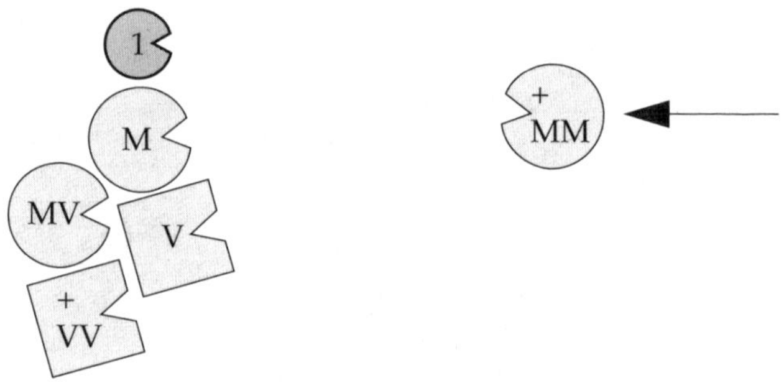

H. *(zur Mutter)*: Was ist verändert bei dir jetzt?

(M): Im Moment bleibt mir ein bißchen die Luft weg. Also eigentlich so ein Schreck.

H. *(zur Tochter)*: Und was ist bei dir?

(1): Ich habe das Gefühl, ich habe wirklich ein Gegenüber. Ich habe jemand, an der ich mich orientieren kann.

H.: Das ist die Identifizierung mit der Großmutter.

(sie nickt zustimmend)

H.: Stell dich mal neben sie.

(Sie stellt sich neben die Mutter der Mutter, merkt aber, daß es nicht so gut ist. H. stellt dann die Mutter der Mutter hinter die Mutter und die Tochter gegenüber.)

Frau: 8. Bild

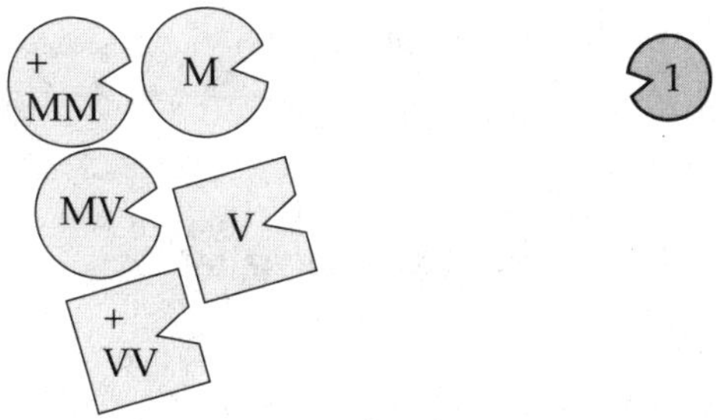

(M): Das ist besser.

(1): Ja, jetzt habe ich ein Gegenüber, aber nicht so eine Streitmacht wie vorhin. Und der Abstand ist jetzt ganz gut.

H. *(zur Frau)*: Stelle dich jetzt mal an deinen Platz.

(nach einiger Zeit): Geh zu jedem der Toten hin und verneige dich ganz leicht, mit Respekt. Erst zum Vater des Vaters.

(sie verneigt sich vor dem Vater des Vaters, dann vor ihrem Vater, dann sehr lange vor der Mutter der Mutter und ist sehr bewegt)

Geh zu ihr hin. Nimm sie in den Arm, so.

(zur Mutter): Wende dich auch ihr zu, so.

(die Frau bleibt lange in der Umarmung der Großmutter und der Mutter)

H. *(zur Frau)*: Und dann stelle dich neben deine Mutter, wenn es gut ist für dich. Sobald es gut ist, stelle dich neben deine Mutter.

Frau: 9. Bild

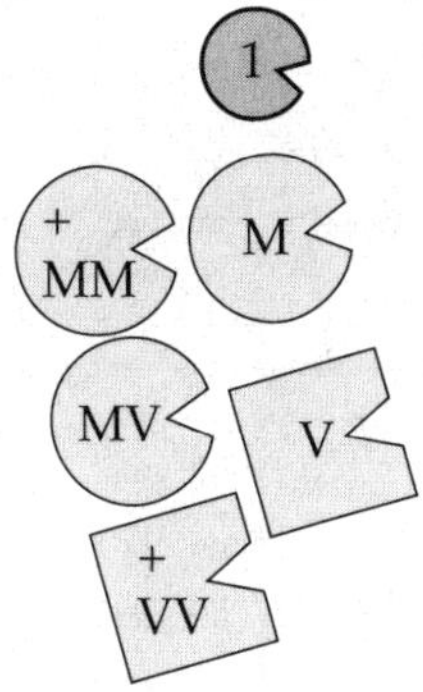

H.: Ich stelle jetzt das Gegenwartssystem dazu.

(zum Mann): Ich nehme dich gleich.

Wie viele Kinder habt ihr zusammen?

Frau: Fünf.

H.: Und das kranke Kind ist das wievielte?

Frau: Das zweite.

(H. stellt den Mann neben die Frau, die Stellvertreter der Kinder und das kranke Kind, das anwesend ist, gegenüber und dann alle Kinder etwas näher zum Vater)

Gegenwartssystem: 1. Bild *

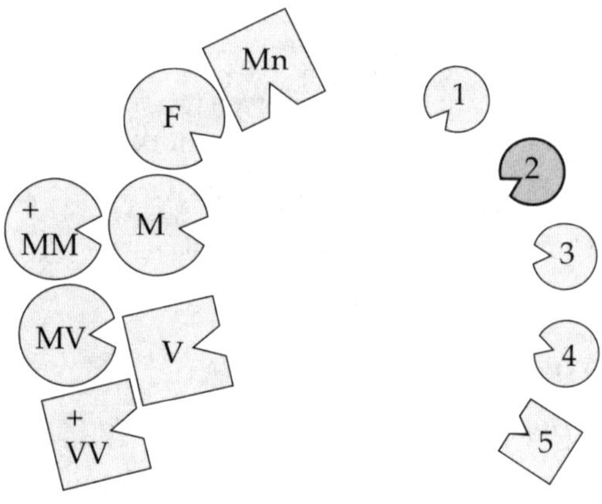

H. *(zu den Kindern)*: Ihr müßt ein bißchen mehr hinüber in den Bannkreis des Vaters. Das ist das weniger belastete System.

Frau: Eben hatte ich das Gefühl, hier rechts, zu meiner Herkunftsfamilie, ist es sehr warm jetzt, und hier links, zu meiner jetzigen Familie, ist es noch ein bißchen leer. Jetzt wird es hier wärmer, wenn die dichter herankommen.

---

* ***Abkürzungen***:

Mn	Mann
F	Frau
1	Erstes Kind, Tochter
2	**Zweites Kind, Tochter, an Diabetes erkrankt**
3	Drittes Kind, Tochter
4	Viertes Kind, Tochter
5	Fünftes Kind, Sohn

H. *(zum Mann)*: Wie geht es denn dir?

Mann: Gerade in dem Moment, wo du es zu mir sagst, war mir ein bißchen viel alles, ein bißchen viel, also mehr mit warm, heiß.

H.: Das ist doch ein schönes Gefühl.

(zu den Kindern): Geht noch ein bißchen näher heran, wie im Halbkreis.

Gegenwartssystem: 2. Bild

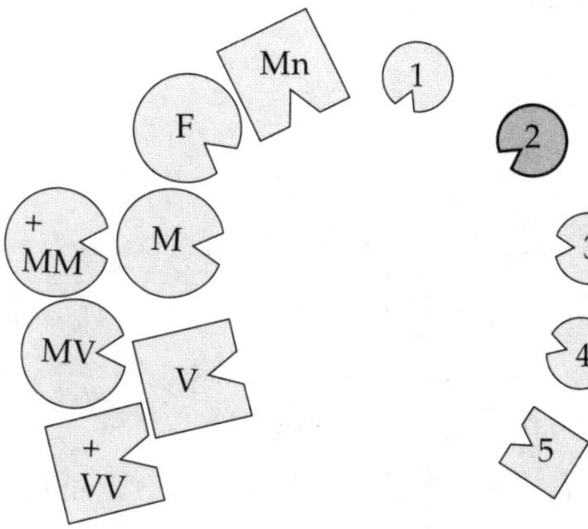

H.: Ist das besser?

Mann: Nein, ich glaube nicht.

H. *(zum ersten Kind)*: Wie geht es denn dir?

(1): Ich kann es noch nicht genau sagen, was besser war. Ich hatte die Tendenz noch näher zum Vater heran, also richtig Körperkontakt so direkt.

H. *(zum kranken Kind)*: Dich stelle ich mal da her *(mit dem Rücken vor die Eltern)*. So. Ja? Da gefällt es dir? Gut.

(zu den anderen Kindern): Ich glaube es ist gut, wenn ihr als Ganzes ein bißchen weiter weg rückt, den Eltern gegenüber.

Gegenwartssystem: ***3. Bild***

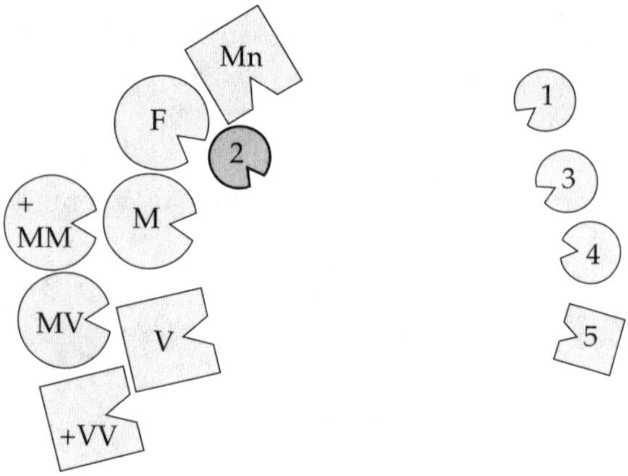

H. *(zur Frau)*: Jetzt sage der Agnes *(dem kranken Kind)* etwas. Ja? Sage ihr „Ich bleibe".

Frau: *Ich bleibe.*

H.: „Und ich freue mich, wenn du bleibst."

Frau: *Und ich freue mich, wenn du bleibst.* – Ich bleibe, und ich freue mich, wenn du bleibst.

H.: Sage es ihr noch mal.

Frau: Ich bleibe und ich freue mich, wenn du bleibst.

H.: Okay, das war's dann. Gut.

*

H. *(zur Gruppe)*: Die Mutter hat vor der Sitzung mit mir gesprochen und mir gesagt, sie wollte mal aus der Familie weg. Dann hat sie sich entschieden, zu bleiben, und kurz danach hat das Kind den Diabetes bekommen. Das wäre also hier die Dynamik. Zuerst steht die Mutter im Bann der Dynamik: „Ich folge dir nach", d.h. der Mutter ihrer Mutter nachzufolgen in den Tod. Sie entschließt sich aber zu bleiben und dann sagt das Kind: „Ich mache es an deiner Stelle; lieber gehe ich als du". Das ist die Liebe, die in den Systemen wirkt.

(zu den Eltern): Jetzt hoffen wir, daß die gute Seele, eure gute Seele, alles zum besten wendet, und der Segen der Großmutter alles zum besten wendet.

Irgendwelche Fragen dazu vielleicht?

Teilnehmerin: Ich weiß nicht, ob Sie durch das Vorgespräch genaueres über die Familie wußten, aber ich habe mich gewundert, daß sie über die Familie des Vaters nichts gefragt haben. Sie haben gesagt, das ist das weniger belastete System, und ich weiß nicht, ob Sie das durch Vorinformation haben, oder?

H.: Ja, das habe ich durch Vorinformationen. Das Paar war schon einmal bei mir in einem Kurs, und wir wollten jetzt noch einmal die Familie aufstellen, um dem Kind zu helfen.

(Fortsetzung S. 314)

*

(Die nächsten drei Kapitel beziehen sich auf eine Aufstellung, die ausgelassen wurde.)

Kinder machen Platz mit Liebe

(Video 2: 1h 21min 24")

H.: Ich erzähle euch eine Geschichte dazu.

Vor vielen Jahren kam mal ein evangelischer Pfarrer in einen Kurs und erzählte, er verstehe sich nicht mehr mit seiner Frau und habe jetzt eine Freundin.

Zwei Monate später kam seine Frau in den Kurs und sagte, sie verstehe sich nicht mehr mit ihrem Mann und habe jetzt einen Freund.

Nach zwei drei Jahren kam er wieder in einen Kurs und erzählte, er habe sich jetzt von seiner Frau getrennt und lebe bei seiner Freundin; und seine Frau mit der gemeinsamen Tochter lebe bei ihrem Freund.

Einige Jahre später kam er wieder in einen Kurs und war sehr bedrückt, denn seine Tochter war mit neun Jahren an Leukämie gestorben.

Dann haben wir sein Gegenwartssystem aufgestellt. Da stand er hier mit seiner Freundin, sie stand dort mit ihrem Freund, und das Kind stand genau in der Mitte und schaute in diese Richtung.

1. Bild *

Sobald das Kind an dem Platz stand, bekam es Panik, hat sich umgedreht, ist aus der Tür gestürmt und hat sie hinter sich zugeschlagen. Dann hat er sich umgedreht und ging mit seiner Freundin, und sie hat sich umgedreht und ging mit ihrem Freund.

2. Bild

Wir haben dann, am nächsten Tag, eine Primärsitzung gemacht, wo also jemand an ganz frühe Gefühle herankommen kann oder überhaupt an Gefühle, die ihn bedrücken. Und dann spürte der Mann eine ganz tiefe Liebe zu seiner Tochter, und er spürte zugleich, wie sehr er entlastet war, daß sie Platz gemacht hatte.

Ich habe ihn dann die Tochter anschauen lassen, sie sich vorstellen und anschauen lassen, und ihr sagen: *„Ich nehme es von dir als ein Geschenk"*. Das hat er gesagt, und er hat bitterlich dazu geweint, ganz tief geweint. Und dann war Frieden.

---

* ***Abkürzungen***:

Mn	**Mann**
F	Frau
K	Kind, Tochter
FMn	Freundin des Mannes
FF	Freund der Frau

So kann man auch in einer solchen Situation damit umgehen. Das Kind, das Platz gemacht hat, muß in den Blick kommen. Man muß es anschauen. Man muß sehen, das Kind hat alles gegeben, und die Eltern haben alles genommen. Das ist umgekehrt z.B. wie wenn eine Mutter bei der Geburt stirbt. Da gibt die Mutter alles, und das Kind bekommt alles. Ähnlich ist es im Falle einer Abtreibung. Wenn das abgetriebene Kind im Blick ist, sagen die Eltern: *Wir nehmen es von dir, was du uns gibst, daß du Platz gemacht hast; wir nehmen es mit Liebe.*

Der Schmerz, der dann über die Eltern kommt, versöhnt das Kind mit seinem Schicksal. Denn dann fließt die Liebe wieder zwischen Eltern und Kind, dann wird es gut.

Dann müssen aber die Eltern aus der Kraft, die aus der Schuld kommt, etwas tun, etwas, was Leben fördert. Das überwindet dann den Drang und das Bedürfnis nach Sühne. Soviel zu diesem Thema. Noch irgendwelche Fragen dazu?

Teilnehmerin: Wie hätte sich das in der Konstellation abgebildet, wenn das abgetriebene Kind nicht von dem Mann gewesen wäre, sondern von einem anderen Partner, und der Mann das womöglich nicht gewußt hätte?

H.: Das ist eine Frage, die ist gültig, ich beantworte sie aber jetzt nicht. Das würde jetzt stören. Aber die Frage kann später noch mal gestellt werden. Ist das so gut? Ja.

Andere Teilnehmerin: Ich würde gerne den Satz noch mehr verstehen: Ich nehme von dir, daß du für uns gegangen bist, oder für mich gegangen bist. Ich glaube, ich verstehe den noch nicht. Also, wie kann ich das von dem Kind nehmen?

H.: Die Grund-sätze dürfen nicht erklärt werden, sonst bleibt von der Fülle nur noch eine Kleinigkeit. Das darf man nicht machen. So bleibt der Satz in sich geballt.

Wie erkennt man bei einer Aufstellung, ob jemand persönlich schuldig geworden ist?

(Video 2: 1h 27min 35")

Teilnehmer: Woher wußten sie am Anfang, daß es sich dabei um persönliche Schuld handeln sollte?

H.: Wenn sich jemand so verhält, wie ihre Stellvertreterin sich verhalten hat, dann schließe ich darauf. Diese Reaktion findet man nicht bei

Identifikationen, sondern nur bei persönlicher Schuld. Ich war mir aber nicht ganz sicher und habe sie ja dann gefragt.

Es ist auch so, wenn Ehepartner sich gegenüber stehen, dann heißt das immer, die Beziehung ist zu Ende. Nach einer Abtreibung ist in der Regel die Beziehung zu Ende. Also schon die Anfangskonstellation hat nahegelegt, daß da was war. Und die Reaktion des Mannes hat gezeigt, daß es eher bei der Frau lag als bei ihm. Also, wenn man da genau hinschaut, kann man es ablesen.

Versöhnung bei schicksalhafter Schuld

(Video 2: 1h 28min 47")

Anderer Teilnehmer: Verstehe ich das richtig, daß man diesen Weg, den sie gewählt haben jetzt im Fall der Abtreibung, auch nehmen kann, wenn es sich um Schuld handelt Menschen gegenüber, die gar nicht zum System gehörten. Eine Patientin hat einem Motoradfahrer die Vorfahrt genommen, und der ist gestorben. Seitdem leidet sie. Kann man das da genauso machen?

H.: Es gibt so etwas wie schicksalhafte Schuld. Zum Beispiel hat jemand einen Verkehrsunfall und ist selber Schuld an dem Unfall. Dabei kommt der andere ums Leben, und er selbst überlebt. Die Frage ist, wie man damit umgehen kann?

Teilnehmer: Und ob der Verstorbene da miteinbezogen werden muß.

H.: Ja, aber anders, nicht auf die gleiche Weise wie bei einer Abtreibung. Doch auch in so einer Situation besteht das Bedürfnis nach Ausgleich. Also der, der überlebt, traut sich dann nicht mehr, sein Leben zu nehmen. Der ist dann z.B. sehr häufig selbstmordgefährdet, oder er bekommt eine Krankheit, oder er lebt dann ganz eingeschränkt. Er versucht also auszugleichen mit Schlimmem. Wenn er aber dem, der umkam, ins Auge schaut, kann er nicht sühnen; denn das Verkehrte und Unmögliche der Sühne würde dann plötzlich ganz deutlich. Sühnen kann man nur, wenn man dem Opfer nicht ins Auge schaut.

Das war auch hier deutlich. Sobald sie auf das Kind geschaut hat, konnte sie nicht sühnen in diesem Sinn. Dann läuft was anderes ab. Dann kommt es zum Ausgleich auf einer höheren Ebene.

Eine solche schicksalhafte Schuld kann niemals getilgt werden. So jemand trägt das ein ganzes Leben lang, daß er überlebt, wo ein anderer durch seine Schuld umkam. Wenn er jetzt aber dazu steht, daß er es so sein ganzes Leben lang trägt, hat er eine Kraft, die er nie gehabt hätte sonst. Und wenn er mit dieser Kraft etwas tut, etwas Besonderes tut, im Angesicht dessen, der umkam, dann wirkt das versöhnend auf das Opfer zurück. Dann kann es mit seinem Schicksal eher versöhnt sein, als wenn der andere sühnt zum Beispiel. Man muß also die Toten im Blick haben.

Ilse:

Nahrungsmittel-Unverträglichkeit, Neurodermitis und Schwäche (Die Gegenwartsfamilie)

(Video 2: 1h 31min 45")

Die Dynamik: *Ilses Mann war verlobt und hatte mit einer anderen Frau vor der Ehe ein Kind. Ilse traut sich nicht, den Mann zu behalten.*
Die Aufstellung wurde unterbrochen.

H. *(zu Ilse)*: Was ist bei dir?

Ilse: Ich habe Nahrungsmittel-Unverträglichkeiten und Neurodermitis, und das hat sich, seit ich selber Kinder habe, verstärkt, so daß ich immer wieder zusammenklappe und es einfach nicht schaffe, meine Kinder selber zu betreuen und den Haushalt zu machen.

H.: Okay, ich mache mit dir weiter. Komm hierher. – Bist du verheiratet?

Ilse: Ja.

H.: Wie viele Kinder?

Ilse: Zwei.

H.: Ist irgend etwas Besonderes in deiner Ursprungsfamilie?

Ilse: Meine Eltern sind geschieden, also getrennt wie ich sechs war. Dann wußte ich das aber noch nicht. Also mit neun waren sie geschieden, ich habe das aber erst mit dreizehn erfahren.

H.: Wo hast denn du gelebt?

Ilse: Wir sind aus Deutschland in die Schweiz gezogen, und mein Vater ist eigentlich nur so provisorisch mitgekommen, weil er in Deutschland beruflich tätig war. Und dann hieß es einfach: Papa arbeitet in Deutschland und kann nicht bei uns wohnen.

H.: Wieso haben sich die Eltern denn getrennt.

Ilse: Eine andere Frau hatte er.

H.: Wir stellen jetzt erstmal dein Gegenwartssystem auf. War jemand vorher in fester Bindung, du oder dein Mann?

Ilse: Mein Mann war ganz jung mal verlobt und hat vor zehn Jahren, also etwa drei Jahre vor unserer Beziehung mit einer anderen Frau ein Kind gehabt. Also nicht in einer festen Beziehung, sondern aus einer Begegnung heraus.

H.: Lebt das Kind?

Ilse: Ja, das lebt.

H.: Bei wem?

Ilse: Das Kind lebt bei seiner Mutter mit den Geschwistern seiner Mutter und deren Mann. Sie ist inzwischen geschieden, aber sie war damals in einer festen Ehe.

H.: Also, das Kind ist dann in die Ehe mit hineingenommen worden?

Ilse: In die Ehe reingenommen worden, ja.

H.: Kompliziert die ganze Sache. – Okay, jetzt fangen wir mal an mit deinem Mann, dir, den beiden Kindern. Wie alt ist das erste Kind?

Ilse: Sechs Jahre.

H.: Das zweite Kind ist wie alt?

Ilse: Sie wird vier bald.

H.: Okay, stelle erstmal das auf.

(als Ilse den Sohn erst ganz nah seinem Vater frontal gegenüber stellt): Der arme Junge.

(Ilse stellt dann den Sohn etwas zur Seite)

H. *(zu Ilse)*: Setze dich so, daß du es gut sehen kannst.

Ilse: 1. Bild *

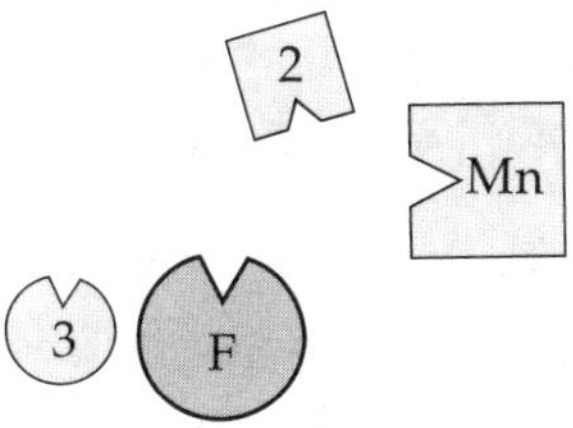

Wie geht es dem Mann?

[Mn]: Also, ich sehe meine Kinder, aber ich habe nicht die richtige Verbindung. Also die Wärme, die habe ich nicht, weil sie mich nicht anschauen. Ich kann sie nicht direkt sehen. Sie schauen mir nicht in die Augen.

H.: Wie geht es der Frau?

(F): Ich spüre meine Tochter und da auch Wärme, aber meinen Mann eigentlich gar nicht, und sehe meinen Sohn. Ich fühle mich irgendwo verloren.

H.: Wie geht es dem Sohn?

[2]: Ich spüre eine starke innere Unruhe, schaue hier zwischendurch ins Leere und bin froh, daß ich ein bißchen vom Vater weggekommen bin.

H.: Und wie geht es der Tochter?

(3): Also ich bin nah an der Mutter. Zu den anderen habe ich keine Verbindung. Ich glaube, ich würde umkippen, wenn die Mutter nicht so dicht wäre.

H. *(zu Ilse)*: Warst du früher in einer festen Bindung?

---

* *Abkürzungen*:

Mn	Mann
F	**Frau**
FVMn	Frühere Verlobte des Mannes
M1Mn	Mutter des ersten Kindes des Mannes, Sohn
MnM1	Mann der Mutter des ersten Kindes, inzwischen geschieden
1	Erstes Kind von Mn und M1Mn, Sohn
2	Zweites Kind, erstes von Mn und F, Sohn
3	Drittes Kind, zweites von Mn und F, Tochter
(1)	Erstes Kind von M1Mn und MnM1, Tochter
(2)	Zweites Kind von M1Mn und MnM1, Sohn

Ilse: Nein.

H.: Wieso hast du den Mann geheiratet?

Ilse: Ich habe mich verbunden gefühlt, also Schicksal.

H.: Und du hast gewußt, daß er ein Kind hat?

Ilse: Das hat er mir dann erzählt während unserer Beziehung. In der Zeit, wie das passierte mit der Frau, hatte ich mich verliebt in ihn. Das ging ganz parallel in der Zeit.

H.: Den kannst du natürlich nicht halten.

Ilse: Ich kann ihn nicht halten?

H.: Nein, den kannst du nicht halten. Der war gar nicht zur Verfügung. So einen Mann kann man nicht heiraten.

Ilse: Wobei er sagt, er sei von der Frau geholt worden.

(Lachen in der Gruppe)

Die Frau wollte aus der Ehe ausbrechen.

H.: Das ist die billige Ausrede. Das siehst du aus der Reaktion der Gruppe. – Okay, ich brauche jetzt also erst einmal seine Verlobte.

Ilse: Die Verlobte oder die, mit der er das Kind hat?

H.: Erst die Verlobte.

(Ilse stellt die Verlobte dazu)

Ilse: 2. Bild

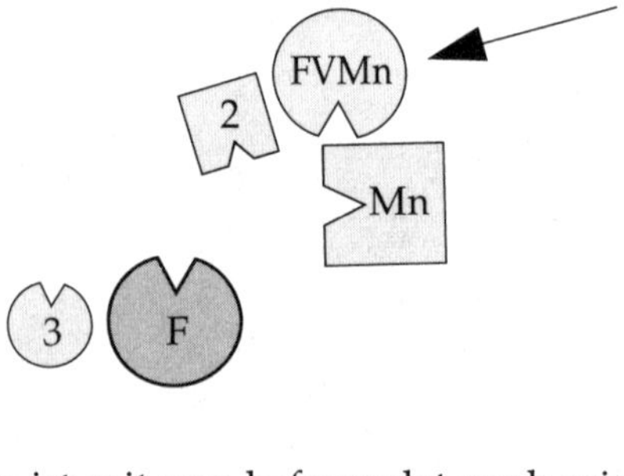

Ilse: Die Verlobte ist mit uns befreundet nach wie vor und hat zu meinem Sohn auch eine gute Beziehung.

H.: Um Gottes willen. Wieso ist die Verlobung auseinandergegangen?

Ilse: Also, sie hat inzwischen selbst lange Familie und ein Kind, aber warum es damals auseinandergegangen ist, weiß ich nicht.

H.: Okay, setzte dich wieder.

Wie geht es dem Mann jetzt?

[Mn]: Unruhig, aber ein bißchen Wärme.

H.: Wie geht es dem Sohn jetzt?

[2]: Ein bißchen hat sich die Beunruhigung gelegt. Ich merke so ein bißchen zittrige Beine. Es ist ein klein bißchen besser geworden.

H.: Wie geht es der Frau?

(F): Zittrig, feuchte Hände und sofort der Impuls zurückzugehen.

H.: Genau. Die Frau kann den niemals haben, wenn sie den auf Kosten von der hat. Den behält die nie.

Wie geht es der Tochter?

(3): Mir ist ein bißchen übel geworden, als sie hereinkam, aber insgesamt ist es alles wärmer.

H.: Wie geht es der früheren Verlobten?

(FVMn): Ich fühle mich ganz zittrig und brauche eigentlich den Sohn, daß ich nicht umfalle. Also ich merke, daß ich mich da anlehne.

H.: Das ist schon eine merkwürdige Familie.

(zu Ilse): Jetzt brauchen wir noch die andere Frau *(M1Mn)* und das Kind *[1]*. Ist das Kind ein Sohn oder eine Tochter?

Ilse: Ein Sohn.

(Ilse wählt Stellvertreter für diesen Sohn und seine Mutter)

H.: Und ihren Mann brauchen wir auch.

Ilse: Den Mann der Frau? Die sind geschieden inzwischen.

H.: Wir brauchen ihn auch. Ihr Mann ist der, der bezahlt hat.

Ilse: Welcher?

H.: Ihr Mann hat bezahlt.

(als Ilse diese Frau aufstellt, lachen diese und der Mann von Ilse sich an)

H.: Wir sehen alles, wir brauchen gar nicht zu fragen.

Ilse: Und noch den Mann?

H.: Und den Mann.

(zur Gruppe): Dieser Mann *[MnM1]* wird von ihrem Sohn *[2]* vertreten. Die Anfangskonstellation, wie er da stand *(frontal zum Vater)* war ganz genau die Konstellation wie dieser Mann sich dem anderen gegenüber fühlen muß: böse.

Ilse: 3. Bild

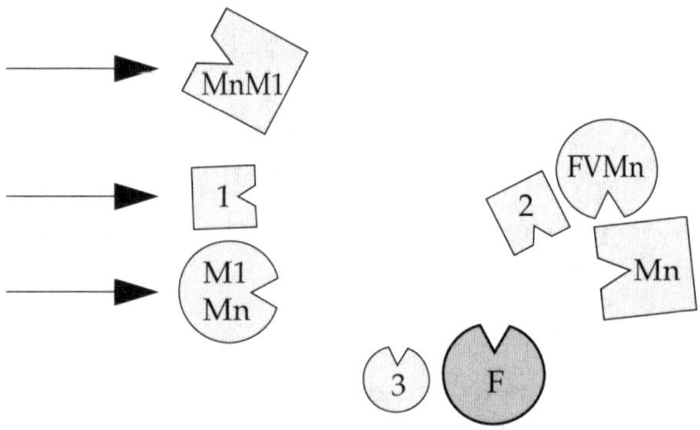

(zu Ilse): Setz dich.

Wie geht es dem Mann [*MnM1*]?

[MnM1]: Ich bin der große Verlierer hier.

H.: Genau. Deswegen wird er am ehesten vertreten, weil er am meisten bezahlen mußte.

(zur Mutter des ersten Kindes des Mannes): Wie geht es der Frau?

(M1Mn): Ich habe nur ihn gesehen *(den Mann gegenüber),* als ich hierher gestellt wurde *(lacht).* Eine ganz starke Bindung.

H.: Wie geht es ihrem Sohn?

[1]: Ich gehöre zur Mutter, und den *(den Mann der Mutter)* mag ich nicht.

H.: Genau.

(zur Gruppe): Ich will was sagen über solche Situationen. Wenn ein Mann in einer Ehe – das gleiche gilt für eine Frau – mit einer anderen ein Kind hat, dann muß er aus der Ehe hinaus. Die neue Verbindung

hat dann immer Vorrang vor der alten. Ich stelle das jetzt mal auf, wie die Lösung wäre nach systemischen Gesichtspunkten.

Ilse: 4. Bild

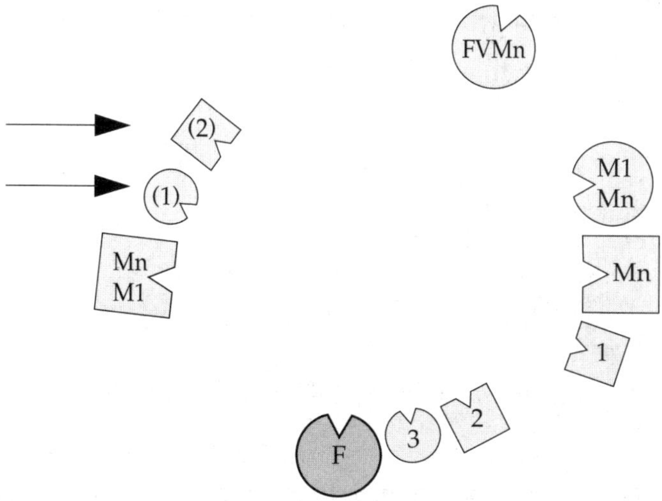

H.: Wie ist das bei der Frau *(M1Mn)*?

(M1Mn): Gut. Sehr gut

[Mn]: Ja, ich kann auch wieder atmen. Ich fühle mich nicht mehr so mächtig, aber mir geht es gut.

[1]: Übersichtlich.

[2]: Ich fühle mich deutlich entspannt, und es tut gut, ihn *[MnM1]* zu sehen.

H. *(zur Gruppe)*: Hier sieht man die Identifizierung. Ihm geht es gut, weil das jetzt in Ordnung ist. Jetzt kann er hier stehen bleiben und braucht sich nicht mit dem Vater zu konfrontieren.

(3): Es ist deutlich besser. Ich habe das Gefühl, wir sollten uns umdrehen.

(F): Ja, auch viel besser. Sofort entspannt, und ich konnte aufatmen. Die Tochter muß sich nicht mehr an mich anlehnen, die kann selbst stehen. Und ich finde den Platz gut, ich möchte nicht dahin *(auf die andere Seite der Kinder)*.

H.: Also mit dem Umdrehen, da bin ich mir nicht sicher. Vor allem er *[2]*, will seinen Bruder *[1]* sehen. Er würde sich nicht weg drehen.

(zu Ilse): Okay, willst du dich mal an deinen Platz stellen.

Ilse: Meine linke Seite wird schwindlig, und hier rüber... *(sie fährt sich über die Stirn).*

H.: Hast du einen Freund?

Ilse: Nein.

H.: Solltest du haben.

(Lachen in der Gruppe)

H. *(zu einem Teilnehmer)*: Komme mal hierher.

(H. stellt ihn links neben Ilse)

Ilse: Jetzt geht der Schwindel in die rechte Seite.

(Lachen in der Gruppe)

H.: Okay, ich unterbreche es hier. Ich glaube, wir haben die Dynamik gesehen. Das war's dann.

*

Irgendwelche Fragen zu dieser Aufstellung, bevor wir zur Pause gehen?

Teilnehmerin: Die Kinder von ihr sind doch gezeugt worden, nachdem das außereheliche Kind gezeugt wurde, oder? Und trotzdem hat die alte Verbindung Vorrang.

H.: Ich habe schon geahnt, daß einer diesen Fehler an Logik bemerkt da drin. – Wie immer, so stimmt's.

(Lachen in der Gruppe)

Es hat hier was mit der Schuld zu tun. Die Frau hat sich angemaßt, die bessere zu sein, verglichen zu den anderen. Das geht immer schief.

Die Stellvertreterin der Tochter der Frau: Ich weiß nicht, ob das von Bedeutung ist, ich habe mich nicht wohl gefühlt am Schluß. Es ist vielleicht wichtig, daß ich das sage. Ich habe den Vater entbehrt.

H.: Du vertrittst die frühere Verlobte da drin. Drum wolltest du dich auch umdrehen.

*

H. *(nach der Pause)*: Noch irgendwelche Fragen zu vorhin?

Teilnehmer: Ich habe mir überlegt, wenn die Frau sich jetzt einen Freund nimmt, wissen dann die Kinder überhaupt noch, wo sie hingehören?

H.: Ich habe beobachtet, wie sich die Kinder verhalten haben, als ich den Freund dazu gestellt habe. Hast du das auch gesehen? – Der Sohn, auf jeden Fall, war erleichtert.

Vaterschaftstest

(Video 2: 1h 52min 20")

Anderer Teilnehmer: Was machst du in den Fällen, in denen die Vaterschaft unklar ist?

H.: Da muß auf jeden Fall ein Vaterschaftstest her. Auf jeden Fall. Das muß gemacht werden. Ohne das, bevor das nicht ganz klar ist, mache ich überhaupt nichts, damit keiner Phantasie Raum gegeben wird. Man kann aber oft bei einer Aufstellung herausfinden, wer der Vater ist. Wenn so jemand seine Familie aufstellt, sieht man auf einmal, wer der Vater ist. Dennoch muß man es durch einen Vaterschaftstest überprüfen.

Da war mal jemand in einer Gruppe, der sagte: die Mutter hatte noch einen Freund. Dann habe ich das System aufstellen lassen. Plötzlich stand auf der einen Seite der Mann der Mutter mit den Kindern, und auf der anderen standen seine Mutter mit dem Freund und er. Da war ganz klar, wer der Vater ist. Ich habe ich ihm dann gesagt, er solle seine Mutter anrufen und fragen. Das hat er gemacht. Sie sagte, sie kann es ihm nicht sagen: sie hatte mit beiden Männern am gleichen Tag geschlafen. Beide waren schon tot, daher konnte er auch keinen Vaterschaftstest machen. Aber von der Aufstellung war ganz klar, wer sein Vater war.

*Bild**

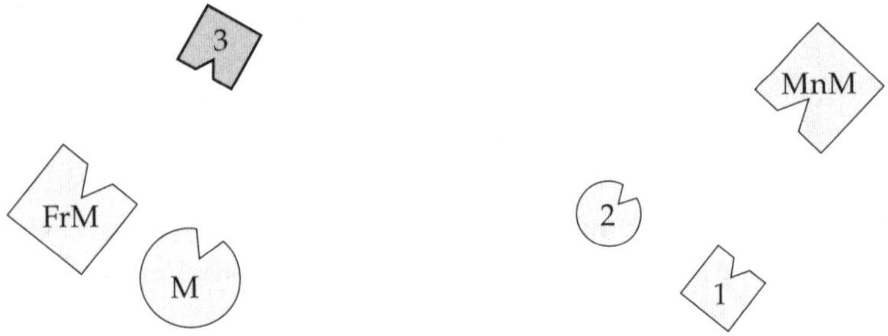

Wann beginnt man mit dem Gegenwartssystem und wann mit der Ursprungsfamilie?

(Video 2: 1h 53min 30")

Teilnehmer: Einmal beginnst du mit dem Gegenwartssystem und ein andermal mit der Ursprungsfamilie. Wie fühlst du, wo was richtig ist?

H.: In der Regel beginne ich mit dem Gegenwartssystem. Wenn im Gegenwartssystem deutlich wird, daß einer der Eltern verstrickt ist, dann nehme ich aus dem Ursprungssystem diese Personen mit hinein, und dann habe ich beides auf einmal.

Wenn aber, so wie heute morgen bei der ersten Aufstellung, klar ist, daß erst geklärt werden muß, was in der Ursprungsfamilie der Frau ist, dann nehme ich gleich das Ursprungssystem und nachher erst das Gegenwartssystem. Aber in der Regel fange ich mit dem Gegenwartssystem an. Es geht ja von der Psychotherapie oft der Impuls aus, daß man erst einmal nachschaut, was in der Vergangenheit war. Dann wird das leicht zur Ausrede, daß man nicht gleich der Gegenwart ins Auge schaut.

Ich fange meist beim Nahen an, und erst wenn das nicht genügt, gehe ich weiter zurück.

---

* *Abkürzungen*:

MnM	Mann der Mutter	1	Erstes Kind, Sohn
M	Mutter	2	Zweites Kind, Tochter
FrM	Freund der Mutter	**3**	**Drittes Kind, Sohn**

Künstliche Befruchtung mit Fremdsamen

(Video 2: 1h 54min 44")

Anderer Teilnehmer: Ich hätte noch zwei Fragen, wenn die Zeit reicht dazu. Zunächst einmal zu der Vaterschaft. Wie ist es bei Insemination, wenn der Ehemann unfruchtbar ist und jetzt das künstlich von Fremdsamen gemacht wird?

H.: Dann ist immer alles verspielt, für alle Beteiligten.

Teilnehmer: Also soll man da abraten?

H.: Auf jeden Fall.

Pflegekinder müssen ihre leiblichen Eltern kennenlernen

(Video 2: 1h 55min 11")

Der gleiche Teilnehmer: Wie notwendig ist es, daß man die realen Eltern aufsucht, wenn die noch leben, aber für den Betreffenden bisher unbekannt waren. Ich habe einen Patienten, der wurde direkt nach der Geburt von einer Pflegefamilie aufgenommen und kennt seine leiblichen Eltern nicht. Die leben aber noch. Ich frage mich, sollte der die nicht kennenlernen, oder reicht es, das im System aufzustellen, um das zu lösen für den?

H.: Die eigenen Eltern sind durch nichts zu ersetzen. Ein Kind muß immer seine eigenen Eltern kennenlernen dürfen, und Pflegeeltern haben die Pflicht, den Weg dazu zu bereiten. Alles andere ist ein großes Unrecht am Kind.

Teilnehmer: Aber der Patient will es selber nicht sonderlich. Er würde das nur machen, wenn …

H.: Der Patient kann es nicht machen, weil er von den Pflegeeltern abhängig ist. Das müssen die wohlwollend in die Wege leiten, sonst wagt er nicht, das zu tun. Da bleibt er in seiner Seele ein Kind. Das gleiche gilt natürlich für Adoptiveltern. Es ist eine große Entlastung, wenn das Kind seine wirklichen Eltern kennenlernen darf, wie immer sie sind. Denn wie immer sie sind, sind es die richtigen. Bessere gibt es nicht.

Familienaufstellungen mit den wirklichen Kindern

(Video 2: 1h 56min 35")

Teilnehmerin: Du hast bei der Familie mit dem kleinen Kind, das kleine Kind mitgenommen *(in die Aufstellung)*. Ist das ein besonderer Fall?

H.: Es war ein besonderer Fall. Es hat sich so ergeben. Es war nicht geplant, aber es war ganz klar, wenn das Kind bei der Aufstellung mit dabei ist, dann gehört es mit hineingenommen. Schöner kann es nicht sein. Aber ich würde das nicht planen, daß man so was macht. Das Richtige fügt sich meistens, ohne daß man es plant. Es war rein zufällig, doch das nenne ich Fügung.

Die Frau soll dem Mann folgen

(Video 2: 1h 57min 25")

Teilnehmer: Du hast im Buch „Zweierlei Glück" gesagt: die Frau folge dem Mann nach. Wie kamst du da drauf, und wenn das umgekehrt ist, daß der Mann der Frau nachfolgt, warum soll das schlechte Konstellationen ergeben?

H.: Ich rate, hinzuschauen, was im einen Fall passiert und was im anderen Fall passiert. Dann sieht man, was los ist.

Okay, ich fange jetzt wieder an zu arbeiten. Nicht so viele Fragen.

Grete (3): (Forts. v. S. 42)

Neurodermitis (zweiter Versuch, die Herkunftsfamilie zu stellen)

(Video 2: 1h 58min 00")

Die Dynamik: *Die Mutter will ihrem verstorbenen Bruder nachfolgen. Grete ist entweder mit ihm identifiziert und sagt zu ihm: „Ich folge dir nach." Oder sie sagt der Mutter „Lieber ich als du."*
Die vorgeschlagene Lösung: *Grete sagt ihrer Mutter: „Auch wenn du gehst, ich bleibe." und „Du hast mir sehr gefehlt." und „Das hättest du nicht tun dürfen." Es gab aber keine Lösung.*

H.: Wer wollte noch arbeiten hier?

(Grete hebt die Hand)

H.: Ah ja, von gestern? Bist du heute parat? – Ich mache mit dir weiter. Also deine Ursprungsfamilie war das, oder?

Grete: Ja.

H.: Bist du auch verheiratet?

Grete: Nein.

H.: Okay, gut.

(Grete wählt die Stellvertreter aus)

H.: Du bist das älteste Kind?

Grete: Ja.

H.: War jemand von den Eltern vorher in fester Bindung?

Grete: Ich glaube nicht. Nein, ich weiß es nicht.

H.: Okay, stell mal auf jetzt.

Grete: Ich habe noch eine Halbschwester und eine Stiefmutter.

H.: Wie war das noch mal gewesen?

Grete: Mein Mutter ist sehr früh gestorben, dann hat mein Vater noch mal geheiratet.

H.: An was ist die Mutter gestorben?

Grete: An Brustkrebs.

H.: Wie alt?

Grete: Mit vierzig.

H.: Wie alt warst du damals?

Grete: Fünfzehn.

H.: Okay, nimm noch die zweite Frau und?

Grete: Eine Halbschwester.

H.: Okay, stell die noch auf. – Mache es langsam und gesammelt, so wie du es im Augenblick wahrnimmst, daß es stimmt.

Grete: 1. Bild *

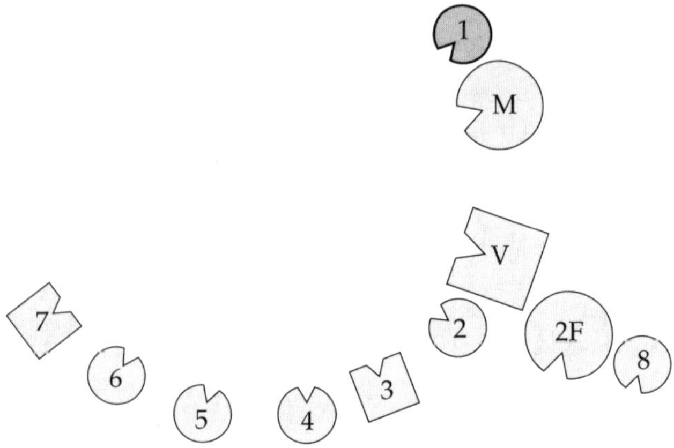

H.: Okay, setze dich so, daß du es sehen kannst.

Wie geht es dem Vater?

[V]: Gut. Ich bin ein stolzer Vater von sechs Kindern, und mit den anderen habe ich fast nichts zu tun. Mit der zweiten Frau und dem letzten Kind gar nichts, mit der ersten Frau und mit der ältesten Tochter fast nichts.

H.: Wie geht es der Mutter?

(M): Seit ich jetzt da stehe und die Kinder sehe, geht es mir etwas besser. Erst wollte ich hier zur Tür hinausgehen. Es geht mir sehr schlecht. Ich habe Druck auf dem Herzen. Hier, bei der ältesten Tochter, ist ein bißchen Stütze.

(die älteste Tochter beginnt zu zittern und zu schluchzen)

H. *(zur Gruppe)*: Man kann die jetzt nicht hier lassen. Merkt ihr das? Ich muß sie sofort herausnehmen und neben den Vater stellen.

(H. stellt sie rechts neben den Vater)

---

* *Abkürzungen*:

V	Vater
M	Mutter
1	**Erstes Kind, Tochter**
2	Zweites Kind, Tochter
3	Drittes Kind, Sohn
4	Viertes Kind, Tochter
5	Fünftes Kind, Tochter
6	Sechstes Kind, Tochter
7	Siebtes Kind, Sohn
2F	Zweite Frau des Vaters
8	Achtes Kind, Tochter von der zweiten Frau
VV	Vater des Vaters
+BM	Bruder der Mutter, mit dreizehn tödlich verunglückt

Grete: 2. Bild

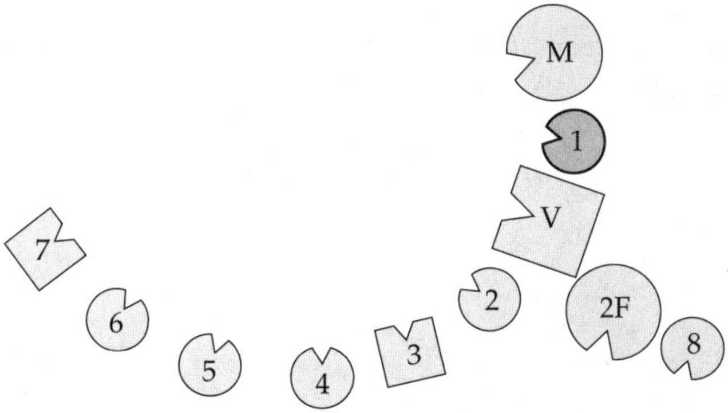

(zum Vater): Halte sie fest.

(zur Mutter): Noch mal, wie geht es der Mutter?

(M): Schlecht. Aber seit ich die Kinder vor mir habe, geht es mir besser. Vorher war es viel schlimmer. Da wäre ich am liebsten gegangen.

H. *(zu Grete)*: Da muß was Besonderes gewesen sein in der Ursprungsfamilie deiner Mutter. Was war da?

Grete: Da ist ihr Bruder mit dreizehn tödlich verunglückt.

H.: Ist sonst noch was passiert?

Grete: Der ist vom Baum gefallen. Ich weiß nicht, ob das bedeutsam ist.

H.: Das ist bedeutsam. Ist sonst was passiert.

Grete: Eine ihrer Schwestern hat einen Spieler geheiratet. Ich weiß nicht, ob das wichtig ist.

H.: Nein, das ist nicht wichtig. – Ist bei ihren Eltern etwas gewesen?

Grete: Die Mutter meiner Mutter ist auch an Krebs gestorben.

H.: Wie alt?

Grete: Ich glaube, sie war so fünfzig.

H.: War jemand von ihren Eltern vorher verheiratet?

Grete: Der Großvater hat noch mal geheiratet, seine Schwägerin.

(H. stellt den Bruder der Mutter rechts neben sie und neben ihn die Mutter der Mutter. Als er sieht, daß diese nicht notwendig ist, schickt er sie wieder zurück.)

Grete: 3. Bild

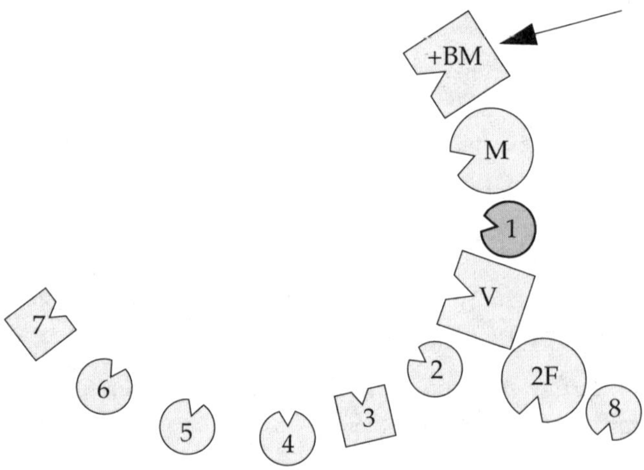

H. *(zur Mutter)*: Wie ist das.

(M): Mir läuft ein Schauer über den Rücken seit er da steht.

H. *(zur ältesten Tochter)*: Ist bei dir was verändert, seitdem er da ist?

(1): Nein. Nein, noch nicht.

H. *(zum Bruder der Mutter)*: Wie geht es denn dir?

[+BM]: Ich bin noch neu. Ich muß mich erst zurechtfinden. Ich bin froh, daß ich für meine Schwester gut bin, also daß es gut ist, daß ich da bin.

(H. stellt den Bruder der Mutter abgewandt weiter weg und die Mutter hinter ihn)

Grete: 4. Bild

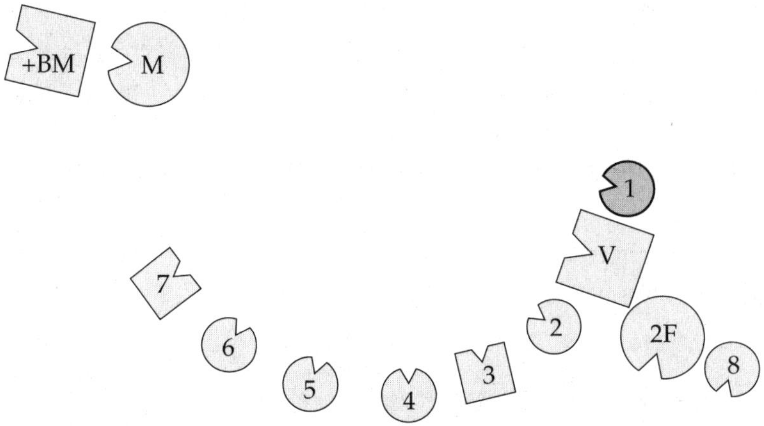

H. *(zur Mutter)*: Wie ist das.

(M): Es ist gut *(sie seufzt erleichtert).*

H.: Ja, „Ich folge dir nach". – Meine Vermutung ist, daß die älteste Tochter mit dem verstorbenen Bruder der Mutter identifiziert ist.

(zur ältesten Tochter): Du mußt auf die andere Seite vom Vater. Auf die andere Seite.

Grete: 5. Bild

H.: Wie ist das jetzt?

(1): Da geht es mir besser, aber ich bin noch sehr zittrig. Mein Herz klopft nicht mehr so stark wie vorhin, aber auch noch stark.

(2): Ich habe mich erst ganz wohl gefühlt an der Seite des Vaters. Dann, als die älteste Schwester so gelitten hat, war mir ganz heiß; ich habe mitgelitten. Und jetzt, so ganz wohl fühle ich mich hier nicht.

[3]: Mir geht es besser seit die älteste Schwester da neben dem Vater ist, aber mir fehlt die Mutter.

(4): Unverändert, vorher und nachher ganz ruhig.

(5): Ich auch.

(6): Ich auch.

[7]: Ich war die ganze Zeit fixiert auf die älteste Schwester. Als sie da drüben stand, war ich sehr bewegt. Sonst interessierte mich niemand. Als dann der Bruder der Mutter noch dazu kam und wie die älteste Schwester dann vom Vater in den Arm genommen wurde, hat mich das sehr interessiert; ich war erleichtert. Und jetzt eben war ich sehr erleichtert, als sie da links neben dem Vater stand. Und ich merkte, ich gucke immer so rüber zur Mutter.

H. *(zur Gruppe)*: Normalerweise müßte ein Sohn den Bruder der Mutter vertreten, vielleicht der jüngste, weil die Söhne aber erst später geboren wurden, war vorher niemand da, den zu vertreten, und so hat es die Älteste gemacht. Eine gute Lösung ist das nicht.

Wie geht es denn der zweiten Frau?

(2F): Ich fühle mich dem System nicht zugehörig. Es ist mir auch zu kompliziert. Ich will eigentlich auch nichts damit zu tun haben. Ich bin froh, daß meine Tochter neben mir ist.

(8): Ich fühle mich auch nur durch die Mutter damit verbunden, aber seitdem die älteste Halbschwester da links neben dem Vater steht, ist es sehr beklemmend hier.

H.: Okay, jetzt stelle ich mal anders auf.

Grete: 6. Bild

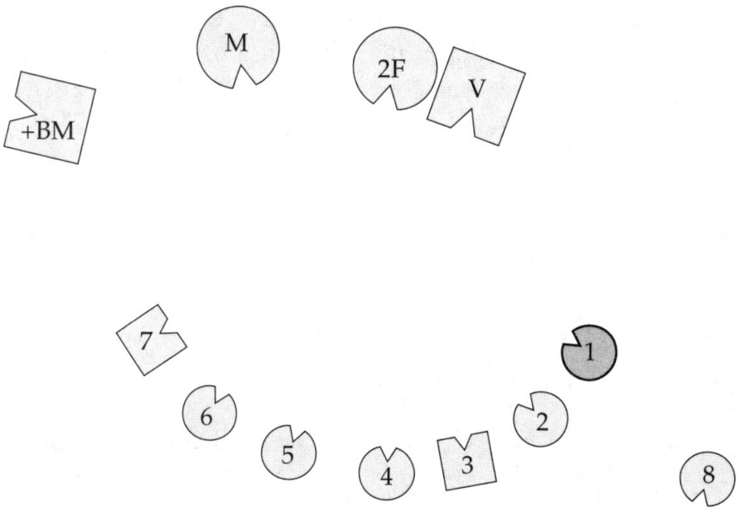

H. *(zur zweiten Frau)*: Wie ist das?

(2F): Das ist mir zu dicht.

[V]: Ein bißchen eng. Sonst ist es gut.

(M): Ich habe durchgeatmet jetzt an dem Platz. Da geht es mir besser.

H.: Und als die andere Frau kam?

(M): Das war für mich okay.

H. *(zur Gruppe)*: Die übernimmt ja die Verantwortung von ihr für die Kinder.

(zu Grete): Wie lange hat die gesorgt für euch?

Grete: Die Stiefmutter? Die ganze Zeit eigentlich. Mein Vater ist ja auch früh gestorben.

H.: Wie alt warst du als er starb?

Grete: Ich war dreiundzwanzig. Ich war nicht mehr zu Hause, aber meine anderen Geschwister. Die hat auch Vormundschaft übernommen später. – Ich möchte noch was zu meinem Vater sagen. Mein Vater war Alkoholiker, sehr schlimm eigentlich. Er hatte auch Krebs.

H.: Was war in seiner Familie?

Grete: Er hat einen kleinen Bruder früh verloren, nach der Geburt bald, und dann ist vielleicht noch bedeutsam, sein Vater hatte nach dem Krieg Berufsverbot als Richter. Ich weiß nicht, ob da auch in der Nazizeit irgendwas war?

H.: Ja bestimmt. Sonst hätte er ja keines bekommen.

Grete: Ich habe das so gehört. Bei uns wird nicht viel geredet über solche Sachen.

H.: Das sind doch jetzt bedeutsame Informationen.

Grete: Also Amtsrichter, nicht so Hohes.

H. *(zeigt auf die zweite Frau)*: Die Frau ist nicht gewürdigt.

Grete: Die zweite?

H.: Ja.

Grete: Ja.

H.: Dieser Bruder von deinem Vater, war der jünger oder älter?

Grete: Jünger. Ach so, da ist noch ein Bruder von meinem Vater. Der hat sich das Leben genommen.

H.: Da kommt immer mehr heraus.

Grete: Ja, und die anderen sind gestorben, alle fünf schon.

H.: Der sich das Leben genommen hat, wie alt war der?

Grete: Mit vierzig glaube ich.

H. *(zum Vater)*: Ist bei dir jetzt etwas verändert?

[V]: Ein Gefühl von Traurigkeit und Zugehörigkeit zu den Kindern, auch zur Frau.

(H. stellt die zweite Frau links vom Mann)

Grete: 7. Bild

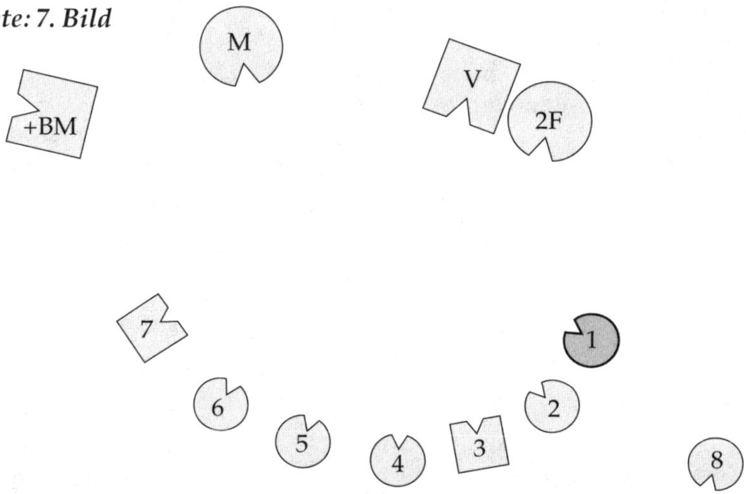

(2F): Es ist besser, aber ich empfinde die Kinder als Front.

H.: Sind sie auch. Die sind alle ihrer Mutter treu und sind gegen die Stiefmutter. Das ist schwer, für so eine Frau ist das sehr schwer.

Grete: Das ist auch so in der Realität.

(M): Für mich war besser, wenn die Frau links steht. Ich habe dann noch mehr Raum jetzt.

(H. stellt den Bruder der Mutter erst links neben sie und etwas zurück, dann direkt neben sie)

Grete: 8. Bild

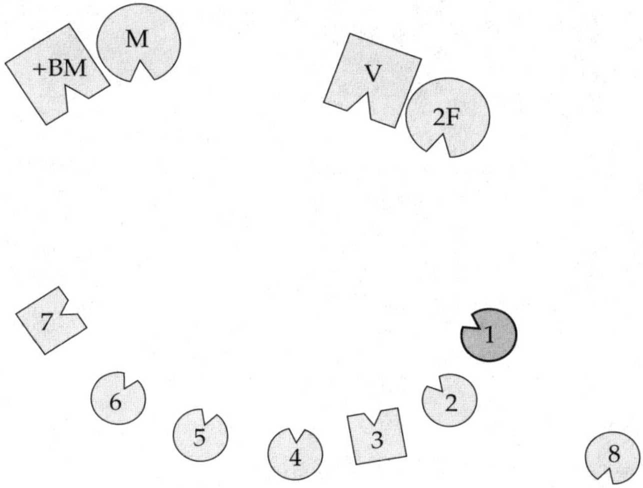

H. *(zur Mutter, als der Bruder etwas weiter zurück links neben ihr steht)*: Wie ist das?

(M): Da friert es mich sofort wieder.

H.: Wenn er neben dir steht. – Und wenn er ganz nah steht?

(M): Es ist sehr viel Bewegung. Ich weiß nicht genau, wie ich es ausdrücken soll. Es ist Wärme auch...*(seufzt)*. Schnaufen kann ich auch.

H.: Die Mutter will raus. Die Kinder müssen auf sie verzichten.

(H. wendet den Bruder der Mutter wieder ab und stellt die Mutter hinter ihn. Dann stellt er den Vater des Vaters hinter den Vater.)

Grete: 9. Bild

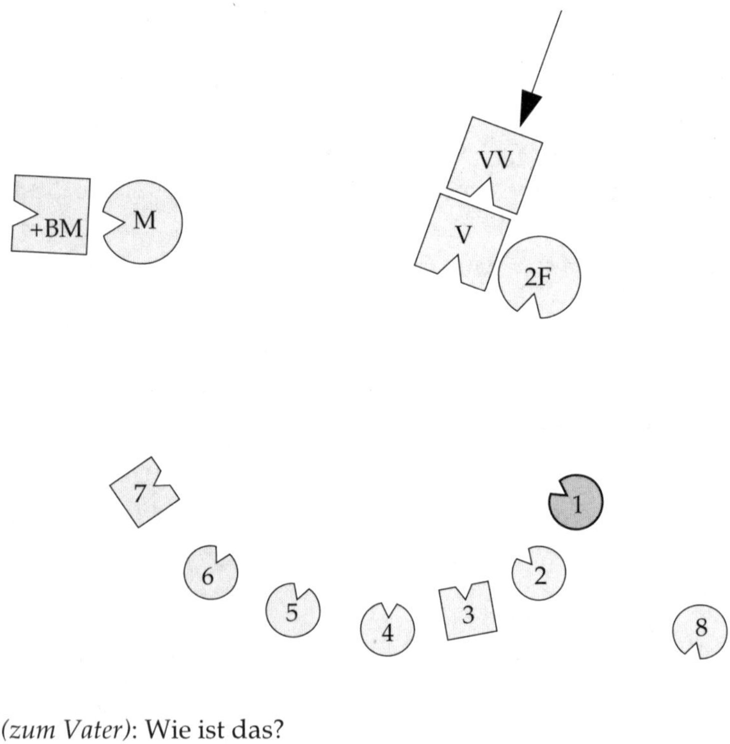

H. *(zum Vater)*: Wie ist das?

[V]: Es ist angenehm.

H. (*zur ältesten Tochter)*: Wie geht es dir jetzt?

(1): Es geht mir besser, wenn die Mutter weg ist.

(2): Mir geht es so gut.

{3]: Ja, es ist in Ordnung für mich.

(4): Ich habe Eltern, und ich habe aber auch eine gute Beziehung zu dieser Stiefmutter.

(5): Ich bin so ein bißchen teilnahmslos, aber es ist so in Ordnung.

(6): Etwas teilnahmslos, aber auch traurig, daß die Mutter umgedreht ist.

[7]: Ich habe Interesse an meinen Geschwistern gekriegt und finde es so vollständiger.

H.: Jetzt müssen wir die Halbschwester noch hierher stellen, an die letzte Stelle.

Grete: 10. Bild

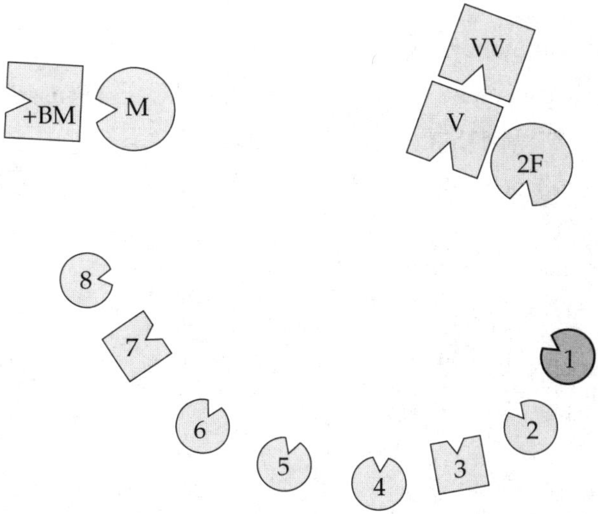

H. *(zur Halbschwester)*: Wie geht es dir da?

(8): Hier geht es mir gut.

H. *(zu Grete)*: Okay, stelle dich mal an deinen Platz.

Grete: Mir gefällt das nicht, diese beiden da *(der Bruder der Mutter und die Mutter).*

(H. stellt sie hinter die Mutter)

Grete: 11. Bild

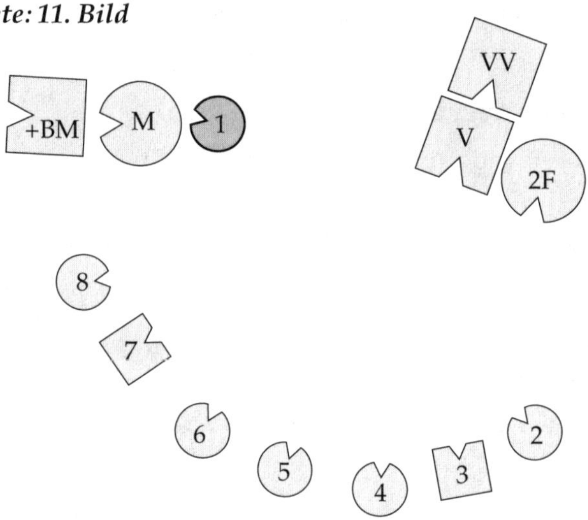

H.: Wie ist das?

Grete: Gefällt mir auch nicht.

H.: Jetzt kannst du von zwei schlechten Sachen das Beste aussuchen.

Grete: Da hat es mir dahinten besser gefallen.

H.: Okay, geh wieder dahin.

Grete: 12. Bild

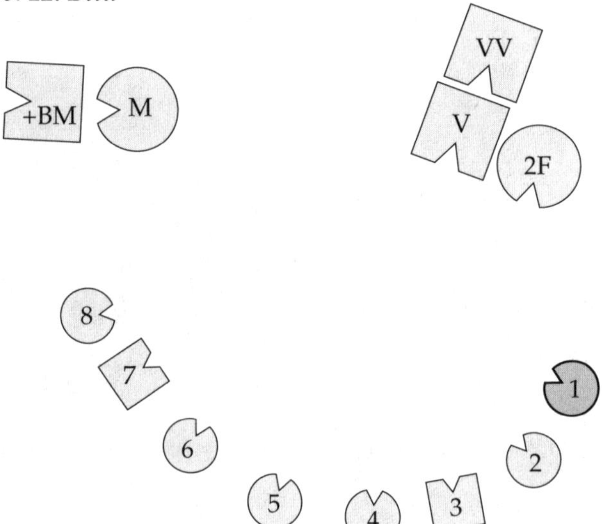

H. *(zu Grete)*: Jetzt sage deiner Mutter einen Satz, den sage ich dir vor. Der Satz würde lauten: „Auch wenn du gehst, ich bleibe".

Grete: *Auch wenn du gehst, ich bleibe.*

H.: Wie ist das?

Grete: Gut.

H.: Wie ist das für die Mutter?

(M): In Ordnung und gut.

(H. dreht die Mutter und ihren Bruder wieder um und den Bruder etwas weiter zurück)

Grete: 13. Bild

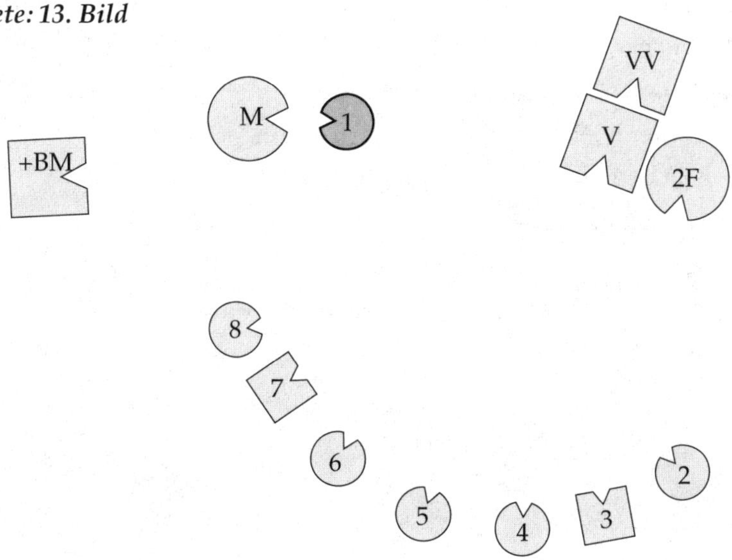

(M): Das ist besser.

Grete: Für mich nicht. Da war es schon besser umgedreht, jetzt merke ich das.

H.: Geh zu Mutter. Komm hierher. Schau sie an.

Grete: Ich möchte das nicht. (s*ie schreckt zurück und seufzt)*

H. *(nach einer Weile, als sie zu ihm hinüberschaut)*: Schau sie an. Ich bin nicht wichtig.

Grete (*nach einer Weile)*: Ich möchte mich wieder dahinten hinstellen.

H.: Nein, nein, bleib da. Geh noch einen Schritt vor. – Sag ihr: „Du hast mir sehr gefehlt".

Grete: *Du hast mir sehr gefehlt.* – Du hast mir sehr gefehlt.

H.: „Das hättest du nicht tun dürfen."

Grete: *Das hättest du nicht tun dürfen.* – Das hättest du nicht tun dürfen.

H.: Laut.

Grete: Das hättest du nicht tun dürfen.

H.: Lauter.

Grete: Das hättest du nicht tun dürfen.

H.: Sag es böse.

Grete: Das hättest du nicht tun dürfen!

H.: Weiter.

Grete: Das hättest du nicht tun dürfen!

H.: Lauter noch.

Grete: Das hättest du nicht tun dürfen.

H.: Noch lauter.

Grete: Das hättest du nicht tun dürfen.

H. *(nach einer Weile)*: Stell dich neben die Mutter. So.

Grete: 14. Bild

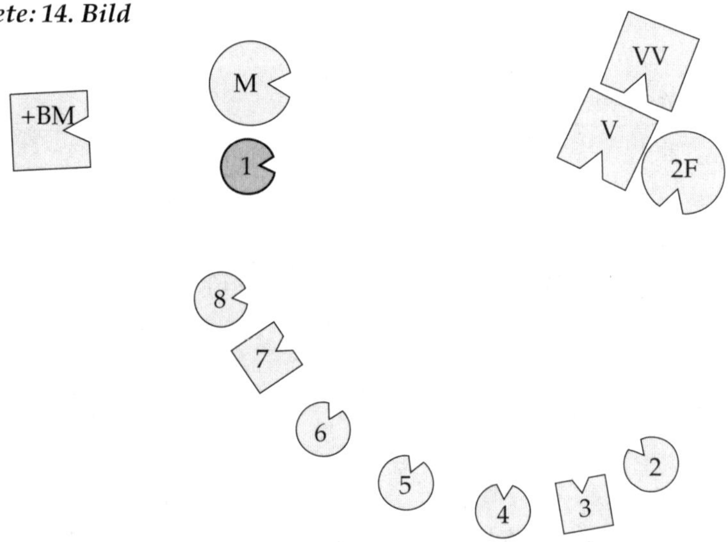

H. *(nach einer Weile zu Grete)*: Wie erklärst du dir die Reaktion, die deine Stellvertreterin am Anfang hatte.

Grete: Zu dicht mit der Mutter. Die hat die ganze Bürde auf sich geladen. Manchmal denke ich – darf ich was sagen von mir? – meine Krankheit ist auch zwei Jahre, nachdem meine Mutter starb, schlimmer geworden. Also, da fing das so wieder an. Manchmal denke ich, ich wollte an meine Mutter erinnern, also daß die nicht vergessen wird. So unbewußt. Das ist mir vor einiger Zeit gekommen. Und da ich dieses Jahr selber vierzig werde, hoffe ich, daß ich jetzt endlich über das hinaus bin und das besser wird.

H.: Es wird nicht besser. – *Ohne Liebe wird es nicht besser.*

Grete: Das verstehe ich nicht.

H.: Genau.

Grete: Ich denke, es ist zu viel Liebe.

H.: Hier haben wir nichts davon gesehen, außer bei deiner Stellvertreterin. – Okay, ich lasse es hier jetzt. Gut, das war's dann.

(Fortsetzung Grete S. 177,196)

*

H. *(zur Gruppe)*: Solche zähe Arbeit ist am schwersten, so ohne Lösung. Und da darf man nicht weiter suchen, als im Augenblick erscheint. Der Therapeut stellt sich nämlich nicht gegen das Schicksal, sondern arbeitet immer im Einklang mit ihm, auch wenn es ein schlimmes ist. Lösungen kommen aus der Wirklichkeit, nicht aus einem Wunsch, den wir an die Wirklichkeit herantragen. – Gibt es irgendwelche Fragen dazu?

Welches Kind muß was übernehmen?

(Video 2: 2h 24min 40")

Teilnehmerin: Du sagtest vorhin, die älteste Schwester hat es übernommen, weil der Jüngste noch nicht da war. Da war doch auch noch ein drittes Kind, ein Sohn. Gibt es da Gesetzmäßigkeiten, welches Kind was übernimmt?

H.: Also das Ganze ist ungeklärt für mich. Ich weiß auch nicht genau, was die Reaktion dieser ältesten Tochter wirklich bedeutet. Das ist nicht zum Ausdruck gekommen. Ich lasse es so. Ich hüte mich vor der Phantasie. Ich habe versucht, das rauszubringen, aber das waren Versuchsballons, was ich da habe starten lassen. Aber ich bin mir da nicht sicher.

(Auffällig war aber schon, daß der jüngste Sohn eine besondere Beziehung zur ältesten Schwester hatte, was darauf hindeuten könnte, daß er wußte, daß die älteste Schwester etwas übernimmt, was sonst auf ihn zugekommen wäre.)

Warum wurde die Mutter der Mutter nicht aufgestellt?

(Video 2: 2h 25min 30")

Teilnehmer: Ich habe mich gefragt, weshalb Sie die Großmutter, die mit fünfzig Jahren an Brustkrebs gestorben ist, nicht hinzugenommen haben.

H.: Ich habe sie ja kurz dazugestellt und habe gesehen, daß es keine Veränderung bewirkt. Dann habe ich es gelassen.

Die Nachfolge unter Geschwistern

(Video 2: 2h 26min 00")

Andere Teilnehmerin: Meine Frage ist, wie es unter Geschwistern zu dieser Nachfolge kommt. Bei der Mutter mit ihrem verunglückten Bruder, ist das die gleiche Liebe wie zu den Eltern, oder ist es einfach, um an den Platz zu erinnern?

H.: Wenn bei Kindern eines ein schlimmes Schicksal hat, z.B. früh stirbt, dann trauen sich die anderen Kinder nicht, ihr Leben zu behalten. Die folgen dann nach. Das ist eine sehr häufige Dynamik. Die werden krank, zum Beispiel, sterben früh, haben Unfälle oder bringen sich auch um.

Was können Eltern tun, damit lebende Kinder nicht den toten Geschwistern nachfolgen?

(Video 2: 2h 26min 40")

Anderer Teilnehmer: Wie kann man dem von den Eltern her entgegenwirken. Mein Neffe z.B. ist im Alter von neun Jahren gestorben. Was können die Eltern in diesem Sinne beitragen?

H.: Wenn ein Kind stirbt, ist es für die Eltern ein schwerer Verlust, etwas, was sie sehr schmerzlich trifft. Oft drücken sich die Eltern dann vor dem Schmerz, indem sie z.B. einen Schuldigen suchen oder eine Krankheit oder was immer es ist. Da ist dann die Lösung, daß die Eltern das Kind noch mal anschauen und ihm sagen: *Wir haben dir das Leben gerne gegeben, wir haben alles gerne für dich gemacht, und jetzt vermissen wir dich sehr. Doch wir lassen dich gehen und lassen dich in Frieden, und wir bewahren einen Platz für dich in unserem Herzen.*

Teilnehmer: Ist das die Lösung auch für die Geschwister, weil du hast gesagt, die Geschwister folgen dann auch nach?

H.: Das ist dann auch die Lösung für die Geschwister. Dann ist es in Ordnung. Also, wenn ein totes Kind nicht vergessen wird oder verschwiegen wird, sondern wenn das so mit da drin ist, dann ist es gut.

Ich habe mal eine Aufstellung gemacht mit einer Frau, die hatte siebzehn Geschwister, sie waren achtzehn Kinder zusammen. Das war eine riesige Aufstellung. Von den Kindern waren fünf früh gestorben. Wir haben sie einfach der Reihe nach aufgestellt, und die Gestorbenen standen immer einen Schritt zurück. Dann habe ich nur gesagt, die Verstorbenen sollen den Schritt vorgehen und sich zwischen die anderen stellen an ihren Platz. Das war wie eine Explosion von Energie plötzlich, als die dazwischen standen.

Im System stirbt einer nicht. Die wirken, als ob sie da sind. Sie wirken so lange, bis die lebendige Erinnerung erlischt. Aber so lange sind sie präsent.

Böse sein als Trauer

(Video 2: 2h 29min 03")

Anderer Teilnehmer: Kannst du noch mehr sagen zu der Aufforderung des Satzes: Das hättest du nicht tun dürfen.

H.: Mein Eindruck war, sie war der Mutter böse. Oft sind Kinder den Eltern böse, wenn diese sterben. Besonders sehr kleine Kinder werden den Eltern böse, daß sie sterben, und das Böse-sein ist eine Art der Trauer. Wenn das später dann zum Ausdruck kommt, schlägt das Böse-sein um in die Liebe. Es ist aber hier nicht gelungen.

Geschwister der Großeltern wirken nicht mehr im System

(Video 2: 2h 29min 37")

Dora: Beim Vater meiner Mutter sind von sechzehn Kindern nur fünf erwachsen geworden. Alle anderen elf sind im ersten Lebensjahr verstorben. Kann das eine Auswirkung bis zu mir haben? Es war ja so die Frage, wo schaut meine Mutter hin, gestern in der Konstellation. Kann es einen Zusammenhang geben?

H.: Ich glaube, in deiner Generation wirkt das nicht mehr nach. Geschwister der Großeltern wirken in der Regel nicht mehr nach. Aber für deine Mutter ist es sicherlich sehr bedeutsam. Ihr Vater hätte die Tendenz, den Geschwistern nachzufolgen, und deine Mutter hätte die Tendenz zu sagen: „Lieber ich als du". Das würde man erwarten von so etwas. Aber bei dir ist das, glaube ich, zu Ende. Es geht in die dritte Generation, nur bei schweren Dingen geht es in die vierte Generation, aber nicht mehr die Geschwister der Großeltern. Sie wirken nur in ganz besonderen Fällen noch herein.

Heldenverehrung als Abwehr von Trauer

(Video 2: 2h 30min 54")

Teilnehmer: Ich habe noch eine Frage. Ein Bruder meiner Mutter ist mit ungefähr 25 Jahren mit dem Flugzeug verunglückt. Das waren insgesamt vier Geschwister, und er war der besondere Liebling der Großmutter und wurde für mich so ein bißchen auf ein Podest gestellt. Überall waren Bilder von ihm mit Kränzchen drum herum, und ich hatte eigentlich ein unangenehmes Gefühl dazu. Ich trage seinen Namen und frage, das ist eine andere Art mit Trauer umzugehen, die mir auch nicht so ganz sympathisch ist.

H.: Diese Heldenverehrung ist eigentlich eine Verweigerung von Trauer und von Abschied. – Das ist ein Bruder deiner Mutter. Hast du noch einen zweiten Namen?

Teilnehmer: Ernst. Das ist der Name eines anderen Bruders meines Vaters.

H.: Der lebt aber, der Ernst?

Teilnehmer: Ja, der lebt, ist aber inzwischen auch gestorben.

H.: Ich würde den zweiten Namen nehmen.

Teilnehmer: Das ist so ernst.

*

Grete: Mir ist noch etwas eingefallen. Mein Vater hatte noch einen Bruder, der mit einunddreißig an einem Herzinfarkt starb, und der als Student ein Bein amputiert hatte. Vielleicht ist das auch noch wichtig. Mein Vater war der Älteste von fünf.

H.: Nein, das hätte hier nicht eine Bedeutung, die wichtiger ist als das andere, was wir gesehen haben.

Mona (1):

Migräne (erster Kontakt)

(Video 2: 2h 32min 43")

Mona: Ich möchte gerne mal in die Mitte, weil ich wirklich jetzt fällig bin zum Arbeiten. Mich nimmt das sehr stark her alles hier, weil ich ganz stark Anteil nehme, und weiß nicht, ob, wenn ich bis morgen warte, ich die Energie noch habe, in die Mitte reinzugehen.

H.: Was ist dein Problem?

Mona: Ich habe Migräneattacken und muskelrheumatische Beschwerden, zeitweilig auch starkes Hautjucken und eigentlich ein ganzes Köfferchen von Beschwerden, aber das sind die wichtigsten.

H.: Das sind mehr kleine Sachen, die du hast.

Mona: Kleine Sachen? Für mich sind sie nicht klein.

H.: Ich warte noch ein bißchen zu.

Mona: Ja, wirklich? Eine ganz schön harte Prüfung für mich.

H.: Genau.

(Fortsetzung Mona S. 273)

Theresa:

Kinderlähmung, Panikzustände und Todesangst (Die Gegenwartsfamilie)

(Video 2: 2h 33min 54")

Die Dynamik: *Theresa hatte als Kind Kinderlähmung, später hatte sie auch Gebärmutterkrebs. Ihre erste Tochter stammt aus der ersten Ehe, zwei weitere Kinder aus der zweiten. Vom ersten Mann hatte sie sich leichtfertig getrennt; über Männer redet sie wie über Sachen.*
Die Lösung: *Sie dankt, daß sie die Kinderlähmung ohne größeren Schaden überstanden hat, und nimmt die Gesundheit als ein Geschenk.*
Sie verneigt sich vor ihrem ersten Mann und sagt: „Es tut mir leid". Sie umarmt ihn und sagt: „Ich war ungerecht". Dann zeigt sie ihm ihre jetzige Familie und sagt: „Das ist meine neue Familie. Schau freundlich zu uns."

H. *(zu Theresa)*: Was ist denn bei dir?

Theresa: Ich habe Zustände von Panik, daß ich den ganzen Alltag nicht mehr schaffe, und Todesangst.

H. *(zu Mona)*: Merkst du den Unterschied?

Mona: Ja.

H. *(zu Theresa)*: Jetzt fange ich mit dir an. Setze dich mal hierher. – Bist du verheiratet?

Theresa: Ja.

H.: Kinder?

Theresa: Drei.

H.: Wie alt?

Theresa: Elf, zwölf und zweiundzwanzig.

H.: Jemand vorher in fester Bindung?

Theresa: Ja, ich war schon mal verheiratet. Die 22jährige Tochter ist aus erster Ehe. Das war gleich nach dem Abitur nur so eine kurze Ehe. Die anderen beiden sind von meinem jetzigen Mann.

H.: Na ja, der erste Mann ist ja nicht sehr gewürdigt, wenn man da zuhört.

Theresa: Ich habe es eben nicht genau verstanden. Würdest du es noch mal wiederholen?

H.: Der erste Mann ist nicht sehr gewürdigt, wenn man dir da zuhört.

Theresa: Nein, das war wirklich nur so eine Episode, wirklich so.

H.: Denkst du. Das werden wir sehen. – War dein Mann vorher in fester Bindung?

Theresa: Ja, der war mal zwei Jahre mit jemandem befreundet, hat aber nicht zusammengelebt, sondern nur eng befreundet.

H.: Okay, jetzt stellen wir mal auf: deinen ersten Mann, dich, das erste Kind, den zweiten Mann und die anderen Kinder. Bitte.

(als sie auswählt): Das ist?

Theresa: Der erste.

H.: Der erste Mann. Man hört die Verachtung sofort heraus. – Und das ist?

Theresa: Die älteste Tochter.

(als sie diese Tochter neben den ersten Mann stellt, nicken sich die beiden freundlich zu)

H. *(als sie alle ausgewählt hat)*: Jetzt stell auf.

Teilnehmer aus der Gruppe: Der zweite Mann fehlt noch.

H.: Aja? Natürlich, den haben wir vergessen.

(Lachen in der Gruppe)

Ich bin ganz auf den ersten fixiert. Der Systemtherapeut ist immer auf die Ausgeschlossenen fixiert. – Okay, jetzt stell auf.

Theresa: 1. Bild *

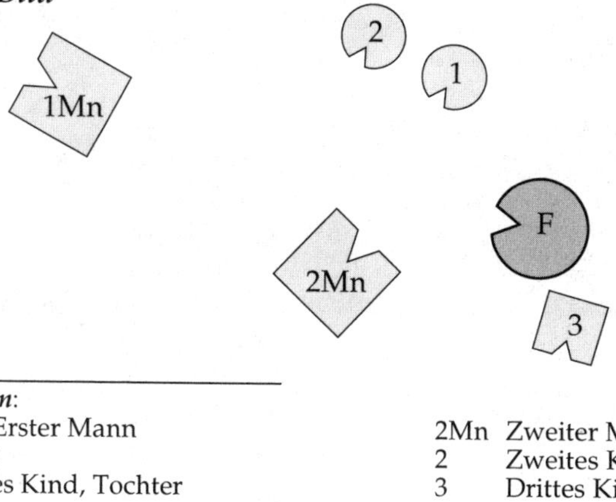

* ***Abkürzungen***:

1 Mn Erster Mann
F **Frau**
1 Erstes Kind, Tochter
2Mn Zweiter Mann
2 Zweites Kind, Tochter
3 Drittes Kind, Sohn

H. *(zur Gruppe)*: Man sieht bereits die Identifizierung: der Sohn genauso abgewandt, wie der erste Mann.

(zu Theresa): Eine sehr glückliche Ehe ist das nicht, wenn man das anschaut.

Theresa: Wir sehen uns auch kaum.

H.: Ihr seht euch kaum?

Theresa: Ja, weil der beruflich sehr angespannt ist.

H.: Aja? Kein Wunder. Okay, setz dich.

Wie geht es dem ersten Mann?

[1Mn]: Bei der Aufstellung ganz am Anfang neben meiner Tochter, da fühlte ich mich sehr wohl. Jetzt, auf dem anderen Platz, habe ich so ein Gefühl gehabt wie: ganz so leicht mache ich es dir aber nicht.

H.: Genau.

[1Mn]: Das ist eigentlich auch geblieben.

H: *(zu Theresa)*: Ist der inzwischen wieder verheiratet?

Theresa: Keine Ahnung. Der lebt jetzt in Amerika. Ich habe überhaupt keinen Kontakt. Keine Ahnung.

H.: Ist er ein Amerikaner?

Theresa: Nein, er ist Chinese.

(H. stellt die älteste Tochter links neben ihren Vater)

Theresa: 2. Bild

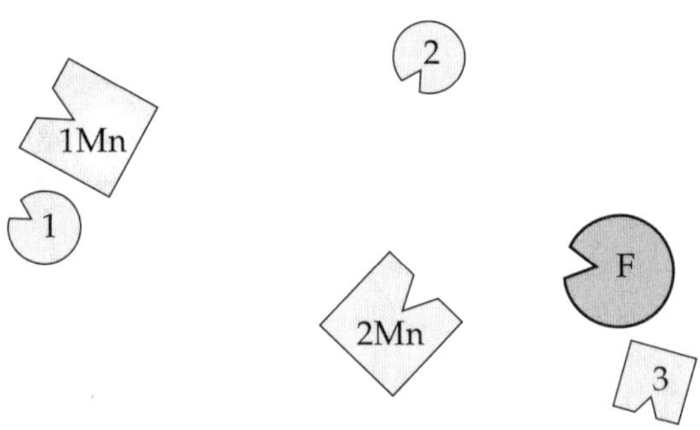

H. *(zum ersten Mann)*: Wie ist das?

[1Mn]: Es ist ganz gut so. Das stimmt.

(1): Hier? sehr gut. Dort hatte ich Wut auf den zweiten Mann, Stinkwut (*lacht*).

H.: Mit Recht.

(1): Ja, hier ist es gut.

H. *(zu Theresa)*: Dem Mann ist Unrecht getan von dir. Das wird sich bitter an dir rächen. Das rächt sich auch schon an dir. Auf so was steht manchmal die Todesstrafe, so mit Männern umzugehen. – Wenn eine Frau mit Männern so umgeht, bekommt sie z.B. häufig Brustkrebs.

Theresa: Ich hatte mit dreißig dann Krebs, aber Gebärmutterkrebs. Aber ich muß eines klarstellen: nicht ich bin mit ihm umgesprungen, sondern er war Spieler und hat mich jeden Tag betrogen. Und da mußte ich gehen. So sehe ich es halt aus meiner Sicht.

H.: Okay, der Körper weiß es anders. – Wie geht es dem zweiten Mann?

[2Mn]: Ich fühle mich gar nicht dazugehörig. Ich stehe hier einfach so herum und gucke mir das an, aber ich fühle mich nicht dazugehörig.

H.: Wie geht es der Frau?

(F): Es ist alles durcheinander. Ich weiß gar nicht. Vorhin wollte ich dem ersten Mann hinterher, aber jetzt?

H.: Du wolltest ihm hinterher?

(F): Ja, ich dachte so, da war ja der Weg so offen.

(H. stellt das Bild um)

Theresa: 3. Bild

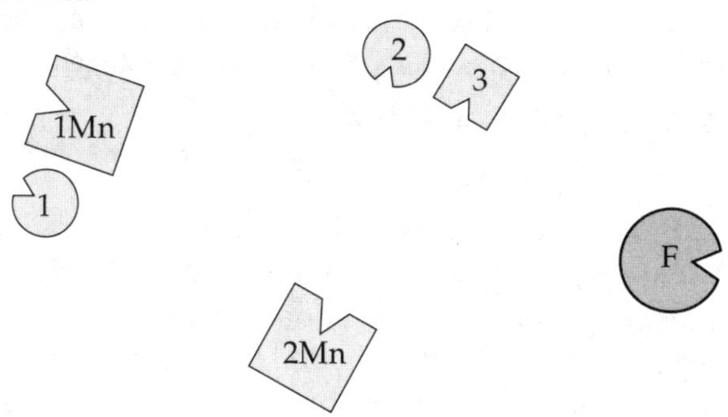

H. *(zum zweiten Mann)*: Wie geht es dir jetzt?

[2Mn]: Jetzt sehe ich zum erstenmal meine Kinder.

H. (*zur zweiten Tochter)*: Wie geht es dir?

(2): Mir geht es nicht besonders gut. Ich hätte das Bedürfnis einfach abzuhauen, richtig abzuhauen. So eine leichte Traurigkeit ist da.

[3]: Mir geht es jetzt besser. Vorher war ich noch gerade mit der Mutter verbunden und hatte das Gefühl, ich falle gleich raus oder ich nehme Drogen. Jetzt fühle ich mich besser. Ich sehe meinen Vater und ich habe das Gefühl, ich gehöre irgendwo hin jetzt.

H. *(zur zweiten Tochter)*: Hm, was machen wir mit dir?

(zu Theresa): Ist irgend etwas Besonderes in deiner Herkunftsfamilie?

Theresa: Ja, wir hatten in den letzten vier Jahren vier Todesfälle im engsten Familienkreis: zuerst meine Schwiegermutter, dann meine Mutter, dann mein Schwiegervater und dann die zweite Frau meines Vaters. Und die ganzen Todesfälle, alles habe ich gemanagt. Die ganze Familie verläßt sich immer nur auf mich.

H.: Was war in deiner Kindheit besonders?

Theresa: Ich hatte als kleines Kind Kinderlähmung. War halt Einzelkind, das fand ich nicht schön, hatte mir eigentlich immer Geschwister gewünscht. Aber ansonsten war Frieden in unserer Familie.

H.: Kinderlähmung ist ein ganz einschneidendes Ereignis. Hast du Folgeschäden?

Theresa: Ja, das rechte Bein ist ein paar Millimeter verkürzt. Ich hatte aber das Glück, daß es in der Länge mitgewachsen ist. Es hat auch im Umfang einen ganz kleinen Unterschied dem anderen Bein gegenüber. Aber es hat sich sonst alles wieder tadellos gegeben.

H.: Da fehlt was ganz Wichtiges zu deiner Heilung. – Du hast nicht dafür gedankt, daß es gut ausgegangen ist.

(zur Gruppe): Wenn jemand eine lebensbedrohende Krankheit hatte als Kind und er übersteht das, nimmt er sein Leben nicht mehr anschließend, sondern er bezahlt für die Errettung: zum Beispiel mit Symptomen, mit einer Krankheit oder mit einem frühen Tod. Das Leben noch einmal zu nehmen als unverdientes Geschenk, das schaf-

fen nur ganz wenige. Das ist ein ganz tiefer religiöser Vollzug, dieses Nehmen, ohne daß man weiß, wohin sich der Dank richtet oder das Nehmen. Das ist eine innere Haltung, und die erst erlaubt es einem dann, am Leben zu bleiben und es wieder voll zu nehmen und etwas damit zu machen.

(zu Theresa): Macht das Sinn, was ich sage?

Theresa: Ja. Ich will auch ganz ehrlich sagen, ich habe da nie drüber nachgedacht über diese Kinderlähmung, daß es gut ausging. Es wurde zwar darüber gesprochen, aber so richtig bewußt ist mir das nicht geworden.

H.: Stelle dich mal an deinen Platz jetzt. – Wie geht es dir da?

Theresa: Da ist nichts.

H.: Genau.

Theresa: Als wäre nichts hinter mir.

H.: Genau. Das ist, wenn einer mit seinem Leben abgeschlossen hat.

Die Stellvertreterin von Theresa: Ich hatte aber das Gefühl, ich muß jetzt von vorne anfangen; ich fange jetzt ganz von vorne an.

H. *(zu Theresa)*: Was sagst du dazu?

Theresa: Das stimmt übrigens. Hier vor mir fühle ich Weite, so als könnte ich hier geradeaus gehen. Aber hinter mir liegt nichts.

H.: Das ist verpfuscht. Das ist alles verpfuscht. – Ich versuche noch eine Lösung. Ob sie gelingt, weiß ich nicht. Soll ich?

Theresa: Ja, natürlich, sicher, bitte.

H.: Ja, mache ich für dich.

(H. stellt das Lösungsbild auf)

Theresa: 4. Bild

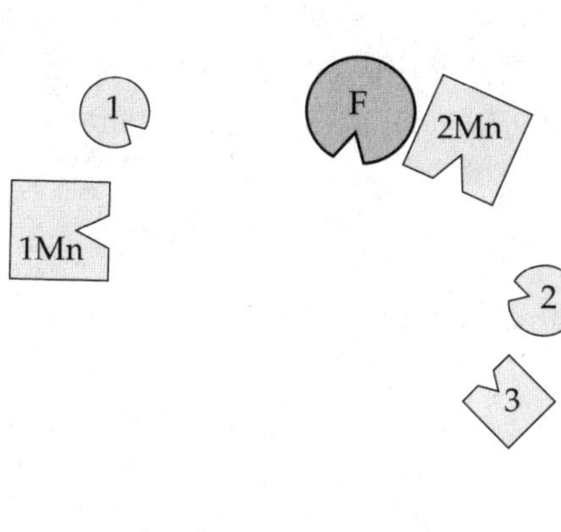

H. *(zum ersten Mann)*: Wie geht es dir jetzt?

[1Mn]: Gut. Jetzt habe ich meinen Platz. Vorher, als ich dahinten stand, da war das wie so lächerlich gemacht, irgendwie. Der Spieler, ja gut, der hat auch die Funktion. Der ist so behandelt worden, lächerlich.

(1): Ich fühle mich dem Vater näher und möchte die Mutter nur im Auge haben.

Theresa: Also glücklich fühle ich mich nicht. Die erste Tochter ist mir zu weit weg, und mich bedroht diese Nähe zum ersten Mann. Der zweite Mann ist da und ich habe auch das Gefühl, er sollte da..., ja so ein bißchen ambivalent, als sollte er da sein, aber er ist...

H. *(zur Gruppe)*: Über die Männer redet die wie über Sachen. Merkt ihr das? Die redet von Männern, als seien die Sachen, die man hin und her schiebt, die man benutzt. Ganz merkwürdig.

Theresa: Nein, ich bin ja da nach meinem Gefühl im Moment gefragt worden. So habe ich es im Moment empfunden.

H.: Ja. Aber die Gefühle kommen aus den Vorstellungen, die einer hat. Die gute Vorstellung hat ein gutes Gefühl und die falsche hat ein falsches Gefühl. Das Gefühl alleine sagt noch gar nichts.

Ich mache dir einen Vorschlag. Komm mal hierher und verneige dich vor deinem ersten Mann – mit Achtung, langsam mit Achtung.

Theresa: 5. Bild

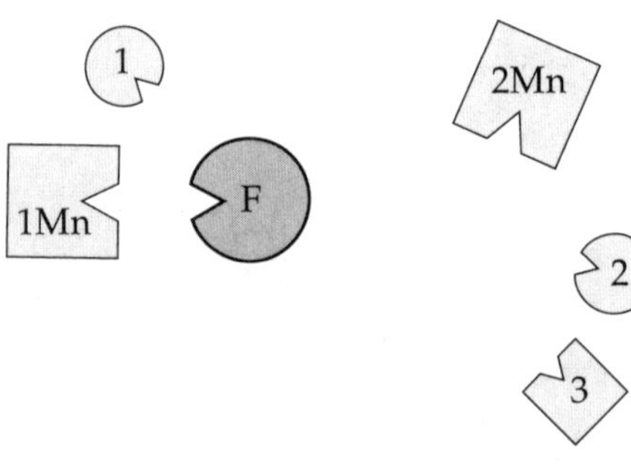

H.: Schaue ihm in die Augen dabei und so, wie es stimmt, machst du es, so tief wie es stimmt.

(sie lächelt ihn an)

(nach einer Weile): Sag ihm: „Es tut mir leid".

Theresa: *Es tut mir leid*. Es tut mir leid.

(der erste Mann nickt zustimmend und freundlich)

H.: Geh hin, geh hin. Ja geh hin, so geh halt hin.

(sie geht hin, der Mann breitet die Arme aus, sie umarmt ihn kurz und läßt sofort wieder los)

Nicht so schnell. Das tut weh. Ich weiß, das tut weh.

(sie umarmen sich innig)

H. *(als sie dann losläßt und mit abgewandtem Blick zurückgehen will)*: Nein nein, schon in die Augen schauen. Wenn, dann gehst du mit Achtung zurück. – Du schuldest ihm noch was zu sagen. Sag's ihm, was du ihm noch schuldest zu sagen.

Theresa: Ich habe gedacht, vielleicht war ich ungerecht.

H.: Sag ihm: „Ich war ungerecht".

Theresa: *Ich war ungerecht*. Ich war ungerecht, Entschuldigung!

H.: Nein nein, Entschuldigung ist nicht das richtige Wort. Du mußt ihm sagen: „Es tut mir leid". Mehr nicht.

Theresa: Es tut mir leid.

H.: Jetzt gehe zurück.

Theresa: 6. Bild

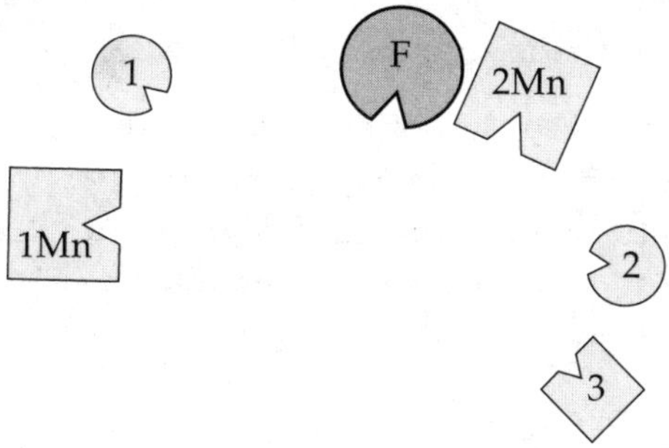

H.: Und jetzt sage ihm: „Das ist meine neue Familie".

Theresa: *Das ist meine neue Familie.*

H.: „Schau freundlich zu uns."

Theresa: *Schau freundlich zu uns.*

(der erste Mann lacht und nickt zustimmend)

H.: Siehst du, was Männer für Herzen haben? Ja? Genau.

(zur ältesten Tochter): Wie geht es denn dir jetzt?

(1): Für mich war es sehr wichtig, was passiert ist.

H.: Genau.

(zu Theresa): Jetzt ist die Tochter versöhnt. Sie kann jetzt zu beiden Eltern hin. Für sie ist es besonders wichtig.

(zum zweiten Mann): Was ist bei dir jetzt?

[2Mn]: Bei mir war es am Anfang so, daß ich hier zur Frau gar keinen Kontakt hatte. Ich hatte nur Kontakt zu meinem Sohn. Als sie dann zum ersten Mann hingegangen ist und sich verneigte, habe ich richtig durchgeatmet und gemerkt, wie gut mir das getan hat. Und jetzt schaut sie mich zum erstenmal an.

(sie lachen sich beide freundlich an)

H. *(zur Gruppe)*: Ist das nicht schön, zu sehen, was kommt, wenn die anderen gewürdigt werden, die Ausgeklammerten?

(zur zweiten Tochter): Wie geht es der Tochter jetzt?

(2): Ich hatte die ganze Zeit das Bedürfnis, etwas weiter weg zu gehen, mit meinem Bruder zusammen, vielleicht sogar ganz.

[3]: Für mich war es so, daß ich erst noch auf den ersten Mann fixiert war die ganze Zeit und mich von meinem Vater abgewandt hatte. Und als die Mutter das dann gesagt hat und ihm die Ehre gegeben hat, dann konnte ich auf einmal lachen und mich meinem Vater wieder zuwenden.

H.: Okay, das war's dann.

Zur Vorgangsweise

(Video 2: 2h 52min 57")

H.: Ich möchte etwas sagen zur Vorgangsweise.

Es hilft, wenn der Therapeut bei so einer Aufstellung erst ans Extrem geht, wenn er das Schlimmste, auf das ein System sich hinbewegt, auch darstellt. Wenn ich jetzt z.B. die Endordnung gleich aufgestellt hätte, hätte es keine Wirkung gehabt. Der volle Ernst hätte gefehlt. Deswegen konfrontiere ich zuerst mit der äußersten Konstellation. Oft ist es so, daß das Äußerste das Eigentliche ist, das sich durchsetzt. Ich versuche dann noch eine zweite Lösung und manchmal gelingt sie. Hier ist sie gelungen. Sie hat gesehen, hier ist noch eine Möglichkeit drin.

Mein Eindruck ist schon, daß sehr viel zusammenhängt mit dieser Kinderlähmung. Daß danach das Leben nicht genommen war, und sie dann halb blind durchs Leben geht, ohne zu sehen, was wirklich da ist.

Gibt es noch Fragen dazu?

Wie man sich an der Grenze verhält

(Video 2: 2h 54min 16")

Teilnehmerin: Ich habe nur die Frage, ob es das gibt, daß es keine Lösung gibt, denn jedes Problem hat doch eigentlich auch die Lösung?

H.: Es gibt Lösungen ohne Problem und es gibt Probleme ohne Lösung. Wenn ich sehe, daß es keine Lösung gibt, stoppe ich. Manchmal ist dann das Ende die Lösung.

Wenn ich mit jemandem arbeite, schaue ich, ob er noch einen Weg vor sich hat oder nicht. Manchmal kann man ganz klar sehen, der Weg ist schon zu Ende. Mit dem arbeite ich dann nicht mehr im Sinne einer Lösung. Ihn bereite ich auf das Ende vor. Ich tue nicht so, als hätte er noch was Großes vor sich.

Manche, die kommen ans Ende, weil sie einen falschen Weg gegangen sind, und nicht bereit sind, an den Anfang dieses Weges zurückzugehen und da das Neue zu beginnen. Wer lange auf einem

Holzweg war, geht nicht mehr zurück. Das muß ich respektieren. Da tue ich nicht so, als wäre das noch möglich.

Und oft kommt jemand an eine Grenze, weil ihm wichtige Ressourcen fehlen. Er hat irgend etwas zurückgelassen, z.B. in der Kindheit einen Großvater, der nicht zum Zuge kam, oder Geschwister. Dann führe ich ihn dorthin zurück, lasse ihn das holen und gehe mit ihm wieder an den Punkt, wo er stehen blieb, und jetzt kann er weitergehen, weil er Kraft hat.

Manchmal ist einer an eine Grenze gekommen und man weiß nicht wieso. Ihn lasse ich dann an der Grenze halten, ohne daß er etwas unternimmt, einfach gesammelt warten, bis er irgendwoher einen Wink bekommt. Dann kann er vielleicht einen Schritt weiter gehen.

Das also ist die Vorgangsweise dabei: immer bei dem bleiben, was wirklich erscheint. Nicht mehr.

Der nachgeholte Dank

(Video 2: 2h 56min 32")

Andere Teilnehmerin: Bei einer schweren lebensbedrohenden Erkrankung kann ich als Kind ja gar nicht realisieren, daß mir das Leben neu geschenkt wurde, weil ich noch in dem Ablauf des ganz Natürlichen stehe. Wenn ich also nicht danke, aber später eine große Dankbarkeit dem Leben gegenüber und die Freude am Leben erfahre, ist es damit nicht aufgehoben?

H.: Ja schon. Das Kind reagiert, wie die Eltern reagieren. Wenn die Eltern danken und die Errettung als Glück erfahren, kann es das Kind auch. Wenn die Eltern das nur managen und dann vergessen, daß es ein Geschenk ist, daß das Kind gerettet ist, dann kann es das Kind nicht. Aber später kann es das. Theresa kann das jetzt nachholen und damit ist es gut. Damit wird das aufgehoben.

Gut und Böse

(Video 2: 2h 57min 34")

Teilnehmer: Kannst du noch etwas sagen zur lösenden Haltung der Frau einem Mann gegenüber, wo es zum Vollzug kam entweder weil sie noch nicht volljährig war, und das durch eine Art sexuellen Mißbrauchs geschehen ist, oder durch Vergewaltigung, also wenn man sich das noch extremer vorstellt, als sie es beschrieben hat mit dem Chinesen, also daß der Mann wirklich abgelehnt wird, weil es von außen aufgedrängt erlebt wurde.

H.: Ich will dazu nichts sagen. Das würde ich nur an einem konkreten Fall bearbeiten und sehen wollen. Es gibt aber in der Familientherapie bei diesen Aufstellungen eine Erfahrung und die kann man zu einem Grund-satz verfestigen. Die heißt: *Mit Bezug auf Gut und Böse ist es umgekehrt, wie dargestellt.* Also wenn einer als der Böse dargestellt wird, ist er der Gute. Davon gehe ich aus als Therapeut. Und der, der sich für besser hält, von dem nehme ich an, er ist der Böse, von ihm geht das Unheil aus. Und das bewahrheitet sich meistens.

Der Seele trauen

(Video 2: 2h 58min 57")

Anderer Teilnehmer: Mich verwirrt der Fall doch noch ein bißchen und zwar in Hinblick auf die endgültige Symptomatik mit den Panik- und Todesangstanfällen. Es sind ja vorher wie zwei verschiedene Thematiken gewesen, also erst diese nicht gedankte Lebensrettung und dann der nicht gewürdigte erste Partner.

H. *(zur Gruppe)*: Hat seine Frage geholfen oder hat sie gebremst? Könnt ihr das nachspüren?

Das ist eine neugierige Frage, die ist unzulässig. Sie nimmt der Seele die Kraft.

Das sind zwei ganz verschiedene Haltungen, die du gezeigt hast und die ich gezeigt habe. Ich halte mich völlig zurück und traue dem Geschehen, das jetzt hier ans Licht kommt, daß sich das weiterentwikkelt, ohne daß ich behandle und etwas in den Griff bekommen will. Mir ist sozusagen die Symptomatik egal, weil die Seele dann handelt, wie es ihr paßt. Während, wenn ich jetzt auf die Symptomatik eingehen und die behandeln will, dann mache *ich* etwas und das Geschehen kann sich nicht mehr entfalten. Das rächt sich dafür, daß ich mir etwas anmaße.

Die Grenzen des Familien-Stellens

(Video 3: 00min 25")

Teilnehmerin: Ich möchte wissen, ob Sie sagen können, ob mit Familienkonstellationen es bestimmte – ich sage mal ziemlich respektlos – Fälle gibt, bei denen man nicht damit arbeiten kann.

H.: Oh ja, das gibt es. Ich unterscheide zwei Bereiche, in denen Probleme entstehen. Die einen Probleme entstehen über systemische Verstrickungen, und die kann man mit solchen Familienkonstellationen ans Licht bringen und sieht dann vielleicht eine Lösung, ein heilendes Bild.

Und dann gibt es Probleme, die durch Ereignisse entstehen, die man selber erlebt hat. Das einschneidenste Ereignis, das zu Problemen führt oder zu neurotischem Verhalten, ist eine frühe unterbrochene Hinbewegung, und zwar geht die meistens zur Mutter.

Judith (3): (Forts. v. S. 132)

Die unterbrochene Hinbewegung

(Video 3: 01min 23")

H.: Ich möchte nochmals auf Judiths Problem von gestern zurückkommen *(chronische Knochenmarkentzündung).*

(zu Judith): Willst du mal aufstehen, damit wir dich sehen?

Also, als ihr schon weg wart, haben wir nochmals miteinander gearbeitet. Ich habe sie festgehalten. Dabei kam ein ganz tiefer Schmerz hoch ihrer Mutter gegenüber. Die Mutter hatte als Folge von Judiths Geburt einen Bandscheibenvorfall. Wenn ein Kind das weiß, fühlt es sich schuldig und traut sich nicht mehr zur Mutter hin. Während ich sie an Stelle ihrer Mutter festhielt, habe ich sie aufgefordert, ihrer Mutter zu sagen: *„Mama, es ist schlimm"* oder *„Es ist so schlimm"*. Als sie das sagte, kam ihre ganze Liebe zur Mutter und ihr ganzer Schmerz um die Mutter zum Vorschein. Doch danach konnte sie zu ihr auch sagen: *„Liebe Mama"*. Das war dann der heilende Vorgang. So etwas kann man nicht immer über Familienaufstellungen machen. Eine gute Methode, mit deren Hilfe man die unterbrochene Hinbewegung ans Ziel bringen kann, ist die Festhaltetherapie. Das Festhalten kann man auch mit Erwachsenen machen.

An dem Punkt, an dem eine frühe Hinbewegung unterbrochen wurde entstehen neurotische Symptome von Angst, Niedergeschlagenheit und Verzweiflung. Auch Körpersymptome wie Migräne oder Herzdruck sind oft die Folge einer unterbrochenen Hinbewegung.

Wenn die Person, bei der eine frühe Hinbewegung unterbrochen wurde, später auf jemand anderen zugehen will, kommt in ihrem Körper die Erinnerung an den Schmerz der Unterbrechung wieder hoch. Dann macht sie am gleichen Punkt halt und unterbricht auch diese Hinbewegung. Sie traut sich also auch später nicht, über diesen Punkt hinauszugehen. An diesem Punkt, an dem sie halt macht, beginnt sie, statt daß sie weitergeht, eine Kreisbewegung, die immer wieder zu diesem Punkt zurückführt. Diese Kreisbewegung, immer zurück zum gleichen Punkt, ist das Kennzeichen der meisten Neurosen.

Mit der Beschreibung des Auslösers für diese Neurosen habe ich zugleich die Methode für ihre Heilung beschrieben. Solche Neurosen werden geheilt, wenn die unterbrochene Hinbewegung nachträglich ans Ziel gebracht wird.

Neurosen sind nicht das Thema hier, aber wenn es notwendig ist, arbeite ich auch auf die Weise.

(Fortsetzung Judith S. 194)

Wie wirkt sich eine Abtreibung auf spätere Beziehungen aus?

(Video 3: 04min 22")

Teilnehmerin: Ich habe noch eine Frage zu Abtreibungen, die nicht in der bestehenden Beziehung sind, sondern früher mal waren. Wie geht man damit gut um? Was ist da zu tun?

H.: Das muß zwischen den Eltern des Kindes noch mal hochkommen als Schmerz. Dann sind sie frei für Neues.

Teilnehmerin: Meine Frage ist, wenn ich eine Frau in Therapie habe, die eine Abtreibung gemacht hat, aber wo jetzt keine Beziehung zu diesem Mann mehr besteht, und wo sich Probleme ergeben, wo man sieht, da ist ein Punkt, der wichtig ist: Was muß die zu ihrer Heilung tun?

H.: Der Abbruch der Beziehung zum Vater des Kindes ist die Beziehung. Das ist die Folge. Die Beziehung wirkt weiter, nur negativ.

Teilnehmerin: Ich erlebe häufig, daß danach auch ein Bruch ist im Leben, daß nachher vieles nicht mehr gut läuft. Wie kann da ein guter Platz dem Kind wieder gegeben werden? Was ist da eine gute Weise?

H.: Die Erfahrung zeigt: wo so etwas geschieht, gibt es einen Bruch. Ob man den noch mal überbrücken kann, ist die Frage. Das gelingt nur, wenn das abgetriebene Kind vor den Blick kommt und die Liebe zu dem Kind endlich fließt. Wenn das Kind vor den Blick kommt, kommt auch ein sehr tiefer Schmerz. Danach kann die Frau neu beginnen. Aber es wird nie mehr so wie vorher. Wenn diese Frau z.B. eine zweite Beziehung eingeht, einen neuen Mann heiratet, wird diese Beziehung in der Regel nicht so eng sein wie eine erste Beziehung. Das ist dann verspielt. Wenn der Schmerz aber nur Selbstmitleid ist, bringt er nichts.

Teilnehmer: Kann der neue Mann etwas zur Lösung beitragen?

H.: Gegen die Wucht der Ordnungen und der Folgen von Schuld kommt er nicht an. Er kann nur mit ihnen gehen. Er muß sich dann bescheiden mit etwas Geringerem. Doch hat diese Beziehung eine andere Art von Tiefe vielleicht, sie ist viel illusionsloser, aber sie hat nicht die gleiche Innigkeit wie eine erste Beziehung. Das geht dann nicht mehr.

*

Ich glaube, es reicht für heute morgen. Wir machen weiter um halb vier.

Auch ein mißhandeltes oder mißbrauchtes Kind muß seine Eltern nehmen

(Video 3: 07min 22")

H.: Ist noch etwas nachzutragen zu heute vormittag?

Teilnehmerin: Ist es in Worte zu fassen, was es bedeutet, Vater und Mutter zu nehmen? Und wie ist es bei schweren Mißhandlungen durch die Eltern oder bei Mißbrauch: Wie kann dann das Kind die Eltern nehmen?

H. (*zur Gruppe)*: Ich wiederhole die Frage. Was bedeutet das Nehmen der Eltern, und wie ist das mit dem Nehmen der Eltern bei schwerem Mißbrauch oder Mißhandlung.

Eine ganz wichtige Unterscheidung bei dieser Arbeit hier, ist die Unterscheidung zwischen Nehmen und Annehmen. Annehmen ist billig und ist gnädig. Nehmen ist demütig und wirksam. Jemand ist erst dann mit sich im reinen, wenn er seine beiden Eltern nimmt. Wenn wir hier die Aufstellungen beobachten und erleben, was es bewirkt, wenn jemand hinfindet zu seinen Eltern, dann merken wir, daß sich dieser Vorgang jenseits aller Eigenschaften der Eltern vollzieht. Der Vollzug dieser Hinbewegung oder des Nehmens der Eltern hängt nicht davon ab, wie die Eltern sind, ob gut oder böse. Ein Kind kann die Eltern nicht vor ein Tribunal zitieren und sagen: „Ich will erst einmal prüfen, ob ihr es wert seid, daß ich euch als meine Eltern anerkenne und nehme." So etwas wäre lächerlich. Auch das mißhandelte Kind *ist* seine Eltern. Auch das mißhandelte Kind kann nur dann mit sich im reinen sein und sich weiterentwickeln, wenn es seine Eltern als seine Eltern nimmt, so wie sie sind.

Das Leben hat für jeden einen gewissen Preis und eine Chance und eine Grenze. Sowohl die Chancen wie die Grenzen werden uns weitgehend gesetzt durch unsere Eltern, so wie sie sind. Andere Chancen dieser Art gibt es nicht. Manche haben nun die Vorstellung, wenn ein Kind ein schweres Schicksal hatte, wenn es z.B. mißhandelt wurde oder wenn ein Mißbrauch vorliegt, dann sei es für immer geschädigt. Das stimmt aber nicht. Das ist eine Mißachtung der Kraft seiner Seele. Dann wird das Wesentliche in Äußerliches verlagert. Es gibt Kinder, die schwer mißhandelt oder mißbraucht wurden und dennoch später etwas ganz Großes geleistet haben.

Und noch etwas ist zu bedenken. Kinder, die so etwas erfahren, haben eine Kraft, die andere Kinder nicht haben, und eine Tiefe, die andere nicht haben können. Auch das muß man sehen. Wenn wir an das nur mit moralischen Vorstellungen herangehen, werden wir der Größe des Lebens und der Tiefe der Schicksale nicht gerecht.

Judith (4): (Fort. v. S. 191)

Bindung und Liebe

(Video 3: 10min 40")

Judith: Ich habe noch eine Frage zu dem, was du gesagt hast über die Macht und die Wucht der Reihenfolge in Partnerschaften. Ich merke, daß mir das am Herzen liegt, weil es mich selber betrifft, und weil es auch etwas ist, was ich gestern vergessen habe zu sagen. Weil mein Mann selber schon eine langjährige Ehe hatte und ich mich einfach frage, was das genau heißt mit dieser Kraft, dieser Reihenfolge. Heißt das, daß die Liebe zu der ersten Frau in jedem Fall dominierender ist, oder ist Liebe nicht etwas, das man nicht in ein Maß füllen kann?

H.: Jetzt wird klar, warum dein Mann bei der Aufstellung gestern *(s. S. 127–132)* aus der Familie hinaustendiert hat: es zog ihn zu seiner ersten Frau. Sie war da nicht präsent.

Man muß zweierlei unterscheiden, erstens die Bindung und zweitens die Liebe. Seine Bindung an die erste Frau wirkt weiter. Deswegen kann die zweite Beziehung niemals die gleiche Tiefe der Bindung haben wie die erste. In einer zweiten Beziehung ist die Bindung geringer als in der ersten. Wie stark die Bindung war, kann man sehen an der erlebten Schuld bei einer Trennung. Bei der Trennung einer zweiten Beziehung wird die Schuld als geringer erlebt als bei der Trennung der ersten. Die Liebe kann bei einer zweiten Beziehung größer sein und dennoch die Bindung geringer.

Was aber in so einem Fall wie bei dir passiert, ist, daß die zweite Frau sich nicht traut, den Mann voll zu nehmen, auch wenn sie ihn liebt. Die Frau ist heimlich solidarisch mit der ersten Frau und steuert darauf zu, daß ihre Beziehung genau so endet wie für die erste Frau, nämlich daß auch sie den Mann verliert. Das kann man sehr häufig sehen. Es sei denn, daß die erste Frau voll gewürdigt wird. Dann ist es eher möglich, daß die zweite Frau den Mann behält. Aber wenn sie z.B. denkt, sie sei die bessere, verliert sie den Mann immer.

Rosa (2): (Forts. v. S. 116)

Abgelehntes verstorbenes Kind – verwehrte Suche nach der Lösung

(Video 3: 13min 21")

H.: Jetzt möchte ich wieder mit der Arbeit beginnen.

(zu Rosa): Okay, starten wir den nächsten Versuch. Jetzt mache ich etwas mit dir. Setze dich hierher. – Also was sind deine Beschwerden?

Rosa: Ich habe Nekrosen, Bandscheibenvorfälle, Arthritis. Arthrose, Scheuermann, die Wirbelsäule ist verkrümmt, die Muskeln schwinden und verkürzen sich, und jetzt habe ich auch ganz schlechte Blutwerte und die Organe arbeiten nicht mehr richtig. *(seufzt)* Ja ich kriege keine Luft, habe Entzündungen und das Immunsystem ist kaputt. Das wirkt sich alles auf den Körper aus.

H.: Bist du verheiratet?

Rosa: Gewesen, ich bin geschieden.

H.: Seit wann?

Rosa: Seit vierundachtzig *(seufzt)*

H.: Hast du Kinder?

Rosa: Ich habe zwei lebende Kinder, und eines ist am ersten Tag gestorben.

H.: An was?

Rosa: Ich weiß nicht genau. Das war blau und konnte nicht richtig atmen *(seufzt)*.

H.: Gibt es einen Vorwurf zwischen den Eltern wegen des Todes des Kindes?

Rosa: Nein, aber ich wußte vorher, daß das Kind stirbt, und ich wollte auch, daß es stirbt, weil ich es nicht haben wollte.

H.: Und was soll ich jetzt noch machen?

(nach einer langen Pause): Ich glaube nicht, daß ich was machen kann – oder darf.

Rosa: Ich erlaub's.

H.: Du kannst es nicht erlauben. Ich richte mich nach Größerem. Im Angesicht des Kindes darf ich das nicht.

(nach einer langen Pause): Ich darf jetzt nichts tun, doch wenn sich ergeben würde, daß ich sehe, daß ich es darf, dann werde ich es tun. Aber jetzt darf ich es nicht.

(Fortsetzung Rosa S. 228)

Wie ist es möglich, daß die Stellvertreter wahrnehmen, was die Familienmitglieder fühlen?

(Video 3: 16min 40")

Teilnehmer: Mich wundert immer, wie schnell sich die Protagonisten mit den Rollen identifizieren, und ich überlege mir manchmal, ob das Bild nicht anders aussähe, wenn es andere Protagonisten wären.

H.: Die Erfahrung zeigt, wer sich innerlich bereit da hinein begibt, der fühlt plötzlich, er gehört zu einem anderen System und fühlt wie eine ihm fremde Person. Die Stellvertreter können so an sich selbst erleben, wie Verstrickungen entstehen. Sie erleben sich plötzlich in einem anderen System gefangen, ohne daß sie wissen wie, und fühlen, was sie vorher vielleicht noch nie gefühlt haben. Sie bekommen z.B. plötzlich die Symptome von Menschen, die sie gar nicht kennen. Da ist also ein Erkenntnisweg wirksam, den sie nicht durchschauen. Ich durchschaue ihn auch nicht. Ich frage nicht einmal danach. Das wäre müßig. Wie sollte ich das herausfinden? Jede Theorie dazu wäre nach meinem Denken hier anmaßend. Deswegen arbeite ich nur mit dem, was da plötzlich aufscheint, und nehme es, wie es ist. Ich will ja nicht herausfinden, was ist, sondern ich will herausfinden, was auf Lösung hin wirkt. Das ist alles. Deswegen stelle ich in dieser Richtung auch keine neugierigen Fragen, etwa: „Wieso kann das sein?" oder „Was sind die Ursachen davon?" Das lenkt nur ab vom Handeln und vom Vollzug.

Was soll man abwesenden Familienmitgliedern mitteilen?

(Video 3: 18min 13")

Grete: Ich wüßte gerne, ob es gut ist, anderen Familienmitgliedern etwas von dem, was mir hier aufgefallen ist, mitzuteilen. Ich meine speziell, daß wir unsere Stiefmutter nicht gewürdigt haben, meine Geschwister und ich.

H.: Es ist hilfreich, ihnen einfach zu sagen: *„Bedenkt mal, was sie für uns getan hat. Bei mir hat sie einen Platz in meinem Herzen.“* Du brauchst ihnen aber nicht zu sagen, was sie tun sollen. Das wirkt von selbst.

Mehrfache Identifizierung

(Video 3: 18min 50")

Teilnehmerin: Ist es möglich, daß ein Kind mit zwei Personen gleichzeitig identifiziert sein kann?

H.: Hast du einen konkreten Fall im Sinn, bei dem du das vermutest?

Teilnehmerin: Ich denke nur an das, was über multiple Persönlichkeiten gesagt wird.

H.: Gunthard gab mir mal während eines Kurses einen Artikel über Familiengeheimnisse zu lesen. Darin stand, daß die Lösung für Psychosen darin besteht, daß ein Familiengeheimnis ans Licht gebracht wird. Mir schien aber, daß in dem dort beschriebenen Fall die Patientin mit zwei Toten gleichzeitig identifiziert war. Dann hat Gunthard, ohne daß die Gruppe das wußte, das System dieser Patientin aufgestellt – von irgend jemand, hat er nur gesagt. Und wirklich, die Frau, die die Patientin darstellte, fühlte sich verrückt. In dieser Familie gab es zwei tote Kinder, eines war ein Geschwister der Patientin und eines ein Geschwister der Mutter. Beide waren früh gestorben. Als wir die Toten dazugestellt haben, fühlte sich die Patientin völlig normal. Das war das einzige Mal bisher, daß wir bei jemandem eine Identifizierung mit zwei Personen gleichzeitig gesehen haben.

Wie spielt das Eigene in das Fremde hinein und wie das Fremde in das Eigene?

(Video 3: 20min 27")

Andere Teilnehmerin: Ich habe eine Frage zu den Stellvertretern. Wie verhinderst du, daß die ihre eigenen Themen gleichzeitig mitinszenieren? Vorhin z.B. sagte eine Frau: „Ich wäre gerne Vaters Lieblingstochter“. Woher weiß ich, ob das nicht auch ihre eigenen Wünsche sind?

H.: Bei einer Aufstellung geht man davon aus, daß ein Stellvertreter, wenn einer gesammelt ist, immer das sagt, was die fremde Person fühlt. Vorhin hat einer als Stellvertreter des Mannes etwas Rücksichtsloses gesagt, und ich habe ihm daraufhin gesagt: Ich rechne dir das nicht an; das bist du nicht persönlich. Ein Stellvertreter fühlt und redet wie die Person, die er darstellt. Er kann sich das aber nicht erklären; er weiß nur, daß er gesammelt ist. Es kann sein, daß es Ähnliches auch bei ihm gibt, aber ich kann nicht davon ausgehen, daß es jetzt hineinwirkt.

Wenn es hineinwirkt, kann man das sofort sehen. So jemanden nehme ich sofort heraus und ersetze ihn durch jemand anders. Wenn jemand nicht gesammelt ist, kann man das sehen. Besonders am Anfang eines Kurses, wenn die Teilnehmer noch nicht so geübt sind, sind sie manchmal nicht bei sich, wenn sie bei einer Aufstellung mitwirken. Aber wenn sie gesammelt dabei sind, so wie wir das hier sehen können, dann verlasse ich mich darauf, daß sie genau das fühlen, was die Personen, die sie darstellen, fühlen.

Jede andere Annahme macht alles verrückt. Dann kannst du nicht mehr arbeiten. Wenn du davon ausgehst, daß die Stellvertreter ihre eigenen Sachen mit hineinbringen und du anfängst, das zu interpretieren, kannst du nichts mehr lösen.

Auch wenn ein Stellvertreter sich etwas von dem anzieht, was er während einer Aufstellung erlebt, und sich z.B. fragt: „Was war jetzt bei mir? Hat das, was ich jetzt gefühlt habe, vielleicht etwas mit mir zu tun?" – dann ist es für ihn und seine Seele ganz schlimm.

Also, wenn man von dieser Grundannahme ausgeht, die du als mögliche genannt hast, hat sie schlimme Folgen. Die Psychohygiene gebietet, daß man von den Annahmen ausgeht, die ich hier genannt habe.

Teilnehmer: Ist das der Grund, warum du den Leuten nachher auch nicht wieder aus den Rollen heraushilfst? Weil sie dann nicht mehr im fremden System sind, wenn sie wieder auf ihrem Platz sitzen?

H.: Oft mache ich das. Aber hier, das sind Profis, die gehen von alleine aus den fremden Rollen. Aber wenn ich sehe, daß einer drin bleibt, dann helfe ich ihm heraus, z.B. indem ich ihn damit konfrontiere oder einen Witz mache oder sonst so was, bis er da wieder heraus ist.

Gerhard (3): (Forts. v. S. 70)

Schwere Unfälle
(zweiter Versuch, die Gegenwartsfamilie zu stellen)

(Video 3: 23min 18")

Die Dynamik: *Gerhards Frau will zu ihrer Mutter. Sie sagt zu ihr innerlich: „Liebe Mutter, ich bleibe immer bei dir". Doch statt der Frau geht der Mann.*
Die Lösung: *Der Mann sagt der Frau: „Ich habe es gerne für dich getan".*

H. *(zu Gerhard)*: Mit dir arbeite ich jetzt.

H.: Geht es um dein Ursprungssystem oder bist du verheiratet?

Gerhard: Verheiratet, ja. Ich habe zwei Kinder und lebe seit knapp zwei Jahren getrennt.

H.: Dann stellen wir zuerst dein Gegenwartssystem auf. – War jemand vorher in fester Bindung, du oder deine Frau?

Gerhard: Nein.

Gerhard: 1. Bild*

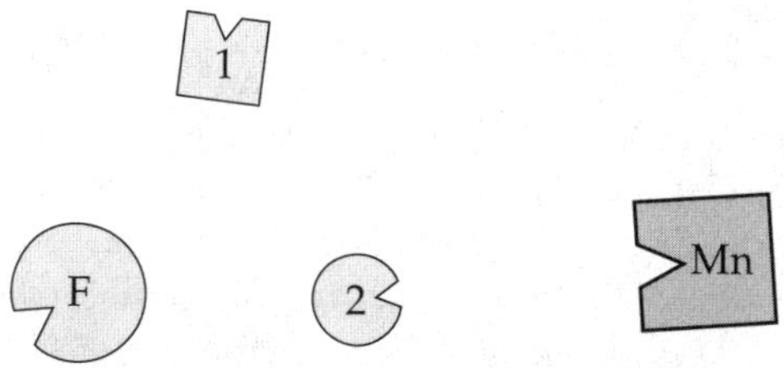

H.: Wieso habt ihr euch getrennt, du und deine Frau?

(als Gerhard zu weinen beginnt): Laß die Augen auf, das ist besser.

Gerhard: Ich konnte so nicht mehr leben.

H.: Was heißt so?

Gerhard: Ich habe immer versucht, es allen recht zu machen.

H.: Wer wollte die Trennung?

---

* *Abkürzungen*:

Mn	**Mann**
F	Frau
1	Erstes Kind, Sohn
2	Zweites Kind, Tochter
MF	Mutter der Frau

Gerhard: Ich. Ich bin auch ausgezogen.

H.: Okay, ich fange jetzt erst einmal an nachzufragen.

Wie geht es dem Mann?

[Mn]: Ich kippe hinten weg. Nach hinten ist ein starkes Wegkippen. Das hat sich ein bißchen geändert, als die Tochter auftauchte. Sie erschien mir wie so ein warmes Polster. Aber es ist immer noch eine Tendenz, ein Drang nach hinten wegzukippen.

H.: Wie geht es der Frau?

(F): Ich habe ein starkes Gefühl der Enge in der Brust, so wie versteinert. Ich habe die Tendenz zu gehen.

[1]: Als ich ausgewählt wurde, habe ich sehr stark Herzklopfen gekriegt, und jetzt fühle ich mich völlig auf mich allein gestellt. Ich habe etwas kalte Hände und das Gefühl, ich muß schauen, wie ich klarkomme damit.

H.: Wie geht es der Tochter?

(2): Ich habe einen starken Bezug zum Vater, fühle mich warm und aufgehoben bei ihm. Ich würde aber gerne die Mutter sehen. Die anderen sind für mich gar nicht da.

H. *(zu Gerhard)*: Was ist passiert in der Ursprungsfamilie deiner Frau?

Gerhard: Als der Vater meiner Frau aus dem Krieg und aus der Kriegsgefangenschaft kam – sowohl er als auch seine Frau hatten in der Zwischenzeit eine andere Beziehung gehabt – wollten sie als Neuanfang ein Kind. Dieses Kind wurde dann meine Frau. Ein paar Jahre später hat dann meine Schwiegermutter einen Schwangerschaftsabbruch bei sich selber erzeugt. Mein Schwiegervater war betrunken, konnte ihr also nicht helfen, und so mußte meine Frau sie ins Krankenhaus bringen.

H.: Wie alt war sie damals?

Gerhard: Das weiß ich nicht ganz genau, aber ich glaube sieben oder acht.

H.: Gab es noch andere Ereignisse in der Familie deiner Frau?

Gerhard: Keine Ereignisse sonst. Sie hat zu beiden Eltern wenig Bezug. Der Vater trinkt und die Mutter gibt ihr bei jeder Gelegenheit zu verstehen, daß sie sie nicht liebt und sie mißachtet.

H.: Haben ihre Eltern noch andere Kinder?

Gerhard: Sie haben noch eine ältere Tochter, die ist acht Jahre älter als meine Frau, und ich habe den Eindruck, daß meine Frau sie wie so eine Art Muttterersatz betrachtet. Zu der hat sie ein gutes Verhältnis.

H.: Okay, jetzt stelle ich mal die Mutter auf.

(zur Frau): Das wäre deine Mutter.

(H. stellt die Mutter der Frau gegenüber. Beide lächeln sich an.)

Gerhard: 2. Bild

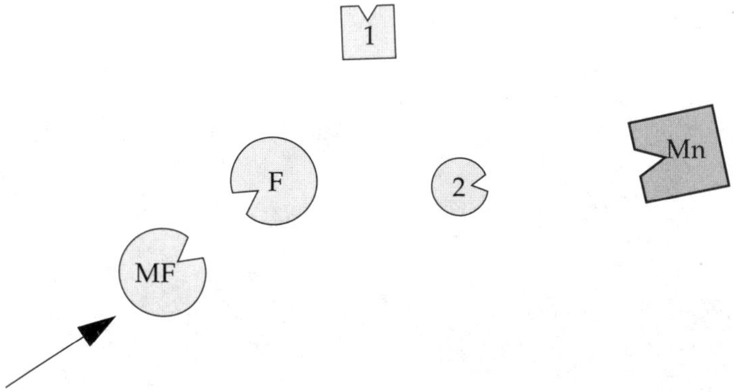

H. *(zur Gruppe)*: Habt ihr das Einverständnis gesehen zwischen den beiden?

(zur Frau) Wie geht es dir?

(F): Gut.

(MF): Okay.

(F): Als Gerhard das erzählte, da wußte ich, woher dieser Reif um mein Herz kommt.

H.: Sag: „Liebe Mutter!“

(F): *Liebe Mutter*, liebe Mutter.

H.: „Ich bleibe immer bei dir.“

(F): *Ich bleibe immer bei dir.*

H.: Stimmt das?

(F): Nein, es stimmt nicht.

H.: Es hat gestimmt.

(zur Mutter der Frau): Was ist bei dir?

(MF): Ich möchte nicht, daß sie immer bei mir bleibt. Ich würde sie gerne umdrehen.

H. *(zur Frau)*: Stelle dich neben die Mutter, ganz zwanglos, so wie Mutter und Tochter.

Gerhard: 3. Bild

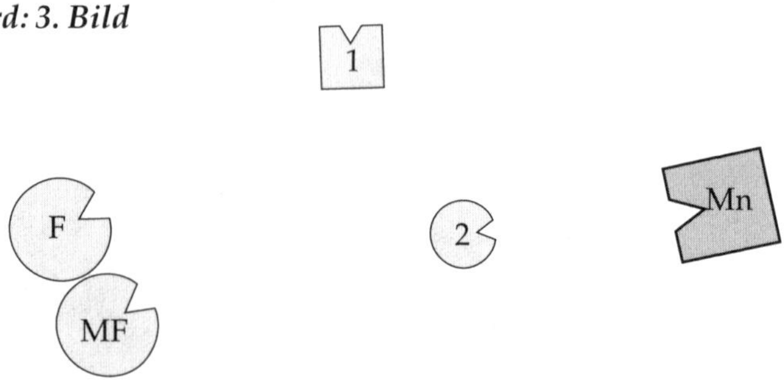

H. *(zur Frau)*: Wie geht es dir da?

(F): Gut.

H.: Stimmt der Satz von vorhin?

(F): Ja.

H.: Genau.

(zur Gruppe): Man darf sich durch solche Worte nicht gleich ins Bockshorn jagen lassen, wenn man was anderes sieht.

(MF): Es ist gut, sie zu spüren.

H.: Ist bei anderen etwas verändert?

[Mn]: Sobald die Mutter der Frau da war und dieses Einverständnis war, hörte das Wegkippen auf. Ich habe das Gefühl, daß ich jetzt einen Sinn mache, und meine Kinder müssen zu mir. Das ist mein Gefühl.

H.: Müssen sie. Ja. Vielleicht finden wir sogar noch eine bessere Lösung.

(zu Gerhard): Du hast so viele Unfälle oder was?

(Gerhard nickt)

[Mn]: Es ist auch das Gefühl da, daß ich da etwas für meine Frau gemacht habe.

H.: Genau, genau.

[Mn]: Daß sie bleiben kann.

H.: Daß der Mann geht an Stelle der Frau.

[Mn]: Ja, das war das Empfinden. Der Drang, nach hinten wegzukippen, war wirklich sofort weg als die Mutter der Frau auftauchte.

H. *(zu Gerhard, als dieser bewegt schluchzt)*: Laß die Augen auf.! Laß die Augen auf! Ich arbeite gleich mit dir.

(H. stellt ihn in das Bild)

(zum Stellvertreter des Mannes): Du kannst dich setzen.

Gerhard: 4. Bild

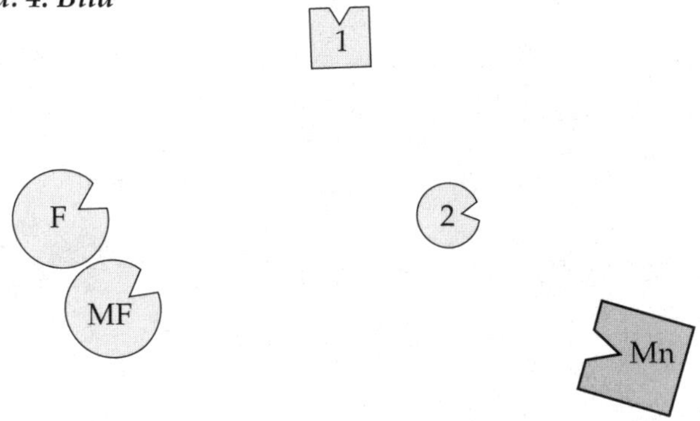

H. *(zu Gerhard)*: Stell dich so hin, daß du die Frau sehen kannst und sag: „Ich habe es gerne für dich getan". Schau sie an dabei.

Gerhard *(bewegt)*: *Ich habe es gern für dich getan*. Ich habe es gern für dich getan.

H.: Jetzt stell ich dich neben sie, ganz normal, so wie Mann und Frau.

Gerhard: 5. Bild

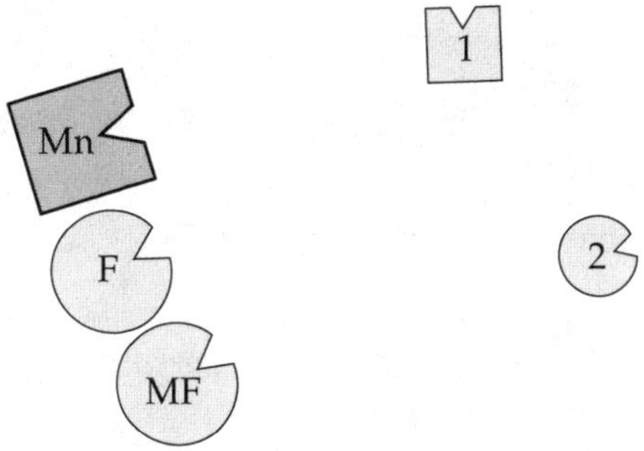

H. *(zur Frau)*: Wie geht es der Frau?

(F): Ich möchte da hin (*links vom Mann).*

H.: Auf seine andere Seite?

(F): Ja.

H. *(zu Gerhard)*: Wie geht es dir jetzt hier?

Gerhard: Es ist nicht stimmig. Mir geht es besser, aber es fehlt was.

(H. stellt die Frau links neben den Mann)

Gerhard: 6. Bild

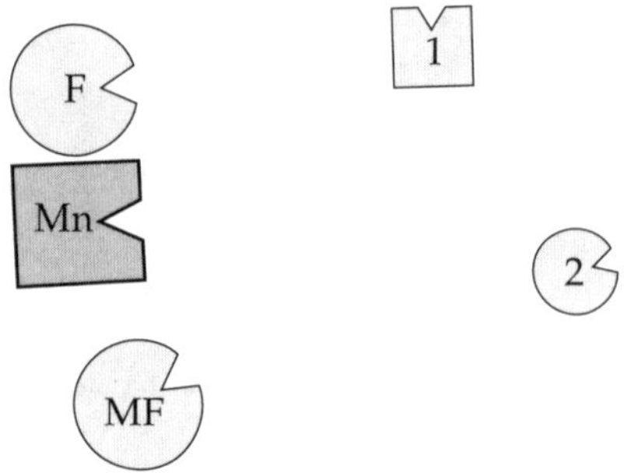

H.: Wie ist es jetzt?

Gerhard: Das ist gut, aber noch nicht ganz. Irgendwas mit den Kindern.

H.: Wir sind ja noch nicht fertig. So schnell geht die Lösung ja auch nicht.

(F): Es ist gut.

H.: Gut so?

(F): Ja, sehr gut.

H.: Wie geht es der Mutter jetzt.

(MF): Ich könnte gehen.

H.: Nein nein, dich lassen wir schon im Blick, aber jetzt auf der anderen Seite.

(H. probiert aus und stellt sie dann links von der Frau in ihren Blick. Die Kinder stellt er den Eltern gegenüber.)

Gerhard: 7. Bild

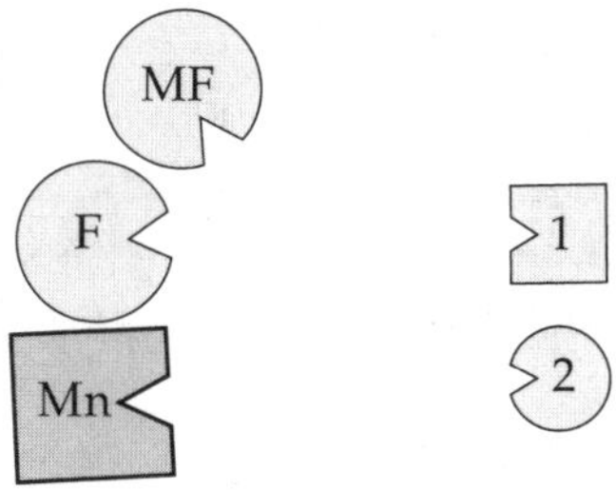

H. *(zum Sohn)*: Wie geht es dir jetzt?

[1]: Jetzt bin ich überhaupt erst mal reingekommen. Das tut natürlich gut. Ich muß mich da erst noch orientieren. Ja, es ist gut so.

H.: Was ist bei der Tochter?

(2): Es ist gut so, sehr gut. Ich habe nicht mehr den Sog zum Vater hin, sondern eher so *(zum Bruder). (lacht)*

H. *(zu Gerhard)*: Was machst du jetzt mit deiner Frau?

Gerhard: Ich denke, es gibt Wege, sich zu einigen.

H.: Erzähle es ihr, einfach so, wie es war, ohne Kommentar. Und wenn du es erzählt hast, brichst du ab und sagst nichts mehr, so daß das ganz von sich wirkt, das Bild.

Gerhard: Okay.

H.: Siehst du, heute haben wir richtig gearbeitet. Gut. das war's dann.

(Fortsetzung Gerhard S. 316)

*

H. (*zur Gruppe)*: Das ist die Langzeitwirkung eines Abbruchs. Das wäre gestern überhaupt nicht möglich gewesen. Man darf sich nicht darauf einlassen, bis der Klient wirklich voll bereit ist. Gerhard ist in der Pause zu mir gekommen und hat mich gebeten, ich möge jetzt mit ihm arbeiten. Ich war mir völlig klar, jetzt ist die Zeit und jetzt ist es gut. Und dann geht es auch.

Irgendwelche Fragen vielleicht?

Die Sammlung

(Video 3: 36min 35")

Teilnehmer: Ich hänge noch an einer der letzten Bemerkungen. Wenn das Gesammelt-Sein der Personen, die aufgestellt werden, so eine wesentliche Rolle spielt, ist es dann sinnvoll im klinischen Rahmen, wo Klienten in einer Gruppe sind, überhaupt Familienaufstellungen zu machen mit Klienten, die ganz kurz da sind und die wenig oder gar keine Erfahrung haben, sich zu sammeln – sage ich mal so?

H.: Mich erstaunt es, wie schnell Leute, die von all diesen Dingen keine Ahnung haben, sich einfach hineinstellen und fühlen, was ist. Es ist auch ein Vorgabe des Therapeuten, daß er ihnen das zutraut und daß er liebevoll Hilfestellung gibt. Wenn das mal erfahren ist, daß das eine sehr ehrfürchtige Arbeit ist, geht das. Es braucht keiner seine Familiengeheimnisse erzählen, in der Regel, außer offensichtliche Dinge, und am Ende sind alle geachtet. Wenn wir die Lösung haben, ist jeder geachtet. Keiner kann sich über den anderen erheben, jeder hat einen richtigen Platz. Das zu sehen, wirkt sehr sehr heilsam auf andere. Man sieht es aus der Situation, wie weit man gehen kann, aber die Vorgabe des Therapeuten ist schon sehr wichtig.

Die Runde

(Video 3: 38min 08")

Ich will noch sagen, wie man eine gesammelte Atmosphäre schafft. Ich habe dazu eine Methode, die nenne ich die Runde. Also, ich gehe reihum und lasse jeden kurz etwas über sich sagen, aber ganz kurz: nur, wie er heißt, was er beruflich macht, seinen Familienstand und was sein Anliegen ist oder was für ihn eine gute Lösung wäre. Und es darf niemand dazu Stellung nehmen, das ist ganz wichtig. Dann kommt der nächste dran, reihum. Wenn sie reihum sind, sind alle als Einzelpersonen völlig gewürdigt, und dadurch, daß jeder als Einzelner so zur Geltung kommen kann, entsteht in der Gruppe eine tiefe Sammlung von gegenseitigem Respekt. Es ist ganz wichtig, daß keiner Bemerkungen machen kann oder Deutungen oder irgendwas. Ich mache hier auch keine Deutungen. Dann wirkt immer nur Wirklichkeit, und das sammelt am meisten.

Veronika (1):

Leukämie
(Die Gegenwartsfamilie)

(Video 3: 39min 30")

Die Dynamik: *Veronika wäre als Kind fast ertrunken. Sie ist die dritte Frau ihres Mannes und hat mit ihm zwei Töchter. Sie möchte weg, doch an ihrer Stelle will die älteste Tochter gehen.*
Die Lösung: *Sie sagt ihren Töchtern: „Ich bleibe. Ich vertraue euch eurem Vater an mit Liebe." Doch sie traut ihm nicht. Am Ende steht sie abgewandt von der Familie.*

H. *(zu Veronika)*: Was war bei dir gewesen?

Veronika: Ich habe Leukämie.

H.: Dich nehme ich jetzt zuerst. – Setzt dich mal dahin. – Wie alt bist du?

Veronika: Neununddreißig.

H.: Bist du verheiratet?

Veronika: Ich lebe getrennt von meinem Mann.

H.: Du warst verheiratet. Hast du Kinder?

Veronika: Ja.

H.: Wie viele?

Veronika: Zwei Mädchen.

H.: Wie alt?

Veronika: Zehn und sieben.

H.: Wann ist die Leukämie aufgetreten?

Veronika: Ich habe es vor einem und einem Vierteljahr erfahren, aber es hat da wohl schon ein Jahr bestanden.

H.: Etwas Besonderes in deiner Ursprungsfamilie?

Veronika: Ich habe eine Blinddarmoperation gehabt mit neun und kurze Zeit danach Nierensteine mit zwei schweren Koliken, und ich bin ertrunken.

H.: Wie alt warst du da?

Veronika: Das war glaube ich ein Jahr nach den Nierensteinen.

H.: Und wer hat dich gerettet?

Veronika: Der Bademeister.

H.: Warst du schon bewußtlos?

Veronika: Ja. Das war in dem Schwimmbad, wo mein Vater seinen Lebensrettungsschwimmschein gemacht hat, und er ist mit mir dahin gegangen. Während er die Kleider abgegeben hat, bin ich ins Wasser. Das war ein Becken, das an einer Seite flach war und an der anderen tief, und so was kannte ich nicht. Ich bin an der tiefen Seite rein und als er die Kleider abgegeben hat, ist ausgerufen worden, daß jemand gebraucht wird, und wie er hingegangen ist, dann hatten sie mich schon wieder raus.

H.: Also, da wäre dann so etwas fällig wie heute morgen *(bei Theresa)*. Warst du heute morgen da?

Veronika: Ja.

H.: Hast du das mitbekommen mit dem Danken für Lebensrettung?

Veronika: Ja, ich habe mich da sehr angesprochen gefühlt.

H.: Ich stelle aber erstmal dein Gegenwartssystem auf. Gut, fang an. – War jemand, du oder der Mann, vorher in einer festen Bindung?

Veronika: Ja, mehrmals.

H.: Wer?

Veronika: Ich bin die dritte Frau von meinem Mann und ich habe mehrere Beziehungen gehabt vorher.

H.: Aber du warst vorher nicht verheiratet?

Veronika: Nein.

H.: Wieso hat der Mann sich von den anderen Frauen getrennt?

Veronika: Er hat gesagt, das ging nicht. Von der ersten Frau hat er zwei Kinder.

H.: Bei wem sind die Kinder?

Veronika: Die sind erwachsen. Die sind bei der ersten Frau großgeworden. Mit dem ältesten Sohn haben wir Kontakt.

H.: Und weswegen hat er sich von der zweiten getrennt?

Veronika: Mein Mann ist Engländer und seine zweite Frau ist Engländerin. Mein Mann ist mit ihr nach Berlin gegangen. Sie konnte in Berlin nicht leben. Dann sind sie nach Südafrika gegangen. Da war sie glücklich und er konnte dort nicht leben. Dann haben sie sich getrennt.

H.: So geht's wenn der Mann der Frau folgen muß. – Okay, jetzt stell mal dein Gegenwartssystem auf mit den anderen Frauen.

(als Veronika bei der Aufstellung zögert): Ja mach schon. Im Vollzug hast du die besten Bilder. Da erfährst du es am besten, statt vorher zu denken.

Veronika: 1. Bild *

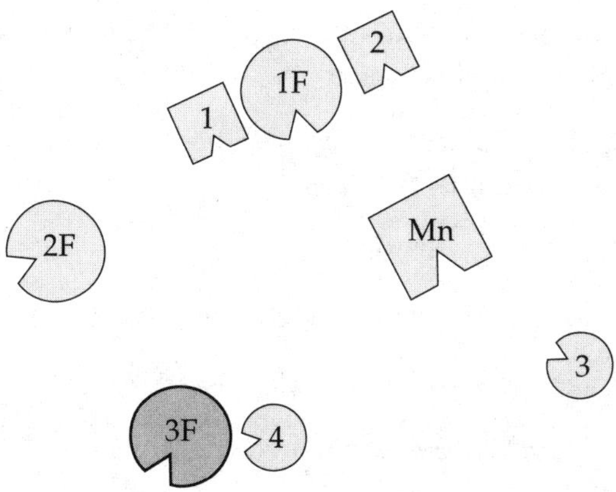

H.: Setze dich so, daß du es gut sehen kannst.

Wie geht es dem Mann?

---

* *Abkürzungen*:

Mn	Mann
1F	Erste Frau
1	Erstes Kind mit der ersten Frau, Sohn
2	Zweites Kind mit der ersten Frau, Sohn
2F	Zweite Frau
3F	**Dritte Frau**
3	Drittes Kind, erstes mit der dritten Frau, Tochter
4	Viertes Kind, zweites mit der dritten Frau, Tochter

[Mn]: Der vorherrschende Eindruck war: die jetzige Frau wird mir entrissen. Dann habe ich mal zu den früheren Frauen und Kindern geschaut. Das war so ein „Oh Gott", das hatte ich völlig versäumt wahrzunehmen oder vergessen. So ein Schreck. Das Vorherrschende war: sie wird mir entrissen.

H. *(zur Frau)*: Wie geht es dir?

(3F): Ich habe ganz arg Herzklopfen und ich möchte weg. Absolut, dahin *(nach vorne)*. Ich fühle mich eher noch von ihr *(der jüngsten Tochter)* bedroht. Also, ich habe das Gefühl: ich muß fort.

H.: *(zur älteren Tochter)*: Wie geht es dir?

(3): Ich habe nur meinen Vater und möchte zu meiner Schwester.

H. *(zur jüngeren Tochter)*: Wie geht es dir?

(4): Ich habe nur einen Satz im Kopf: Das will ich nicht. Also würde ich die Mutter halten mit aller Kraft.

(3F): Ich habe auch ein unheimliches Kribbeln auf der rechten Seite, mein ganzer Arm und die Schulter.

H.: Wie geht es der ersten Frau?

(1F): Ich beobachte den Mann und ich warte auf ihn.

H. *(zur Gruppe)*: Sie hat die Position der Kraft.

(zum ältesten Sohn): Wie geht es denn dir?

[1]: Der Vater läuft davon.

H.: Wie geht es dir da? Dein Gefühl?

[1]: Ich will hinterher.

[2]: Das ist unser Vater und der bleibt hier.

(2F): Ich fühle mich ausgestoßen.

(H. stellt das Bild so um, daß alle für alle im Blick sind)

Veronika: 2. Bild

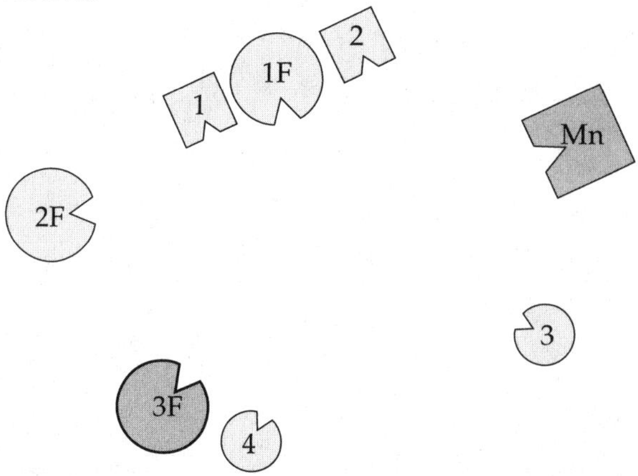

H. *(zum Mann)*: Was ist jetzt bei dir?

[Mn]: Also ich habe mehr Würde jetzt. Dieses Weglaufen war feige. Ich habe jetzt mehr Würde. Froh bin ich nicht, aber nun ja.

H. *(zum jüngeren Sohn)*: Was ist bei dir?

[2] *(zu seinem Vater)*: Du bleibst hier, sonst kriegen wir Krach.

(H. stellt die beiden Söhne zwischen den Mann und die erste Frau)

Veronika: 3. Bild

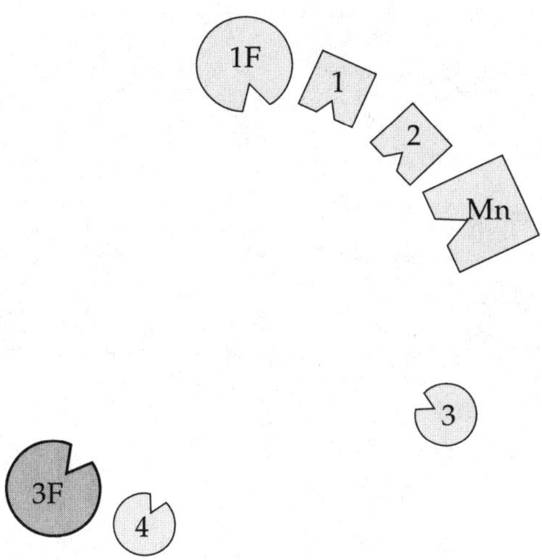

H. *(zur ersten Frau)*: Wie ist das jetzt für dich?

(1F): Ja, aber wir sind noch nicht zu Ende.

H.: Stell dich mal neben ihn, zwischen die Söhne und ihn.

Veronika: 4. Bild

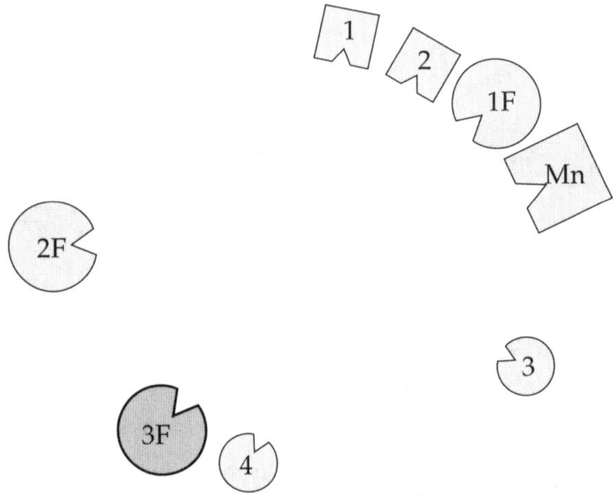

(1F): Es ist besser, aber es könnte noch besser sein.

[Mn]: Also ich wachse mit jeder Veränderung. Es wird stimmiger. Es ist in Ordnung. Also mit der ersten Frau ist was gut.

H. *(zur Gruppe)*: Das ist die erste Bindung, seht ihr das?

Veronika: 5. Bild

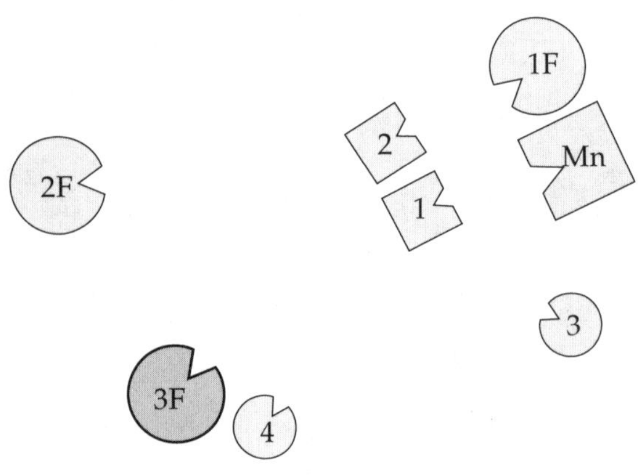

H. *(zum ältesten Sohn)*: Wie geht es dir?

[1]: Das finde ich viel besser wie hier drüben.

[2]: Ja, so stimmt das, schon besser , ja. Aber ich paß noch auf *(lacht)*.

H. *(zur zweiten Frau)*: Wie geht es denn dir?

(2F): Ich fühle mich überflüssig.

H.: Genau. Gegen das hast du gar keine Chance als zweite. Ich stelle dich einfach mal daher, damit du im Blick bist, gewissermaßen.

Veronika: 6. Bild

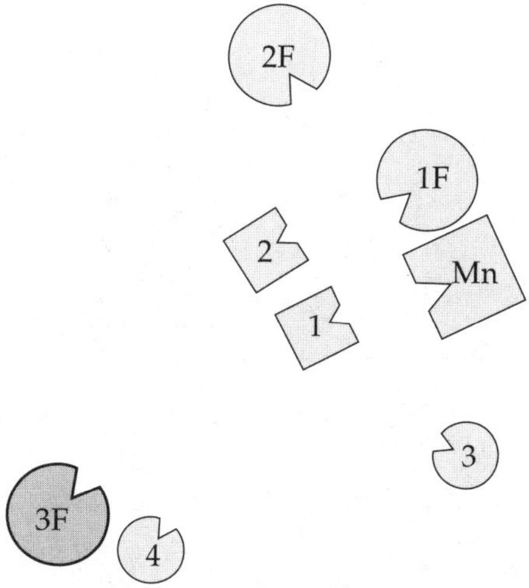

H. *(zur dritten Frau)*: Was ist jetzt bei dir?

(3F): Ich habe keinen Bezug zu meinem Mann. Die haben eine Kraft, da komme ich dagegen nicht an. Ich bin überflüssig.

H.: Genau. Eine Frau, die sich darauf einläßt, daß sie die dritte wird, hat keine Chance.

(3F): Ich könnte genausogut gehen.

H.: Genau. Du könntest genausogut gehen. Es gibt aber zwei Arten des Gehens. Welche ist besser?

(3F) *(lacht)*: Ja, ich möchte mich rumdrehen.

H. Wie geht es der Tochter hier?

(4): In dem Moment, wie wir uns zu den anderen umgedreht haben, hatte ich die Tendenz, ich will nur noch weg. Und jetzt wo die frühere Familie aufgestellt ist, trumpfe ich auf oder werde wütend, bockig, so was.

H. (*zur älteren Tochter)*: Wie geht es denn dir?

(3): Ich wollte hier weg und zwar zur Schwester.

(H. stellt sie neben die Schwester und die dritte Frau links neben den Mann)

Veronika: 7. Bild

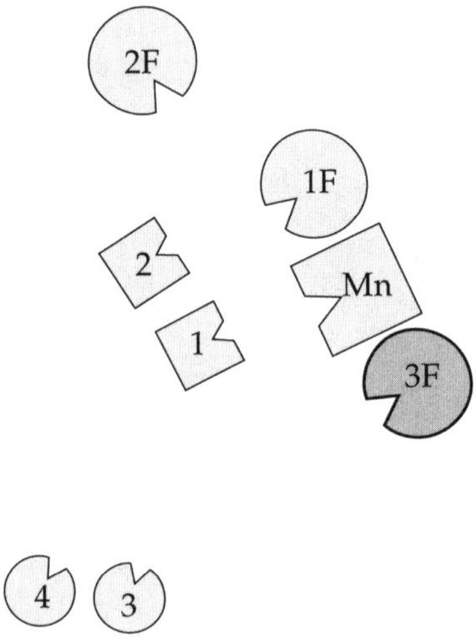

H. *(zur dritten Frau)*: Wie ist denn das?

(3F): Es ist gut. Aber ich habe nicht so den Bezug zum Mann und auch nicht zu den Kindern.

[Mn]: Also das Volumen habe ich nicht.

(3F): Drei Frauen.

H. *(zum ältesten Sohn)*: Was ist bei dir, wenn diese dritte Frau da steht?

[1]: Ich weiß nicht.

[2]: Erst war es besser. Also erst als sie hinkam, dachte ich, ja, das könnte so stimmen, und jetzt finde ich wieder, das ist nicht richtig. Wir zu viert, das stimmt.

(H. stellt das Bild um)

Veronika: 8. Bild

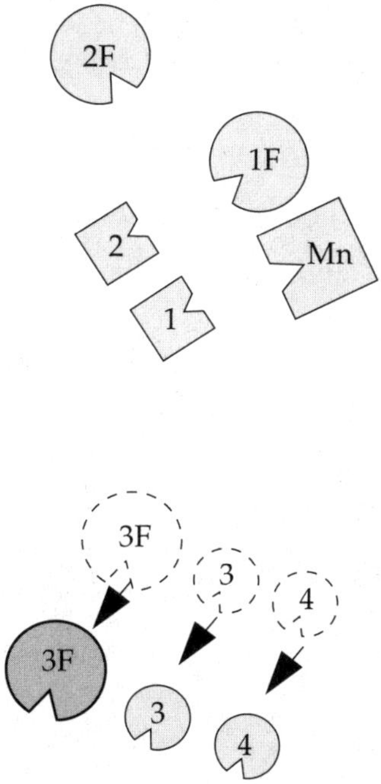

H. *(zur dritten Frau)*: Wie ist das jetzt?

(3F): Das ist gut.

(3): Ja.

(4): Ja, das ist gut. Noch weiter *(nach vorne).*

H.: Ja, ihr könnt noch vorgehen.

(die dritte Frau und die Töchter gehen spontan zwei Schritte nach vorne, schauen sich an und lachen dabei)

H. *(zu Veronika)*: Willst du dich mal hinstellen an deinen Platz?

(Veronika stellt sich an ihren Platz, schaut erst auf den Boden, dann zu den Töchtern. Die lachen sich an, sie lächelt zurück. Dann dreht sie sich um, schaut zum Mann und erschrickt.)

Veronika *(weinend)*: Irgendwas fehlt.

H.: Was fehlt?

Veronika: Ich weiß nicht. Aber das stimmt alles nicht.

H.: Stell dich mal neben den Mann.

(zu den Töchtern): Und dreht ihr euch um.

Veronika: 9. Bild

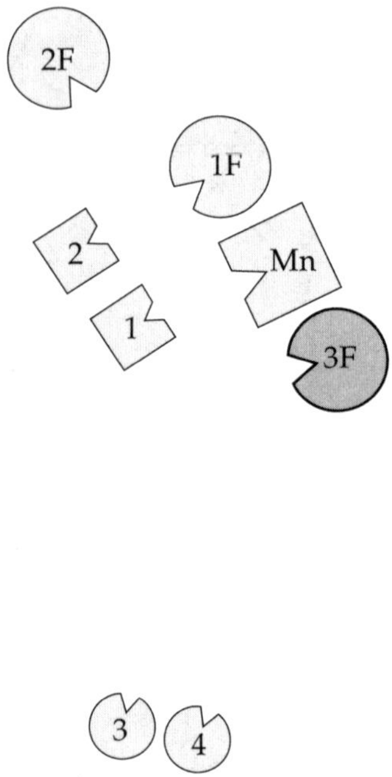

Veronika: Hier ist auch nicht mein Platz.

H.: Was ist in deiner Herkunftsfamilie passiert?

Veronika: Ich habe keine Geschwister und meine Eltern haben sehr spät geheiratet. Mein Vater ist am zweiten Herzinfarkt gestorben als ich mein Abitur gemacht habe, am gleichen Tag des Jahres wie sein eigener Vater gestorben ist als mein Vater Abitur gemacht hat.

H. *(zur Gruppe)*: Auf solche Informationen reagiere ich nie. Wenn man damit anfängt, kommt man in endlose Verwirrung.

(H. stellt das Bild um)

Veronika: 10. Bild

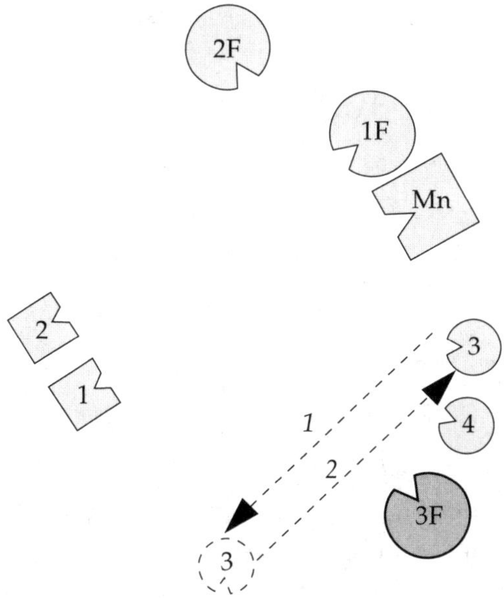

H.: Wie ist das jetzt?

Veronika: Das wäre schön

(4): Es ist gut. Ein bißchen eng, aber sonst gut.

(3): Für mich nicht. Ich war am besten da.

H.: Auf der anderen Seite der Mutter?

(3): Ich möchte gehen, weggedreht. Ich möchte die andere Familie nicht mehr sehen.

Jemand aus der Gruppe: Wie?

(3): Ich möchte die andere Familie nicht mehr sehen. Mir ging es am besten, als ich weggegangen bin, also umgedreht war.

(H. stellt sie weggedreht abseits)

H. *(zu Veronika)*: Wie geht es jetzt, besser oder schlechter?

Veronika: Ich möchte zu meiner Tochter.

H.: Geht es dir besser oder schlechter?

Veronika: Schlechter.

(4): Merkwürdigerweise besser. Also ich habe noch mehr den Drang zum Vater hin.

H. *(zur älteren Tochter)*: Wie geht es dir?

(3): Gut.

H. (*zu Veronika)*: Das Kind geht für dich.

(Veronika nickt)

(H. stellt die ältere Tochter wieder zurück neben ihre Schwester)

H. *(zu Veronika)*: Sag ihr: „Ich bleibe".

Veronika (*wendet sich ihr zu und sagt leise)*: *Ich bleibe.*

(nach einer Weile weinend): Lilli, ich bleibe.

H. *(zur Gruppe)*: Das ist jetzt das Gefühl eines Kindes. Merkt ihr das? Das ist aus ihrer Ursprungsfamilie.

(zu Veronika): Jetzt richte dich mal auf als Mutter und sage ihr als Mutter: „Ich bleibe". Schau sie an dabei.

Veronika (*ruhiger)*: *Ich bleibe.*

H.: Jetzt schau den Mann an und sage ihm: „Ich bleibe".

Veronika (*klar und kraftvoll)*: *Ich bleibe.*

H.: Und mit dieser Kraft sagst du es jetzt der Tochter.

Veronika: *Ich bleibe.*

H. *(zur älteren Tochter)*: Was ist bei dir?

(3): Ich kann es noch nicht glauben.

H. (*zu Veronika)*: Sage es so, daß sie es glaubt.

Veronika: Ich bleibe. – Ich bleibe. – Ich bleibe.

H.: Sag: „Ich vertraue euch eurem Vater an – mit Liebe".

Veronika *(bewegt)*: *Ich vertraue euch eurem Vater an – mit Liebe. Mit Liebe.*

H.: Wiederhole es ganz klar.

Veronika: Ich vertraue euch eurem Vater *(weint)* mit Liebe.

H.: „Ich vertraue euch eurem Vater an mit Liebe“.

Veronika: Ich vertraue euch eurem Vater an mit Liebe.

H. *(zu den Töchtern)*: Rückt zum Vater.

Veronika: 11. Bild

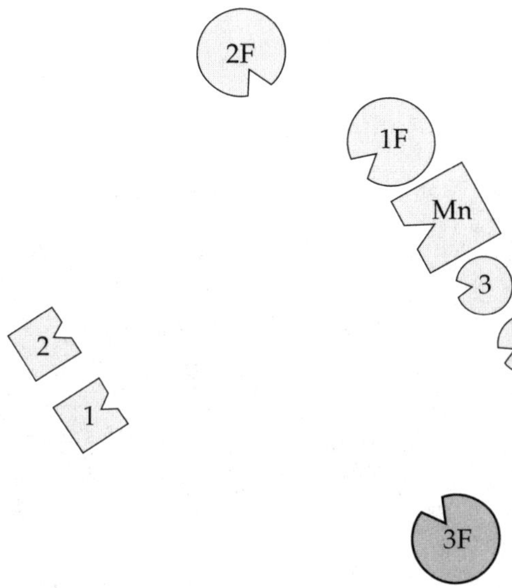

H. *(zum Mann)*: Was ist bei dir jetzt?

[Mn]: Das war wichtig jetzt. Ich habe eine ganze Zeit gebraucht, um Mut zu haben, zu dem allem zu stehen. Und dann geht das. Dann ist das in Ordnung jetzt. Jetzt habe ich die Kraft dafür.

H.: Sag's der Frau.

[Mn]: Jetzt habe ich die Kraft, für unsere Kinder zu sorgen.

(3): Wie es mir geht? Sicher auf sicherem Boden gelandet.

(4): Es ist gut. Es könnte noch enger sein. Ich habe das Gefühl, ich muß weiter von der Mutter weg sein.

H. *(zu Veronika)*: Wie geht es dir jetzt?

Veronika: Ich vertraue meinem Mann nicht.

H. *(nach einer Pause)*: Dann stirbt ein Kind.

Veronika: Mein Mann hat seine Mutter zu sich ins Haus geholt.

H.: Das ist richtig.

(H. rückt sie weiter weg)

Veronika: 12. Bild

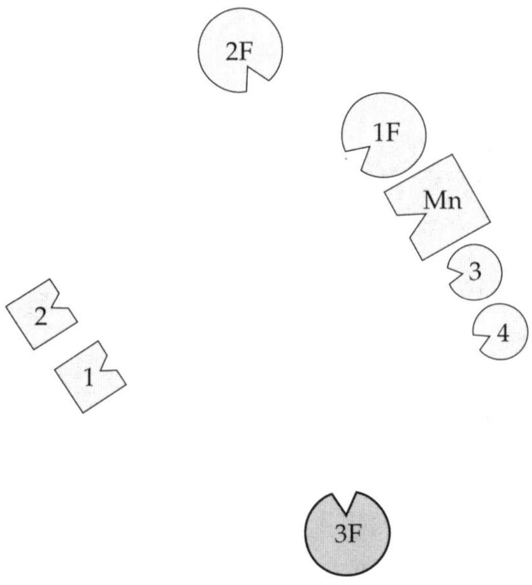

H.: Wie ist es hier?

Veronika: Es stimmt irgendwie nicht. Ich lebe mit einem Freund zusammen. Der fehlt hier, und die Mutter des Mannes fehlt auch.

(H. dreht sie um)

Veronika: 13. Bild

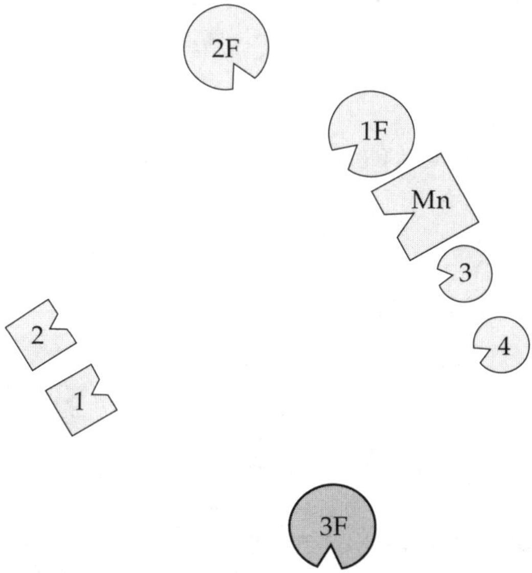

H.: Wie ist das?

Veronika *(nickt)*: Ja.

H.: Okay, das war's dann.

*

H.: Ich werde jetzt noch ein paar Fragen beantworten. Dann machen wir Schluß für heute. Mehr können wir nicht mehr machen.

Der Stellvertreter des jüngeren Sohnes: Ich will noch was mitteilen als der Sohn von der ersten Frau. Ich habe Bauchschmerzen gekriegt, ziemlich stark, als dieser ganze Prozeß da rechts ablief. Ich habe mich gar nicht gut gefühlt.

H.: Noch jemand, der was sagen möchte oder fragen?

Teilnehmerin: Mir ist nicht klar, warum jetzt die Erkrankungen, auch die zum Teil lebensbedrohlichen Erkrankungen keine Rolle mehr gespielt haben.

H.: Ich gehe nicht darauf ein. Es steht mir nicht zu. So was tun zu wollen, wäre für mich frivol.

(Fortsetzung Veronika S. 223)

H.: Manchmal erzähle ich dazu eine *Geschichte* in Gruppen.

(Video 3: 1h 06min 14")

Die Geschichte heißt:

Der Glaube

Jemand erzählt, er habe Zweien zugehört, die sich darüber unterhielten: wie hätte Jesus reagiert, hätte er einem Kranken zugerufen: „Steh auf, nimm dein Bett und geh nach Hause!" und der hätte geantwortet: „Ich will aber nicht".

Schließlich meinte einer von den beiden: Wahrscheinlich hätte Jesus zuerst geschwiegen, doch dann hätte er sich zu seinen Jüngern gewandt und gesagt: „Der gibt Gott mehr Ehre als ich".

*

H.: Ich glaube, es reicht für heute. – Okay, das war's dann.

3. Tag

Veronika (2): (Forts. v. S. 222)

Nachtrag zur Aufstellung vom Vortag

(Video 3: 1h 08min 32")

H.: Ist irgend etwas nachzutragen zu gestern?

(zu Veronika): Du wolltest mir was sagen vorhin.

Veronika: Ich habe was zu sagen zu meinem Mann. Mein Mann ist einziges Kind. Seine Mutter hat ihren Mann geheiratet, den Vater meines Mannes, obwohl sie wußte, daß er Lungentuberkulose hat und nur ein halbes Jahr zu leben. Sie ist Witwe geworden ein viertel Jahr, ehe mein Mann geboren worden ist. Sie hat aber ihrem Kind gegenüber nie von dessen Vater gesprochen und ihm auch keine Photos gezeigt und hat auch für sich selber keine Erinnerungsstücke behalten. Als mein Mann ungefähr acht Jahre alt war, da hat sie noch ein Kind bekommen. Das hat sie aber auch vor ihm verheimlicht, er hat das zu dem Zeitpunkt nicht gemerkt. Er hat, wie er zwölf war, Adoptionspapiere gefunden. Sie hat das Kind unmittelbar danach zur Adoption freigegeben. Sie hatte selbst dann keinen Zutritt mehr zu der Familie aus der Herkunft des Vaters meines Mannes.

H.: Das sind bedeutsame Informationen, die erklären, wie der Mann sich verhält, wie ihr Mann sich verhält. Dieser Mann, der folgt seinem Vater nach. Ich will mal dazu ein Beispiel erzählen.

Vor vielen Jahren war mal ein Grieche in einem Kurs, mit allen schmutzigen Wassern der Therapie gewaschen. Der konnte heulen auf Kommando und alle unter Druck setzen. Dann haben wir eine Primärsitzung gemacht, und er hat eine große Show abgezogen, was er fühlen kann. Ich sagte ihm: „Laß das mal". Er hatte mir vorher erzählt, er habe eine Frau und ein Kind. Daher sagte ich: „Jetzt stelle dir mal deine Frau vor und das Kind und sag denen was".

Er sagte: „Es ist nicht meine Frau und es ist auch nicht mein Kind. Aber ich habe ein Kind. Ich habe nämlich mal eine Frau auf der Fahrt nach Griechenland kennengelernt, habe mit der geschlafen und die hat dann ein Kind bekommen, doch ich habe natürlich die Vaterschaft sofort verleugnet". Das hat er gesagt.

Dann sagte ich: „Sage jetzt etwas zu diesem Kind, z.B. ich will dich nicht oder so".Das hat er dann so gesagt, aber es hat nicht gestimmt. Da war irgendein Geheimnis.

Am nächsten Tag haben wir seine Familie aufgestellt. Ich demonstriere mal, wie das war.

*1. Bild**

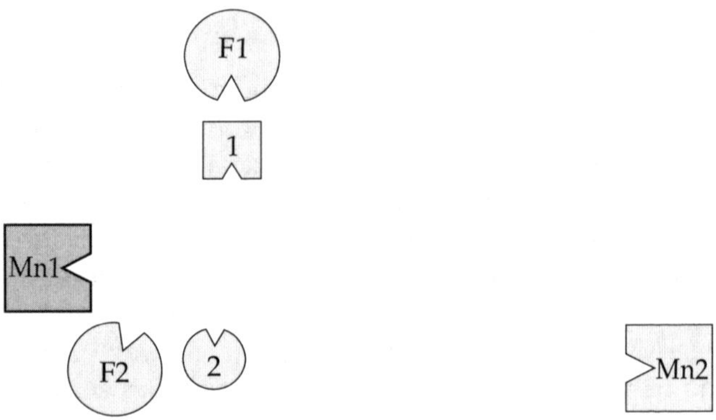

Dann habe ich dem Kind der Frau, mit der er zusammenlebte, gesagt, es soll sich verändern zu seinen Gunsten. Dann ist sie sofort rüber zu ihrem Vater gegangen.

Dann habe ich der Frau gesagt, sie soll sich verändern zu ihren Gunsten. Dann ist die sofort zu ihrem ersten Mann gegangen.

Dann habe ich dem Jungen gesagt, also seinem Kind, er soll sich verändern. Dann ist der vorgekommen, hat sich vor den Vater hingestellt, ganz nah, und hat ganz fordernd zu ihm hinaufgeschaut.

---

* *Abkürzungen:*

Mn1	**Mann**
F1	Frau, mit der er einen Sohn hat
1	Gemeinsames Kind, Sohn
F2	Frau, mit der er zusammenlebt,
2	Kind dieser Frau, Tochter
Mn2	Vater dieses Kindes

2. Bild

Plötzlich hat der Vater sich umgedreht, ist in die Ecke gelaufen, in sich zusammengesunken und hat geweint: dieser Mann, eine ganz merkwürdige Reaktion.

3. Bild

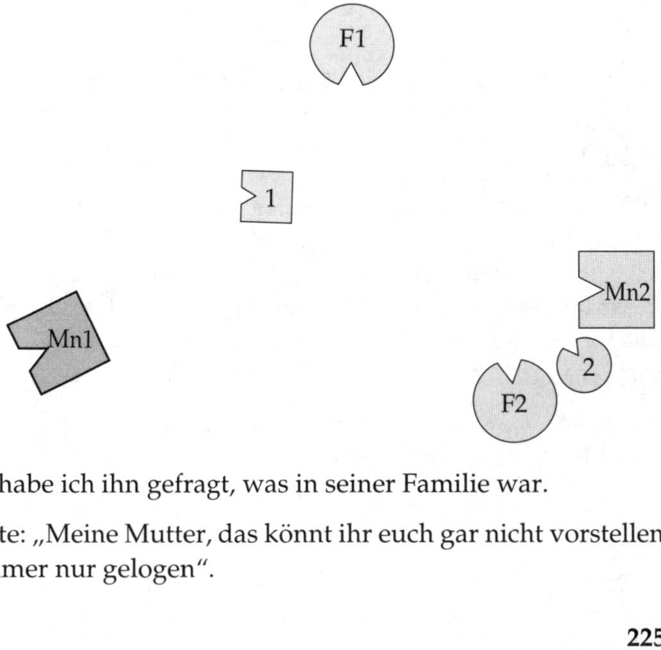

Dann habe ich ihn gefragt, was in seiner Familie war.

Er sagte: „Meine Mutter, das könnt ihr euch gar nicht vorstellen, die hat immer nur gelogen".

Ich fragte ihn: „Was hat sie denn gesagt?"

„Sie hat gesagt, der Vater stirbt bald."

Ich fragte: „Was war wirklich los?"

Da war genau das gleiche wie hier. Der Mann hatte Tuberkulose, und der Arzt hat der Frau gesagt, der lebt höchstens noch zwei Jahre. Dennoch hat sie ihn geheiratet.

Ich sagte: „Sie muß ihn sehr geliebt haben, wenn sie das gemacht hat."

Der Vater lebte aber noch zwanzig Jahre, dann erst ist er gestorben. Man muß sich jetzt vorstellen, wie das in dieser Familie war: immer mit der Drohung leben, daß der Vater bald stirbt. Und wie hat sich der Vater in dieser Familie gefühlt, wenn er immer daran denken mußte: ich sterbe bald?

So wie sein Vater, hat sich dieser Mann gefühlt, der Sohn von dem. Daher hat er sein Kind verleugnet, weil er wie sein Vater gefühlt hat: ich sterbe bald. Jetzt hatten wir den Punkt, wo der liebt, obwohl er so ein Gauner war, auf deutsch gesagt. Plötzlich wurde klar: der verweigert die Verantwortung für das Kind, weil er Angst hat, er stirbt, wie sein Vater. Er hatte das gleiche Gefühl.

(zu Veronika): Ich stelle mir jetzt vor, wie dein Mann sich fühlen muß, nachdem sein Vater so starb. Er fühlt genau wie der: ich muß bald gehen. Und dann geht der weg.

Aber es ist noch eine Gefahr drin jetzt, daß sein Geschwister – ist es ein Junge oder ein Mädchen, dieses adoptierte Kind?

Veronika: Ein Junge.

H.: Ein Junge. Daß eines seiner Kinder dieses Geschwister nachahmen wird, das zur Adoption weggegeben wurde. Deswegen ist es wichtig, daß das in den Blick kommt. Es ist wichtig für deine Kinder, daß das in den Blick kommt, daß das aufgesucht wird als Onkel. Dann sind die Kinder frei, dessen Schicksal nicht nachahmen zu müssen. Ist das dir so klar?

Veronika: Ich weiß nicht, wie ich diese Person in England finden können sollte, nach fünfzig Jahren.

H.: Ich erzähle dir noch eine Geschichte. Da war mal eine Frau in einem Kurs, die hatte den Verdacht, daß ihr Vater irgendwo eine uneheliche Tochter hatte. Sie lebte selber ihr ganzes Leben wie ein weggegebenes Kind, ganz ärmlich. Dann, nach vielen Jahren, also erst vor kurzem, hat sie ein Rechtsanwaltsbüro beauftragt, die zu suchen. Die hatten das in einem halben Tag herausgefunden. Und sie hat sie gesehen, ihre Schwester, und war glücklich. So wird das gemacht. Ja?

(zur Gruppe): Geht es ihr nicht erstaunlich gut? Wer hätte das gedacht? Also, Wirklichkeit, wenn sie ans Licht kommt, auch wenn sie bedrükkend erscheint, ist freundlich.

(Veronika nickt)

Ja, man sieht es an dir. Okay, schön, ich freu mich für dich.

Veronika: Danke.

(Fortsetzung Veronika S. 299)

Schicksalhafte und persönliche Schuld

(Video 3: 1h 16min 39")

Teilnehmerin: Ich habe eine Frage. Einerseits haben wir gesehen, daß in einem System Kräfte wirken, denen man schicksalhaft ausgeliefert ist, an den Skulpturen zum Beispiel. Man geht in so ein System rein und übernimmt dann bestimmte Gefühle und auch eine bestimmte Funktion. Andererseits gibt es aber auch so etwas wie eine persönliche Schuld. Das ist ein Widerspruch. Also ich bin einerseits verantwortlich. Gestern an einem Fall hat mir das weh getan, wie jemand sich damit konfrontieren mußte, mit seiner Schuld und mit seinen Gefühlen, etwas abgelehnt zu haben. Er ist aber auch ein Teil des Systems und von daher auch irgendwo einem tragischen Schicksal ausgeliefert. Also, wie kriegt man das zusammen?

H.: Das ist eine sehr wichtige Frage. Also, viele Dinge geschehen aus Verstrickung, auch schlimme Taten geschehen aus Verstrickung. Die Verstrickung enthebt aber den einzelnen nicht der Verantwortung für sein Verhalten und für die Folgen. Er kann sich nicht, weil er verstrickt war, vor den Folgen drücken. Das ist ein ganz wichtiger Grundsatz.

Die Folgen sind gleich, ob aus Verstrickung oder aus persönlicher Schuld. Deswegen müssen jedem die Folgen seines Verhaltens zugemutet werden, auch wenn man in diesem Sinn nicht davon sprechen kann, daß er frei war. Auch wenn er verstrickt war, muß er dafür geradestehen. Das gibt dem Einzelnen erst seine Würde. Wo kommen wir denn hin, wenn wir von anderen Voraussetzungen ausgehen. Nur dann wird es klar und nur dann ist der Einzelne groß dabei.

Rosa (3): (Forts. v. S. 196)

Eßsucht
(Die Gegenwartsfamilie)

(Video 3: 1h 18min 51")

Die Dynamik: *Der älteste Sohn wurde von Rosa abgelehnt und starb kurz nach der Geburt. Der nächste Sohn wurde nach ihm benannt. Dieser Sohn vertritt seinen toten Bruder und ist sehr verwirrt. Er übernimmt etwas für die Mutter. Die Mutter will oder muß gehen.*
Die Lösung: *Der zweite Sohn sagt zum verstorbenen ersten: „Du bist mein großer Bruder. Ich bin der Zweite, und du bist der Große. Du bist der Erste." Dann sagt er zur Mutter: „Ich trage es für dich gerne". Als die Mutter abgewandt hingestellt wird, fühlen sich die Kinder wohl.*

H.: Okay, jetzt fangen wir wieder mal an zu arbeiten.

(zu Rosa): Wie geht es denn dir heute?

Rosa: Mir geht es relativ gut.

H.: Erstaunlich, nicht? – Man muß trauen, daß Wirklichkeit zum Guten führt, wenn sie ans Licht kommt. Okay, ich nehme dich dran. Stelle dein Gegenwartssystem auf.

Rosa: Ach, das bin nur ich.

H.: Wie war das mit dem Kind?

Rosa: Ja.

H.: Da muß doch ein Vater dabeigewesen sein, oder war das eine Jungfrauengeburt?

Rosa: So ungefähr, ja. War's.

H.: Ungefähr heißt, es war nicht.

Rosa: Doch, der Arzt hat das so gesagt.

H.: Der Arzt hat das so gesagt? Seltsamer Arzt. – Okay, stell auf.

(Lachen in der Gruppe)

Rosa: Was für eine Familie soll ich aufstellen?

H.: Deine Gegenwartsfamilie. Warst du verheiratet?

Rosa: Ja.

H.: Bist du noch verheiratet?

Rosa: Nein, ich bin geschieden.

H.: Hast du mehrere Kinder?

Rosa: Ich habe zwei noch lebende.

H.: Nimm erst die Lebenden, das andere nehmen wir später.

H.: Wie alt ist das älteste Kind?

Rosa: Fünfundzwanzig. Die sind beide in einem Jahr geboren, Januar und Dezember.

H.: War jemand vorher in einer festen Bindung, du oder dein Mann?

Rosa: Ich nicht, mein Mann glaube ich nicht.

H.: Okay, stell auf.

Rosa: 1. Bild*

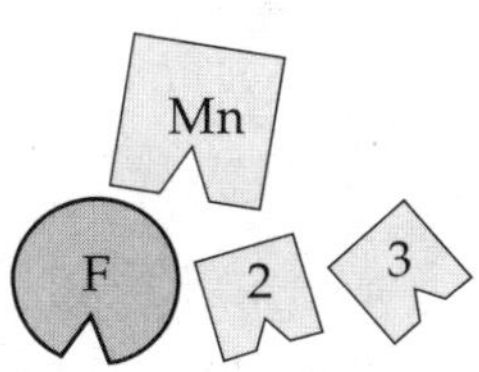

H.: Wie geht es dem Mann?

[Mn]: Ich bin eingemauert und möchte nach hinten abhauen.

---

* ***Abkürzungen:***

Mn	Mann
F	**Frau**
+1	Erstes Kind, Sohn, kurz nach der Geburt gestorben
2	Zweites Kind, Sohn
3	Drittes Kind, Sohn
+MMn	Mutter des Mannes, früh gestorben

H.: Wie geht es der Frau?

(F): Es fällt mir schwer, da was zu sagen. Ich bin vorne zwar frei. Hinten ist viel, aber es geht mich irgendwo nichts an.

H.: Wie geht es dem Älteren?

[2]: Also ich fühle mich ganz warm hier, aber ich habe den Eindruck, wir bilden irgendwo so eine Front hier. Aber ich fühle mich ganz warm hier, ganz wohl.

[3]: Ich fühle mich verbunden und seltsam losgelöst, als ob ich hier zur Seite weggehen müßte.

H. *(zu Rosa)*: Jetzt stelle das tote Kind noch auf.

(Rosa stellt es mit dem Rücken vor die Mutter, doch H. stellt es den Eltern gegenüber)

Rosa: 2. Bild

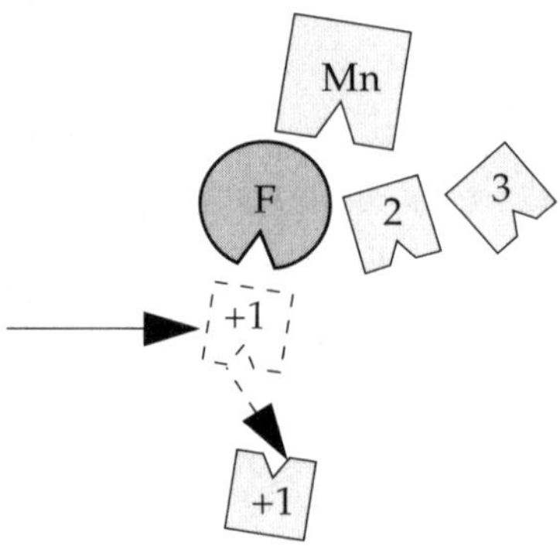

H.: Was ist jetzt?

(F): Jetzt ist es gut, wo ich ihn sehe. Das ist hinten nicht mehr so schlimm.

[Mn]: Es ist besser, aber ich bin immer noch eingemauert. Und ich muß alles tragen.

[2]: Das ist zuviel.

H.: Was?

[2]: Daß er da ist, ist zuviel. Es ist einfach zu bedrückend.

[3]: Also, ich spüre hier so eine Angst, und es war mehr, wie er hier vorher mit dem Rücken zur Mutter stand. So ist es etwas besser.

(H. stellt die Mutter abgewandt abseits)

Rosa: 3. Bild

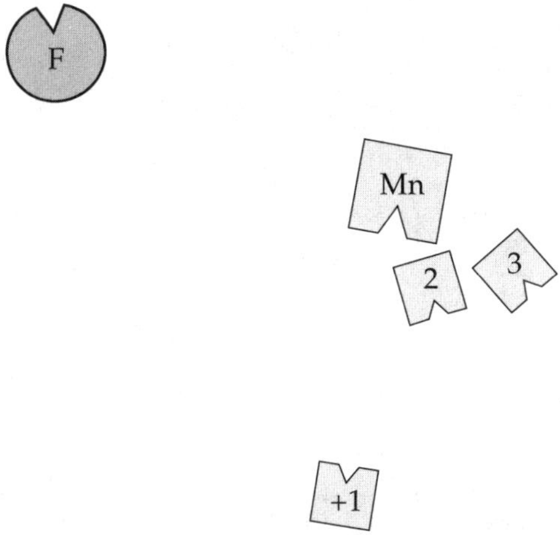

H.: Was ist jetzt?

[Mn]: Jetzt würde ich nach rechts hinten wegfallen. Es ist eher noch schwerer als vorher.

[2]: Ich bin aufgeregt und es ist nach wie vor bedrückend.

[3]: Ich kriege gar nicht mit, was dahinten passiert.

H.: Schau.

(der jüngere Sohn schaut zurück)

[3]: Es verändert nichts.

(H. stellt auch den Vater abgewandt abseits)

Rosa: 4. Bild

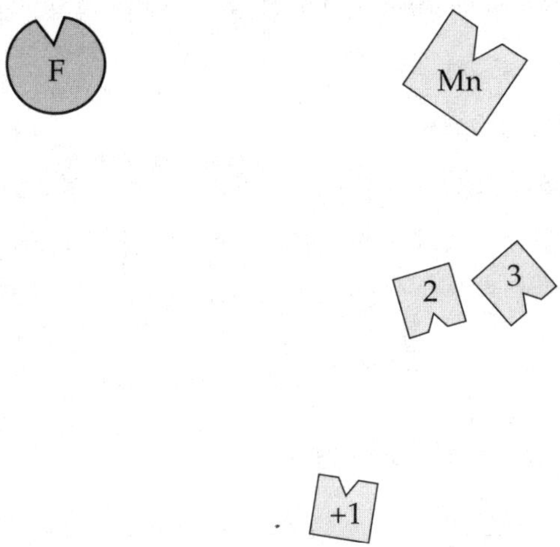

H. *(zum älteren lebenden Sohn)*: Was ist jetzt.

[2]: Mir fehlt jetzt der Vater im Rücken.

(H. dreht die beiden Brüder um)

Rosa: 5. Bild

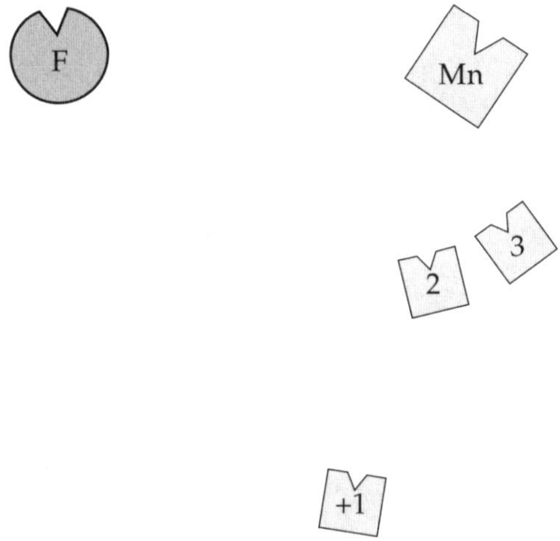

H. *(zum verstorbenen ältesten Sohn)*: Wie geht es denn dir die ganze Zeit?

[+1]: Als die Mutter weggegangen ist, hatte ich die Tendenz da nachzufolgen. Das andere hat mich wenig interessiert.

H.: Wie geht es der Frau?

(F): Es ist schlimm, so abgeschoben zu sein.

[Mn]: Ich bin entlastet. Also, mir geht es gut hier.

H. *(zur Gruppe)*: Aus dem Ganzen war mein Bild, daß der Mann verschwinden will.

(zu Rosa): Macht das Sinn für dich?

Rosa: Er hat sich scheiden lassen.

H.: Was ist passiert bei ihm?

Rosa: Also wir hatten eine Vater-Kindbeziehung und ich hab …

H.: Nein, ich will nur Ereignisse wissen. An was ist er schuldig geworden?

Rosa: In der Ehe?

H.: Ich weiß es nicht. Wofür sühnt er?

Rosa: Ich weiß es nicht.

H.: Was ist in seiner Herkunftsfamilie?

Rosa: Seine Mutter ist relativ früh an, ich glaube, Brustkrebs gestorben als er noch klein war.

H.: Wie alt?

Rosa: Ich glaube unter zehn, acht oder neun.

H.: Das ist es.

(H. stellt die verstorbene Mutter des Mannes ihm gegenüber)

Rosa: 6. Bild

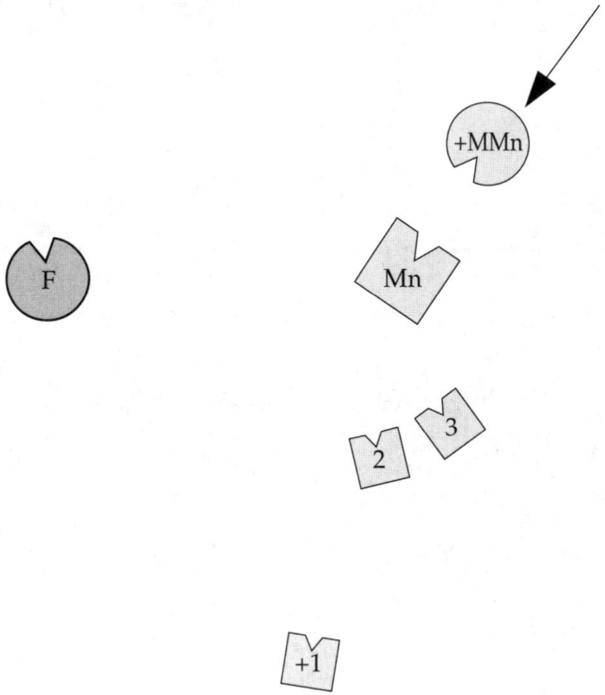

[Mn]: Ja, das ist gut.

H.: Der will zu seiner Mutter.

(H. stellt die Frau den lebenden Söhnen gegenüber und das verstorbene Kind links neben sie)

Rosa: 7. Bild

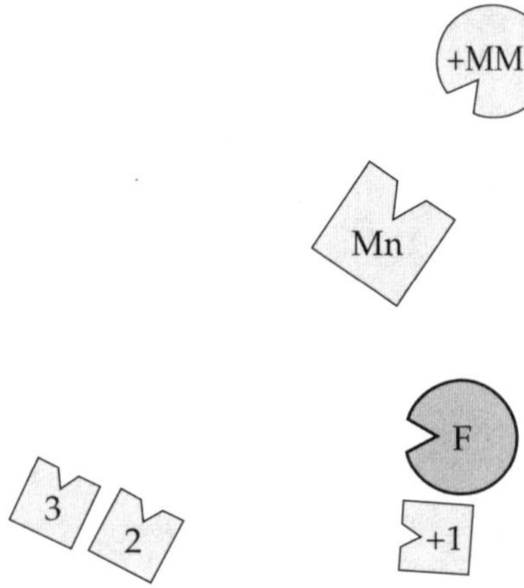

H.: Wie ist das?

(F): Die lebenden Kinder zu sehen, ist sehr schön. Bei dem verstorbenen Sohn war es für mich besser, wenn er nicht so nahe neben mir ist.

[+1]: Für mich ist es gut, nah bei der Mutter zu sein.

[2]: Ich bin total bedrückt.

[3]: Ich fühle mich bedeutend wohler.

H.: Was hat das ausgelöst?

[3]: Daß der verstorbene Bruder bei der Mutter steht und daß Vater ein Gegenüber hat.

(H. stellt das tote Kind neben den Vater)

Rosa: 8. Bild

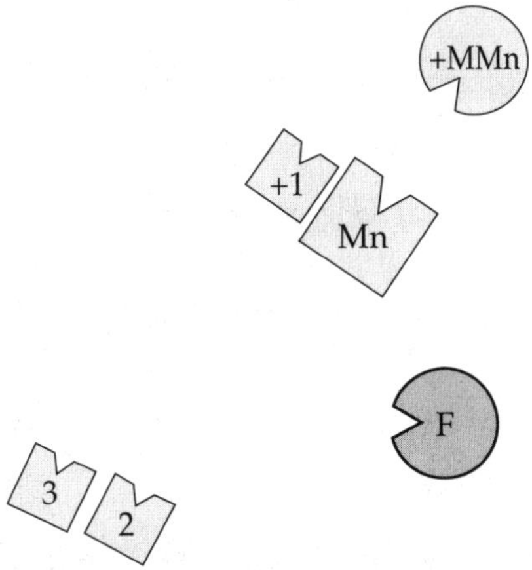

H.: Wie ist das?

[Mn]: Wo er noch da neben der Frau stand, wäre ich lieber dort hingegangen: zu meiner Frau und zu ihm.

[+1]: Ich habe nicht so den innigen Kontakt zum Vater.

(H. stellt das Bild um und läßt das verstorbene Kind sich mit dem Rücken zu den Eltern auf den Boden setzen und sich an sie anlehnen)

Rosa: 9. Bild

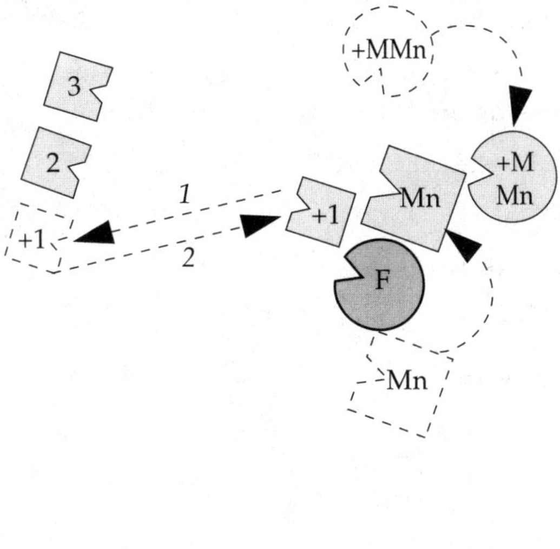

H. *(zum jüngsten Sohn)*: Wie geht es dir jetzt?

[3]: Ja, es ist gut.

[2]: Ich fühle mich nach wie vor sehr bedrückt.

[Mn]: Ich bin an der richtigen Stelle jetzt.

(F): Ich finde es insgesamt so sehr gut, nur der Vater lehnt sich so sehr an mich an. Er hat sich eben *(als dieses Bild aufgestellt wurde)* von hinten auf mich gedrückt und jetzt von der Seite. Das ist mir zu nah.

H.: Er muß sich an seine Mutter anlehnen.

(H. stellt die Mutter des Mannes halbrechts hinter ihn)

(zum verstorbenen ältesten Sohn): Wie geht es denn dir jetzt?

[+1]: Das ist eindeutig der beste Platz. Ich habe so das Gefühl, ich kann richtig in die Welt hinausgucken.

H.: Aber für deinen Bruder ist es schlecht. Stelle dich mal neben deinen Bruder.

(H. stellt ihn rechts neben den nächst jüngeren Bruder)

[2]: Es ist immer noch genauso wie vorher.

H. *(zum verstorbenen ältesten Sohn)*: Geh wieder zurück.

(zu Rosa): Was ist in deiner Ursprungsfamilie?

Rosa: Also Ereignisse: Ich bin ein ungewolltes Kind und ich denke, Mutter hat auch versucht, mich abzutreiben …

H.: Alle diese Dinge bringen überhaupt nichts. Was ist passiert? Ist jemand gestorben?

Rosa: Bei der Mutter von meiner Mutter glaube ich – das wird verheimlicht – da muß ein Kind gestorben sein.

H.: Ein Geschwister der Mutter?

Rosa: Ja.

H.: Ein Junge oder ein Mädchen.

Rosa: Ich glaube ein Mädchen.

H.: War jemand von ihren Eltern vorher verheiratet?

Rosa: Das weiß ich nicht.

H. *(als der zweite Sohn heftig zu zittern und zu weinen anfängt)*: Den müssen wir herausnehmen. Das geht nicht. Ich muß den zum Vater stellen. Der gehört da hin.

Rosa: 10. Bild

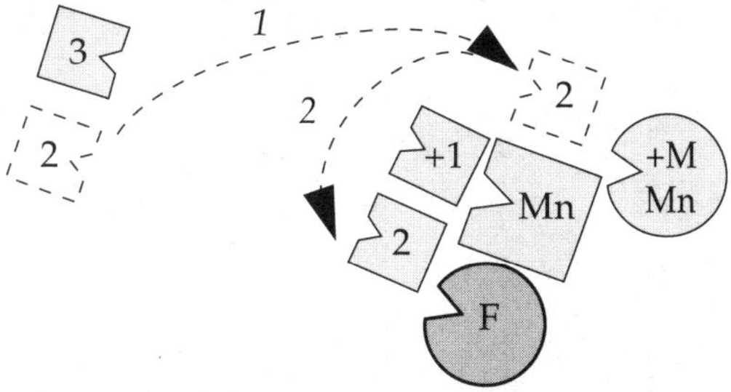

H.: Wie ist denn das? Mach die Augen auf. Setz dich neben den verstorbenen Bruder, auf die andere Seite *(links neben ihn)*.

(zum verstorbenen Bruder): Du hast erstes Recht, bleibe ruhig an deinem Platz und laß dich nicht verdrängen.

(zum zweiten Sohn): Die Augen auflassen.

(nach einiger Zeit, als der zweite Sohn sich etwas beruhigt, stellt H. den verstorbenen ältesten Sohn den Eltern gegenüber)

Rosa: 11. Bild

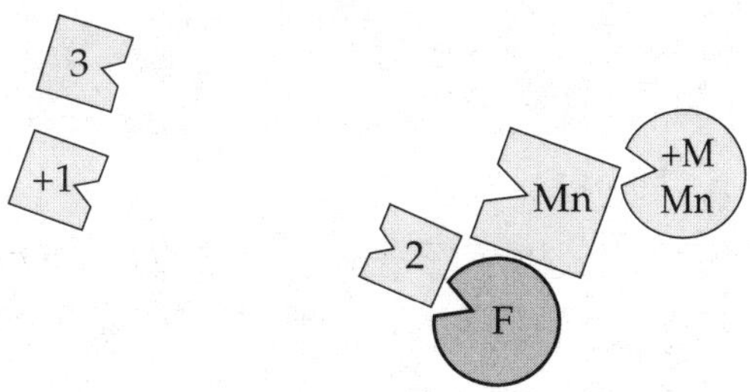

H. *(zum verstorbenen ältesten Sohn)*: Wie geht es dir da?

[+1]: Hier geht es mir jetzt besser. Vorher als ich getauscht hatte, da ging es mir nicht so gut.

H. *(zu Rosa)*: Der zweite Sohn nimmt den Platz ein von dem ersten.

Rosa: Von dem toten?

H.: Er fühlt, was der fühlen mußte.

Teilnehmerin aus der Gruppe: Von wem nimmt er den Platz ein?

H.: Von dem toten *(Bruder)*.

[+1]:Mir ist auch aufgefallen, als ich da saß, ich war richtig unbeteiligt. Mir ging es eigentlich unheimlich gut und ich habe gar nicht so mitgefühlt.

H. *(zum zweiten Sohn)*: Wie ist es jetzt?

[2]: Viel besser, viel besser, leichter, ja viel leichter.

H.: Es ist aber alles verrückt.

(zu Rosa): Es ist alles verrückt.

(zum zweiten Sohn): Jetzt stell dich wieder hierher zu den Brüdern.

Rosa: 12. Bild

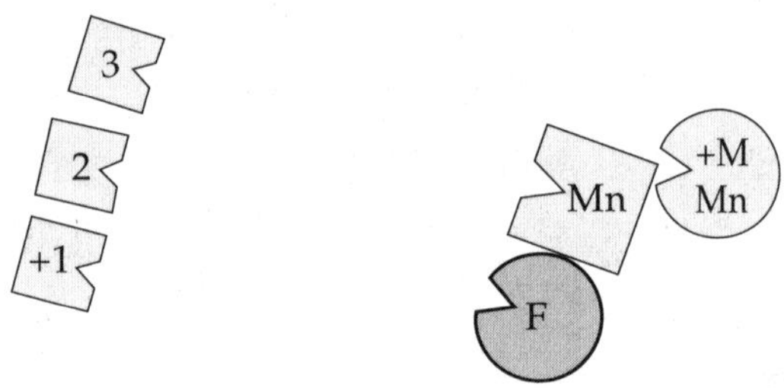

H. *(zum zweiten Sohn)*: Schau ihn an.

[2]: Wen an?

H.: Den verstorbenen Bruder und sag: „Du bist mein großer Bruder".

[2] *(stockend)*: *Du bist mein großer Bruder.* Du bist mein großer Bruder.

H.: „Ich bin der Zweite."

[2] *(stockend)*: *Ich bin der Zweite.*

H.: Sag es ganz normal.

[2]: Ich bin der Zweite.

H.: „Und du bist der Große."

[2]: *Und du bist der Große.*

H.: Der Erste.

[2]: *Du bist der Erste.*

H.: Wie ist das?

[2] *(seufzt)*: Erleichterung.

[+1]: Mir tut das gut.

H. *(zu Rosa)*: Wissen die Kinder was von dem ersten Kind?

Rosa: Ja, ich glaube ja.

H.: Als was fühlt sich der Wolfgang *(der zweite Sohn)*, als erstes oder als zweites Kind?

Rosa: Der lebende Wolfgang fühlt sich als erstes Kind. Ja.

(Rosas Antwort legt nahe, daß der zweite Sohn den Namen des verstorbenen Bruders trägt. Das würde die Identifizierung noch verstärken.)

H.: Ja, genau. Ich habe das ein paarmal festgestellt, daß solche verrückt werden, wenn sie in der Geschwisterreihe den falschen Platz einnehmen.

[2]: Ich habe das Bedürfnis, irgendwie da herauszugucken. Ich werde es ausprobieren.

H.: Warte noch ein bißchen.

(zur Gruppe): Das hatte was Verrücktes. Habt ihr das gesehen? Das läuft dann ab bei so was. Da muß die klare Hierarchie hergestellt werden. Das habe ich jetzt gemacht.

(zum zweiten Sohn): Jetzt schau dich um.

(als der zweite Sohn sich umdreht und schaut): Wenn schon, dann schau klar. Nein nein, du bist noch da drin.

(er dreht sich wieder um)

(zu Rosa): Ist der verrückt? Wird der verrückt?

Rosa: Der hat ein endogenes Ekzem. Der lebt das, glaube ich, über seine Krankheit aus.

H. *(zu Gunthard Weber)*: Hat das solche Bezüge?

Gunthard Weber: Das kann wechseln zwischen beiden. Also, das kann schon ein organischer Ausdruck sein dafür.

(F): Mir ging es besser, als der zweite Sohn sich weggedreht hatte.

H.: Als er sich weggedreht hatte?

(zu Rosa): Da ist noch ein zweites Element drin. Er übernimmt etwas für die Mutter.

Rosa: Der lebende Wolfgang?

H.: Ja, er übernimmt was für die Mutter.

(zum zweiten Sohn): Jetzt machen wir etwas Verrücktes. Wenn wir schon verrückt sind, machen wir auch was Verrücktes. Sag der Mutter: „Ich trag's für dich".

[2]: *Ich trage es für dich.*

H.: „Gerne."

[2]: *Ich trage es für dich gerne.* Ich trage es für dich gerne.

H. *(als der sich dagegen wehrt)*: Nein, steh dazu. Steh ganz dazu: „Ich trage es für dich gerne".

[2]: Ich trage es für dich gerne.

H.: Jetzt sage nur: „Ich trag's für dich".

[2]: Ich trag's für dich. Ich trage es für dich.

H.: Du fängst schon wieder an zu zittern.

(H. schaut zur Frau und sieht, daß sie zu zittern beginnt)

(zur Gruppe): Jetzt kriegt sie das Gefühl. Merkt ihr das? Da gehört es hin.

(H. stellt die Frau abgewandt abseits)

Rosa: 13. Bild

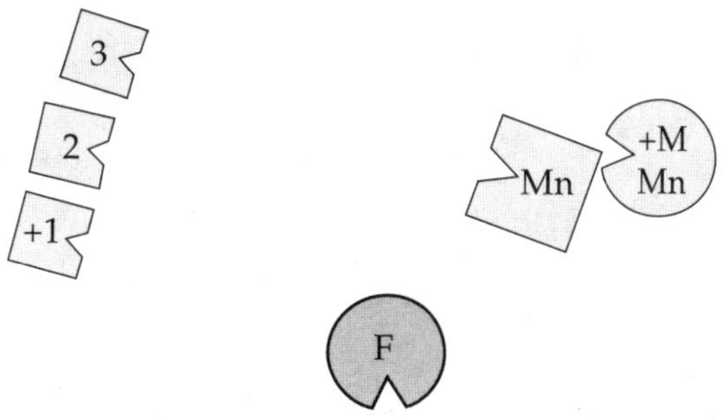

H. *(zum zweiten Sohn)*: Was ist jetzt?

[2]: Es wird besser. Ja. *(seufzt)* Jetzt kann ich anfangen, meine Umgebung wahrzunehmen. Jetzt nehme ich meinen jüngeren Bruder wahr. *(seufzt)* Ich bin noch etwas wacklig in den Beinen. Meinen Vater nehme ich wahr.

H. *(zur Frau)*: Wie geht es dir?

(F): Mir geht es überhaupt nicht gut.

H.: Geht es dir hier besser oder schlechter?

(F): Hier geht es mir viel schlechter.

H.: Es sieht aber nicht so aus.

(F): Ich muß mich wenigstens umdrehen können.

H.: Wie geht es dem Mann?

[Mn]: Mir ist besser. Das war hier unangenehm am linken Arm vorhin.

(die drei Brüder schauen sich an und lächeln sich zu)

H.: Ich unterbreche es hier. Die Dynamik ist klar genug. Die Lösung haben wir noch nicht. Aber es ist sichtbar geworden, was da für eine Dynamik läuft. Okay, das war' dann.

H. *(nach einer kleinen Weile)*: Es gibt , glaube ich, irgend so ein berühmtes Buch, das heißt: Sterben wäre ein prima Alternative, oder wie? So ähnlich heißt es.

Mehrere aus der Gruppe: „Leben wäre eine prima Alternative".

H.: Ach so? Dann habe ich mich getäuscht.

(Lachen in der Gruppe)

(Fortsetzung Rosa S. 269)

Familien-Stellen mit Symbolen

(Video 3: 1h 44min 08")

H.: Gibt es irgend etwas zu fragen dazu?

Teilnehmerin: Es ist eine Frage nicht ganz konkret zu dem Fall, sondern insgesamt wird mir jetzt bei den drei Tagen noch einmal deutlich, wie wichtig das ist, daß die in der Aufstellung gut spüren. In der Festhaltetherapie haben wir ja oft nicht die Möglichkeit, mit einer Gruppe zu arbeiten, und nehmen dann die Püppchen zu Hilfe. Ich würde gerne von dir noch mal hören, was die Berechtigung der Püppchen ist und was man dem entnehmen darf, damit man nicht so viel da hinein legt.

H.: Du meinst, mit den Püppchen Aufstellungen machen oder was?

Teilnehmerin : Ja. Da kann man vieles hineinlegen, was da gar nicht zu sehen ist.

H.: Ja, genau. Es gibt natürlich günstige Umstände, um so etwas zu machen, und weniger günstige Umstände. Bei der Einzelarbeit sind die Umstände weniger günstig als hier, das ist ganz klar. Ich gehe aber davon aus, wenn man ernsthaft arbeitet und der Klient sich ernsthaft auf etwas einläßt, dann kann man auch in ungünstigen Umständen das Wesentliche finden. Aber die Arbeit mit Püppchen ist nicht gut. Es muß mehr abstrakt sein.

Eine gute Methode ist mit Schuhen. Die kann man in die Richtung stellen und dann stellt man sich über den Schuhen die Person gleich vor. Über den Schuhen sieht man die Personen. Das ist eine gute Weise. Gunthard hat mir das erzählt, er arbeitet auf diese Weise.

Mir hat vor kurzem jemand gesagt, sie macht das mit kleinen rechteckigen Filzteppichen. Die kann man auch in die Richtung bringen und man kann sich draufstellen und fühlt dann wie die Personen. Und man kann von Teppich zu Teppich gehen. Auch der Therapeut kann das machen und fühlt dann, was die gemeinten Personen an der Stelle fühlen. Also das sind bessere Methoden dafür.

Abtreibungen und Fehlgeburten gehen die Kinder nichts an

(Video 3: 1h 45min 53")

Teilnehmer: Kann ich der Aufstellung *(von Rosa)* entnehmen, daß Eltern immer ein abgetriebenes Kind den Geschwistern mitteilen sollten?

H.: Das war kein abgetriebenes Kind. Abtreibungen dürfen nicht mitgeteilt werden. Sie gehören zu den Geheimnissen der Eltern. Die Kinder dürfen weder danach fragen, noch dürfen es die Eltern den Kindern sagen. Alles, was zur Paarbeziehung der Eltern gehört, geht die Kinder nichts an. Auch frühere Partner gehen die Kinder nichts an. Auch ich hüte das vor ihnen.

Teilnehmerin: Was ist mit fehlgegangenen Schwangerschaften, gehen die auch die Kinder nichts an?

H.: Auch die gehen die Kinder nichts an, aber das kann man eher mitteilen als eine Abtreibung. Eine Abtreibung würde ich nie mitteilen.

Teilnehmerin: Wegen der Schuld?

H.: Wegen der Schuld. Die Eltern dürfen vor den Kindern niemals eine Schuld zugeben. Kindern steht es nicht zu, daß sie das wissen.

Kinder und frühere Partner der Eltern

(Video 3: 1h 47min 06")

Andere Teilnehmerin: Ich verstehe das nicht ganz. Auf der einen Seite sollen die Eltern von früheren Partnern nichts erwähnen und auf der anderen Seite gibt es gleichzeitig die Gefahr, daß sie mit denen identifiziert sind. Irgendwas kriege ich da nicht zusammen. Du fragst sie auch immer: Gab es frühere Partner der Eltern?

H.: Es geht um das Intime. Wenn es um etwas Intimes geht, geht es die Kinder nichts an. Wenn es aber eine Verlobte gab, oder eine frühere

Frau oder einen früheren Mann, ist das ja öffentlich. Alles, was öffentlich ist, dürfen die Kinder auch wissen. Vor allem müssen sie wissen, ob es noch andere Kinder gab, also totgeborene oder weggegebene Kinder: das müssen die anderen Kinder immer wissen.

Teilnehmerin: Von früheren Partnern sollen sie schon wissen, aber keine Details, sondern nur, es war da die oder jener.

H.: Genau.

Fragen zum Abbruch, wenn es keine Lösung gab

(Video 3: 1h 47min 55")

Teilnehmerin: Darf ich noch eine zweite Frage stellen? Ich habe noch eine Frage zu dem Abbruch der Konstellation. Lag das daran, daß nicht genügend Information aus der Ursprungsfamilie da war, um eine Lösung doch noch zu finden, oder woran lag das?

H.: Ich arbeite mit dem Faktor Zeit und mit dem Faktor Ernst. Also, ich brauche keine Lösungen. Ich bin auch zufrieden, wenn ich zu einem gewissen Schritt gekommen bin. Dann ziehe ich mich zurück und traue der Seele, daß es weiterwirkt. Das haben wir ja oft gesehen, wo sozusagen ein Schrecken war, und plötzlich geht es den Leuten gut am nächsten Tag. Es ist ein großes Wagnis, daß der Therapeut trotzdem zur erkannten Wirklichkeit steht, auch wenn er jetzt im Augenblick sieht, es könnte auch schlimm ausgehen.

Eltern müssen ihre Vorrangstellung behaupten

(Video 3: 1h 48min 42")

Andere Teilnehmerin: Ich verstehe nicht ganz: warum darf man seinen Kindern gegenüber keine Schuld zugeben?

H.: Ich habe es mal so gesagt. Eltern dürfen zum Beispiel Kinder nie um Verzeihung bitten. Das Kind wird den Eltern böse, wenn sie es um Verzeihung bitten, und zwar mit Recht.

Eltern können manchmal sagen, wenn sie ein Unrecht getan haben: es tut mir leid. Aber nur so nebenbei, ohne daß sie sich erniedrigen. Eltern dürfen sich niemals vor den Kindern klein machen.

Deswegen nehme ich auch nie Eltern für eine Beratung in der Gegenwart von Kindern, es sei denn, es geht um eine öffentliche Sache. Die Kinder dürfen niemals erfahren, daß die Eltern einen Therapeuten brauchen. Sonst werden die Eltern vor den Kindern erniedrigt. Das darf nicht sein. Der Therapeut berät die Eltern, aber die Eltern handeln. Er darf sich nicht über die Eltern erheben, und die Kinder dürfen nicht sehen, daß die Eltern ihn zu Rate ziehen.

Ich bringe ein Beispiel. Meine Frau und ich waren mal eingeladen bei einer Familie, die uns vorführen wollte, was sie für eine schlechte Familie seien. Vor allem ein Junge war für sie ein Problemkind. Doch das war ein Prachtkerl. Es war halt ein Junge, aber er war ein richtiger Prachtkerl. Also, wir fanden da nichts Schlimmes. Aber im Treppenhaus hingen lauter Bilder von Gurus. Da haben wir gesagt: die müssen alle weg.

Teilnehmerin: Gilt das denn auch, wenn die Kinder erwachsen sind?

H.: Das gilt auch, wenn die Kinder erwachsen sind.

Die Rangfolge unter den Geschwistern

(Video 3: 1h 51min 04")

Teilnehmer: Heißt das, wenn das erste Kind gestorben ist, daß derjenige, der dann nachfolgt, nicht der Erste sein kann, und daß ihm das auch klar gemacht werden muß?

H.: Genauso, wie du das gesagt hast. Es muß genau die Reihenfolge eingehalten werden. Auch die toten Kinder gehören zum System genau in der Reihenfolge ihrer Geburt. Wenn das mißachtet war und die anderen Kinder nehmen dann ihren richtigen Platz ein, fühlen sie sich sehr erleichtert.

Anderer Teilnehmer: Als Ergänzung zur eben gestellten Frage: wie ist es mit abgetriebenen Kindern, zählen die auch als vorgeordnete erste?

H.: Nein, die zählen nicht dazu. Die gehören ins Elternsystem aber nicht ins Familiensystem als Ganzes. Wenn ich nur mit den Eltern arbeite, stelle ich die abgetriebenen Kinder mit dazu. Wenn ich mit den Kindern arbeite, mache ich das nicht.

Die doppelte Verschiebung

(Video 3: 1h 52min 11")

Teilnehmer: Ich habe noch eine andere Frage. Es geht um die Gesetze der Bindungen. Was wir ja hier immer wieder sehen, ist, daß eine Übernahme in der vertikalen Richtung stattfindet. Wie wirkt, was hier vertikal zu spüren ist, horizontal unter Ehepaaren, also wie weit wirken systemische Geschehnisse aus der Ursprungsfamilie eines Ehepartners auf den anderen Partner mit ein? Sind auch hier Übernahmen möglich?

H.: Was zwischen Ehepartnern häufig ist, ist eine Dynamik der doppelten Verschiebung. Wir haben hier noch keine Beispiele von doppelter Verschiebung gehabt. Doppelte Verschiebung heißt, daß z.B. eine Frau plötzlich auf ihren Mann böse wird und kein Mensch kann einsehen, wieso. Dann kommt vielleicht heraus, daß in ihrer Ursprungsfamilie die Großmutter auf den Großvater böse war mit Recht, es aber nicht zum Ausdruck gebracht hat. Jetzt übernimmt die Enkelin die bösen Gefühle der Großmutter, aber statt daß der Großvater sie abkriegt, kriegt sie der Mann ab. Das ist eine doppelte Verschiebung: im Subjekt und im Objekt. Sehr viele Ehekrisen beruhen auf dieser Dynamik der doppelten Verschiebung. Das muß man dann ans Licht bringen. Das ist also eine Sache.

Die Übernahme einer Verstrickung an Stelle des Partners

(Video 3: 1h 53min 39")

H.: Deine Frage geht aber in eine andere Richtung, so wie ich das verstanden habe.

Was unter Ehepartnern häufig ist, ist, daß der eine aus bestimmten Gründen, die mit seiner Ursprungsfamilie zusammenhängen, gehen will oder sterben oder sich umbringen will, es aber der andere Partner für ihn übernimmt. Dabei übernimmt es der Mann häufiger für die Frau als umgekehrt.

Die Folgen für ein Kind: wenn es Zeuge eines Abortus der Mutter wird oder wenn ein Geschwister weggegeben wurde

(Video 3: 1h 54min 17")

Teilnehmerin: Bitte, ich habe zwei Fragen. Die erste ist: Wenn ein Kind Zeuge wird von einem Abortus der Mutter, welche Bedeutung hat das für das Kind?

Die zweite Frage ist: Wenn ein Kind aus der Familie, also ein Geschwister, weggegeben wird, z.B. mit acht, neun Jahren an ein Kloster in Rußland, welche Wirkung hat das auf die Geschwister?

H.: Das erste behandle ich als ein einschneidendes Ereignis für das Kind. Wenn ich mit so einem Kind zu tun hätte, würde ich es genau hinschauen lassen, was passiert, ganz genau, und dann sich zurückziehen lassen. Das Kind macht eine Erfahrung, die zum Leben gehört, sehr früh. Ich darf das aber nicht dramatisieren. Ich muß das nehmen wie die Erfahrung von Tod, zum Beispiel, oder etwas Ähnlichem, dem auch ins Auge geschaut wird. Doch wenn man hingeschaut hat, läßt man es los.

Das zweite ist, wenn ein Kind weggegeben wird, dann hat es auf die anderen Kinder immer eine sehr tiefe Wirkung. Oft folgen sie dann dem weggegebenen Kind nach oder sie trauen sich nicht, ihr Glück zu nehmen, wenn eines ihrer Geschwister unglücklich ist. Das gilt auch wenn eines ihrer Geschwister behindert ist zum Beispiel. Dann trauen sich die anderen das eigene Glück nicht zu nehmen.

Die Lösung ist, es muß jedes sein eigenes Leben nehmen und sein eigenes Glück. Es muß z.B. dem anderen Geschwister sagen: *„Du bist meine Schwester, auch wenn du weggegeben bist. Für mich bist du immer meine Schwester und ich halte dich in Ehren. Ich darf da nicht eingreifen. Ich verneige mich vor deinem Schicksal und ich nehme meines, wie es mir gegeben ist"*.

Nachtrag zum Vorrang der Eltern

(Video 3: 1h 56min 21")

Andere Teilnehmerin: Mich beschäftigt das noch, wenn man sich bei Kindern entschuldigt. Ich habe das schon öfters gemacht. Was hat das für Auswirkungen?

H.: Man kann es wieder gutmachen, indem man das nächste Mal auf den Tisch haut.

Was hilft bei neurotischen Symptomen

(Video 3: 1h 56min 53")

Teilnehmer: Wir arbeiten ja hier hauptsächlich mit psychosomatisch Erkrankten und häufige Themen, die sich wiederholen, sind: „Ich folge dir nach" oder „Ich tue es für dich". Wenn Sie mit Personen mit neurotischen Depressionen arbeiten oder ähnlichem, sind da ähnliche Problematiken oder sieht es da etwas anders aus?

H.: Neurotische Symptome im engeren Sinn hängen meistens zusammen mit einer früh unterbrochenen Hinbewegung, und dann arbeite ich anders, z.B. indem ich die früh unterbrochene Hinbewegung ans Ziel bringe.

Auf die Lösung schauen

(Video 3: 1h 57min 35")

Noch eine Frage, dann arbeiten wir weiter.

Teilnehmerin: Sie haben vorher in einer Aufstellung den Mann erst rausgestellt und dann nachher wieder rein gebracht. Wie entscheiden Sie das? Natürlich geht das nach Intuition, ich benutze mal dieses Wort, sie spüren das, aber für mich ist das undeutlich, wann Sie ihn dann wieder hereinholen.

H.: Ich probiere aus. Ich habe da einfach ausprobiert, ob da was ist, ob er vielleicht weg will. Aber es hat sich herausgestellt, da war nichts, dann habe ich das nächste ausprobiert. Die Reihenfolge spielt da keine große Rolle, solange man immer die Lösung im Blick hat. Das ist eine andere Haltung als wenn ich frage, wo ist das Problem. Das ist eine völlig andere Haltung und die fühlt sich völlig anders an. Wenn ich nach Problemen schaue, dann verengt sich mein Blick, und wenn ich nach der Lösung schaue, weitet sich der Blick und irgendwo leuchtet die Lösung dann auf.

Also arbeiten wir wieder mal weiter. Jetzt kommen wir langsam ins Gedränge. Ihr kommt alle ins Gedränge.

Jane (2): (Forts. v. S. 93)

Bulimie
(abgebrochener Versuch, die Herkunftsfamilie aufzustellen)

(Video 3: 1h 58min 55")

H. *(zu Jane)*: Mit dir arbeite ich jetzt. Worum geht es?

Jane: Ich bin bulimisch und wollte hier ganz gerne meine Familie aufstellen, vielleicht nicht unbedingt die jetzige Familienkonstellation, sondern wie sie zu der Zeit war, wo meine Bulimie angefangen hat.

H.: Wer diese Unterscheidung macht, kann seine Familie nicht aufstellen, und ich will es dir erklären wieso. Die Familie wirkt in uns als ein verinnerlichtes Bild, und wenn einer seine Familie aufstellt, folgt er genau dem inneren Bild, so wie es ist. Wenn er sich aber die Frage stellt, ob es so sein soll wie jetzt oder so wie früher, dann hat er den Bezug zum inneren Bild verloren und kann die Familie nicht mehr aufstellen, wie es diesem Bild entspricht. Deswegen geht das jetzt nicht. Deine Seele muß sich jetzt erst von diesem Eingriff erholen. Ich mache das später. Okay?

Jane: Ja, gut. Aber für mich ist es eben so das Bild, das ich vor Augen habe. Es ist das Bild , wo meine Großmutter noch gelebt hat, und mittlerweile ist sie eben gestorben.

H.: Das Bild, das einer vor Augen hat, ist nicht das innere Bild. Das innere Bild ist nämlich ganz unbewußt und kommt erst im Vollzug hoch. Alles, was auf der Vorstellungsebene läuft, ist nicht in Verbindung mit der Tiefe. Deswegen hilft es nichts, wenn ich jetzt mit dir arbeiten würde. Du wärst nicht fähig. Du mußt dich erst erholen, und später sehen wir weiter. Okay?

Jane: Ja.

(Fortsetzung Jane S. 270)

Martha:

Schwere Kopfschmerzen
(Die ergänzte Gegenwartsfamilie)

(Video 3: 2h 00min 52")

Die Dynamik: *Der Vater der Mutter von Martha war Jude und hatte drei verschiedene Familien zur gleichen Zeit, ohne daß diese voneinander wußten. Ein Bruder der Mutter starb als Säugling. An seiner Stelle wurde ein jüdisches Mädchen adoptiert, das später mit ihrem Sohn vergast wurde.*
Die Lösung: *Martha stellt sich vor ihre Mutter, umarmt sie und wird von ihr und dann auch vom Vater der Mutter, dem verstorbenen Bruder der Mutter und der verstorbene Adoptivschwester der Mutter umarmt. Danach stellt sie sich neben ihren Mann und wird von ihm gehalten. Dann treten auch ihre vier Söhne vor die Großmutter, den Großvater und die verstorbenen Geschwister der Großmutter und geben ihnen die Ehre.*

H. *(zu Martha)*: Ich arbeite mit dir jetzt. Um was geht es?

Martha: Ich habe seit dreiunddreißig Jahren sehr schwere Kopfschmerzen, teilweise Migräne, und ich würde es gerne loswerden, weil ich begriffen habe, daß ich es sonst meinen Kindern zum Auflösen gebe. Ich möchte es selber auflösen.

H.: Du bist verheiratet?

Martha: Ich bin verheiratet und habe vier Söhne.

H.: Okay, dann stelle mal das Gegenwartssystem auf. Warst du früher mal in einer festen Bindung, oder dein Mann?

Martha: Nein.

H.: Wir stellen zuerst das Gegenwartssystem auf. Bitte.

(zur Gruppe): Ihr Mann ist hier, ich setzte ihn hier neben mich, damit er das besser sieht.

(zu Martha): Okay, stell mal auf

(Martha stellt die Gegenwartsfamilie auf und als H. den Mann bittet, es nach seinem Bild zu verändern, stellt er den dritten Sohn etwas näher zur Mutter)

*Martha: 1. Bild**

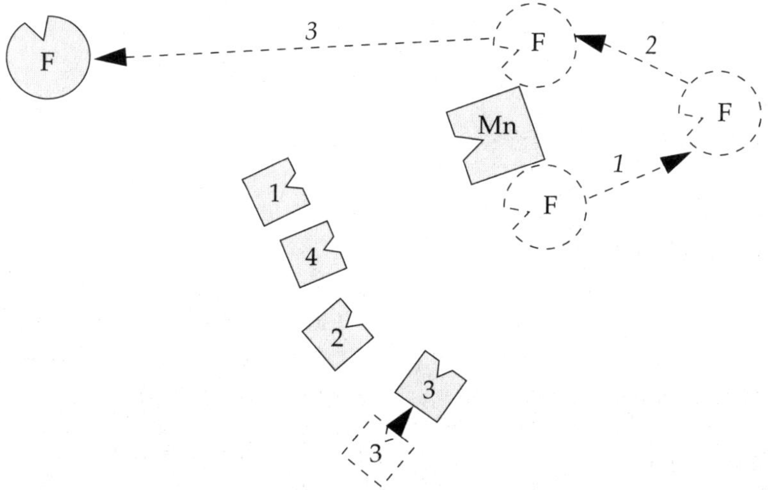

H.: Wie geht es dem Mann?

[Mn]: Mir geht es ganz gut. Ich habe allerdings mit denen fast überhaupt nichts zu tun: mit meiner Frau gar nichts, mit den Söhnen fast überhaupt nichts. Der einzige, der mich aufhalten kann dorthin zugehen *(nach vorne weg)*, ist der Älteste.

H.: Wie geht es der Frau?

(F) *(seufzt, weint, ist sehr bewegt)*: Ich will hier weg.

H. *(zur Gruppe)*: Ich muß die da gleich herausnehmen. Man darf die da nicht drin lassen, wenn die in das Gefühl kommen.

(H. führt sie aus dem Bild hinaus.)

---

* ***Abkürzungen:***

Mn	Mann
F	**Frau**
1	Erstes Kind, Sohn
2	Zweites Kind, Sohn
3	Drittes Kind, Sohn
4	Viertes Kind, Sohn
VMF	Vater der Mutter der Frau, Jude mit drei Familien
MF	Mutter der Frau
+BMF	Bruder der Mutter der Frau, mit zwei Jahren gestorben,
+SwMF	Jüdische Adoptivschwester der Mutter der Frau, als Jüdin ermordet

H. *(als sie sich hinsetzt)*: Stehenbleiben mußt du schon. Ganz entlassen tue ich dich nicht, aber irgendwo in eine sichere Position bringen.

(als er sie rechts neben den Mann stellt): Das geht nicht.

(H. stellt sie abgewandt weiter weg)

Geht es dir hier besser?

(die Frau nickt, doch sie kann weiterhin kaum an sich halten)

H. *(zu Martha)*: Was war in deiner Ursprungsfamilie?

Martha: Meine Mutter besaß ein großes Geheimnis. Ihr Vater war Jude und er war an drei verschiedenen Stellen mit drei verschiedenen Frauen verheiratet und hatte drei Familien zur gleichen Zeit. Die haben sich bei der Beerdigung ihres Vaters zum erstenmal gesehen und haben davon erfahren. Keine Familie wußte von der anderen. Und dann haben sich die Wege wieder getrennt von den Familien. In der Familie meiner Mutter ist eine Schwester mit dem Mann und dem Säugling abgeholt und vergast worden. Ein Bruder meiner Mutter ist als Säugling gestorben. Mein Vater hat meine Mutter aus diesem ganzen Kessel herausgeholt und hat sie geheiratet. *(weint und ist sehr bewegt)* Sie hat ihn ihr ganzes Leben lang angebetet wie einen Gott und er hat sie behandelt, als ob sie eines seiner Kinder wäre.

H.: Also, wer ist gestorben?

Martha: Erst ihr Vater, und da ist das alles aufgekommen.

H.: Wann ist der gestorben?

Martha: Da war sie ein Kind, ich weiß es nicht wann.

H.: In welchem Jahr ungefähr?

Martha: Sie war zwölf oder dreizehn, da ist er gestorben, also vielleicht 1930, um diese Zeit herum.

H.: Und wer ist jetzt umgekommen aus ihrer Familie?

Martha: Aus ihrer Familie ihre Schwester mit dem Mann und dem Säugling und ein Bruder.

H.: Die Schwester war die Ältere?

Martha: Die Schwester ist adoptiert worden für den Bruder, der früher gestorben ist. Der Bruder ist mit zwei Jahren gestorben und dafür wurde diese Schwester aus dem jüdischen Kinderheim adoptiert.

H.: Okay, dann ist er der Ältere.

(H. stellt den Vater der Mutter der Frau dazu, sowie den verstorbenen Bruder und die ermordete Adoptivschwester der Mutter der Frau. Dabei wechselt die Stellvertreterin der Frau von sich aus in die Rolle der Mutter der Frau.)

Martha: 2. Bild

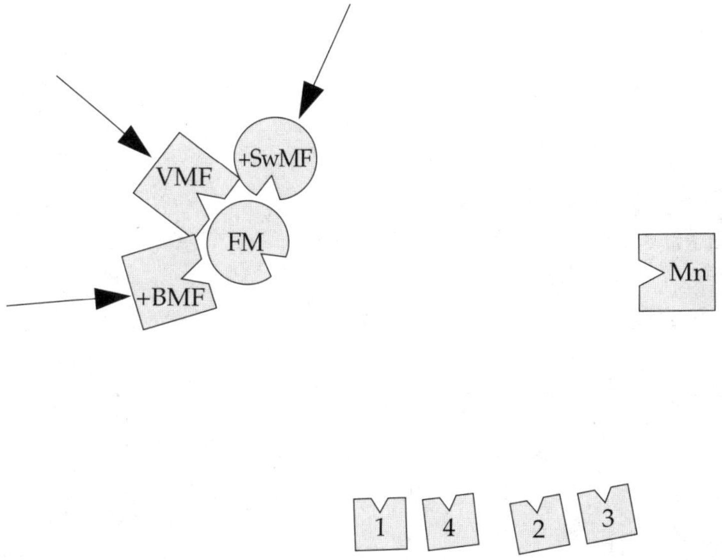

H. *(zur Frau bzw. jetzt zur Mutter der Frau)*: Wie geht es dir?

(sie ist sehr bewegt und kann sich kaum auf den Beinen halten)

(zum Vater der Mutter der Frau und den toten Geschwistern der Mutter der Frau): Nehmt sie in den Arm, richtig so umarmen, alle.

(zu den Söhnen): Und ihr dürft das alle sehen. Stellt euch so hin, daß ihr das sehen könnt, alle.

(zu Martha): Stelle du dich selber dahin

(Martha stellt sich dazu, umarmt ihre Mutter und wird von der Mutter, vom Großvater und den toten Geschwistern der Mutter umarmt. Sie weint laut.)

Martha: 3. Bild

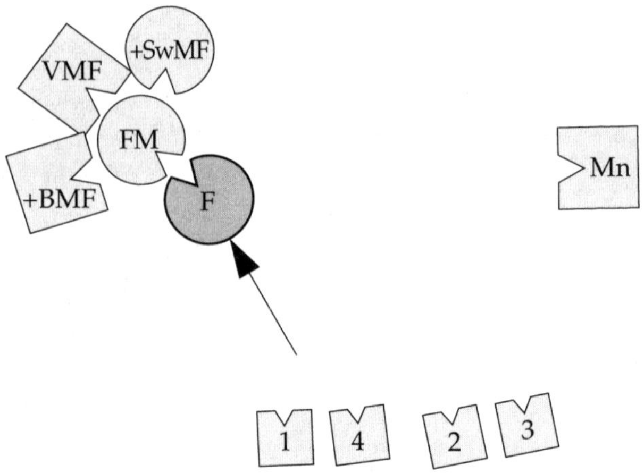

(nach einiger Zeit, als der Schmerz abgeklungen ist, stellt H. Martha neben den Mann und die Söhne in der Reihenfolge des Alters auf)

Martha: 4. Bild

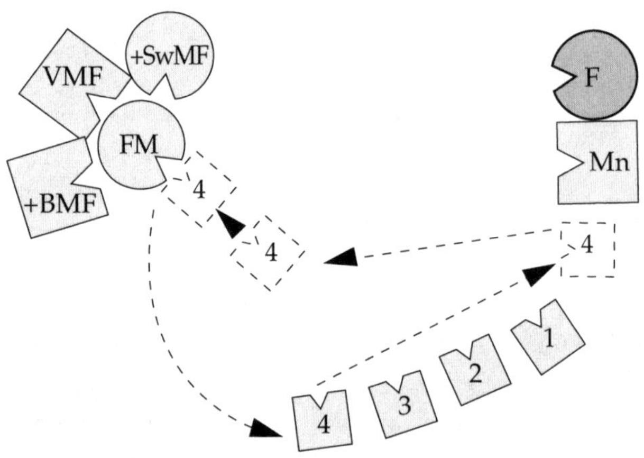

H. *(zu Martha)*: Schau rüber. Bleib in Verbindung.

(zum Mann): Wie geht es dem Mann jetzt?

[Mn]: Ja, es ist ein sehr schönes Gefühl der Verbundenheit mit der Frau.

Martha: Ja.

[Mn]: Und ja, ich habe auf einmal Kinder gekriegt. Und die Verwandten der Frau sind wichtig.

H.: Genau.

[1]: Ich fühle mich sehr entlastet.

[2]: Ich fühle mich nicht so wohl. Mir hat es vorher so einiges zusammengezogen. Ich fühle mich auch jetzt noch nicht wohl. Vorher, in der Anfangsrolle, war ich eher empört, auf den Vater wütend, und jetzt fühle ich mich nicht wohl.

[3]: Mir war vorher ganz heiß, verspannt, ich nahm niemanden wahr und das ist jetzt einem Wohlsein gewichen. Ich kann durchatmen und ich nehme alle wahr.

[4]: Ich spüre eine ganz starke Spannung zur Mutter der Mutter, die mir ganz viel Luft wegnimmt. *(atmet schwer)*

H.: Stell dich neben den Vater.

(zu Marthas Mann): Ich nehme jetzt den richtigen Mann gleich herein.

Stelle dich an deinen Platz.

(Der jüngste Sohn stellt sich neben den Vater. Dieser legt den Arm um ihn und hält ihm die Hand auf die Brust. Er ist weiterhin sehr bewegt.)

H. *(zum jüngsten Sohn)*: Stell dich mal hierher vor deine Großmutter und verneige dich tief, so wie du spürst, daß es gemäß ist.

(der jüngste Sohn geht hin, verneigt sich tief und beginnt heftig zu schluchzen)

H. *(nach einiger Zeit)*: Jetzt richte dich auf und geh hin zu ihr, so.

(der jüngste Sohn geht zu seiner Großmutter und umarmt sie tief bewegt)

H. *(zu Martha, als sie weint und schluchzt)*: Wende dich zum Mann und laß dich von ihm halten.

(Mann und Frau umarmen sich. Der Mann hält sie, während sie schluchzt.)

H. *(zum jüngsten Sohn, als sich die Bewegung bei ihm und bei Martha beruhigt)*: Jetzt geh zurück an deinen Platz.

H. *(zu den anderen Söhnen)*: Es soll jeder hingehen und sich verneigen.

(zum ältesten Sohn): Geh du hin und verneige dich.

(der älteste Sohn geht hin und verneigt sich tief und lange)

H: *(nach einiger Zeit zum ältesten Sohn)*: Wenn es gut ist, richtest du dich auf und gehst zurück an deinen Platz.

(zum zweiten Sohn, als der den Kopf schüttelt und sich weigert): Geh.

[2]: Ich will eigentlich nicht hingehen.

(H. führt ihn vor die Großmutter und ihre Verwandten)

H. *(zum zweiten Sohn)*: Knie dich auf den Boden, verneige dich bis auf den Boden und sag: „Ich gebe euch die Ehre". Mach das. Tief bis auf den Boden, so, ja. „Ich gebe euch die Ehre."

[2]: *Ich gebe euch die Ehre. (er schüttelt den Kopf)*

H.: Wiederhole es. Ganz tief den Kopf und sag: „Ich gebe euch die Ehre".

[2]: Ich gebe euch die Ehre. Ich gebe euch die Ehre.

H.: Tief atmen, den Mund leicht öffnen dabei.

[2]: Ich gebe euch die Ehre. Ich gebe euch die Ehre

H. *(nach einer Weile)*: Dann richte dich auf und verneige leicht den Kopf, ganz leicht, und geh zurück.

(Nun geht der dritte Sohn nach vorne, verneigt sich tief, richtet sich nach einer Weile wieder auf und geht zurück)

H. *(zum zweiten Sohn)*: Wie geht es dir jetzt?

[2]: Mir geht es besser. Es war vorher hier *(im Bauch)* kalt und hat mir den Bauch zusammengezogen und ich habe unheimlich viel Trotz gemerkt. Ich wollte da nicht hin, ich wollte auch gar nichts damit zu tun haben. Ich habe auch weggeschaut die ganze Zeit und jetzt schaue ich zum erstenmal da rüber.

H. *(zu Martha)*: Wie geht es dir jetzt?

Martha: Es geht viel besser und erstaunlich ist, die Stellvertreter der Söhne haben genau die Situation wiedergegeben, die zu Hause herrscht. Der zweite ist voll von diesem Trotz, der dritte möchte gehen, und der zweite und der vierte fangen immer mehr an, für mich die Schmerzen zu übernehmen. Vor allen Dingen der vierte allerdings. Und der vierte und ich, wir haben uns gegenseitig das Leben gerettet.

H. *(zu Martha und ihrem Mann)*: Wir geben euch den Film, ja? Zeigt ihn den Söhnen dann.

Martha: Ich danke.

H. *(zum Mann)*: Wie geht es dir?

Mann: Ich zittere.

H.: Das darf lange nachwirken, so was Tiefes. Okay, das war's dann.

Martha: Danke.

*

H.: Ich erzähle euch eine *Geschichte*, so ein bißchen zur Sammlung oder zum Aufatmen.

(Video 3: 2h 28min 23")

Die Geschichte heißt:

Die Fülle

Ein Junger fragte einen Alten:
Was unterscheidet dich,
der fast schon war,
von mir,
der ich noch werde?"

Der Alte sagte:
„Ich bin mehr gewesen.

Zwar scheint der junge Tag,
der kommt,
mehr als der alte,
weil der alte vor ihm schon gewesen.
Doch kann auch er,
obwohl er kommt,
nur sein, was er schon war,
und er wird mehr,
je mehr auch er gewesen.

Wie einst der alte,
steigt auch er am Anfang
steil zum Mittag auf,
erreicht noch vor der vollen Hitze den Zenit
und bleibt, so scheint es,
eine Zeitlang auf der Höhe –
bis er,
je später desto mehr,
als ziehe ihn sein wachsendes Gewicht,
sich tief zum Abend neigt,
und er wird ganz,
wenn er,
so wie der alte,
ganz gewesen.

Doch was schon war,
ist nicht vorbei.
Es bleibt,
weil es gewesen,
wirkt,
obwohl es war,
und wird durch Neues nach ihm
mehr.
Denn wie ein runder Tropfen
aus einer Wolke, die vorüberzog,
taucht, was schon gewesen,
in ein Meer, das bleibt.

Nur was nie etwas werden konnte,
weil wir es nur erträumt,
doch nicht erfahren,
gedacht,
doch nicht getan,
und nur verworfen,
aber nicht als Preis für das, was wir gewählt, bezahlt,
das ist vorbei:
von ihm bleibt nichts.

Der Gott der rechten Zeit
erscheint uns daher wie ein Jüngling,
der vorne eine Locke

und hinten eine Glatze hat.
Von vorne können wir ihn bei der Locke fassen.
Von hinten greifen wir ins Leere."

Der Junge fragte:
„Was muß ich tun,
damit aus mir,
was du schon warst,
noch wird?"

Der Alte sagte:
„Sei!"

*

Okay, jetzt machen wir einfach weiter.

(Lachen und Klatschen in der Gruppe)

H.: Wer wollte noch arbeiten?

Irmgard:

Herzrhythmusstörungen
(Die Herkunftsfamilie)

(Video 3: 2h 33min 42")

Die Dynamik: *Ein Bruder vor ihr ist totgeboren und wurde nicht erwähnt. In der Familie gibt es Geheimnisse, die nicht ans Licht gebracht wurden.*
Die Lösung: *Kraft kommt aus dem Zusammenhalt der Geschwister, die auch den totgeborenen Bruder zwischen sich stellen.*

H. *(zu Irmgard)*: Was ist bei dir?

Irmgard: Ich bin laufend krank. Ich habe Herzbeschwerden, Herzrhythmusstörungen.

H.: Komm. – Bist du verheiratet?

Irmgard: Ich bin geschieden.

H.: Hast du Kinder?

Irmgard: Zwei *(sie beginnt zu weinen)*, zwei Töchter.

H.: Wieso habt ihr euch scheiden lassen?

Irmgard: Mein Mann ist weg.

H.: Bist du ihm böse?

Irmgard *(schluchzt)*: Sehr.

H.: Das ist aber ein Kindergefühl, was du jetzt hast.

Irmgard: Es geht um die Kinder.

H.: Ich sage: das ist ein Kindergefühl, was du jetzt hast. Was ist passiert, als du klein warst?

Irmgard *(kann nur mit Mühe reden)*: Mein Vater war Alkoholiker *(seufzt)*.

H. *(zur Gruppe)*: Es ist ganz klar, das hat was mit dem Ursprungssystem zu tun, deswegen stelle ich das Ursprungssystem auf.

(zu Irmgard): Wer gehört dazu?

Irmgard: Meine Mutter.

H.: Vater, Mutter, wie viele Kinder?

Irmgard: Meine Schwester und ich und mein Bruder, drei.

H.: Du bist die wievielte?

Irmgard: Ich bin die Kleinste.

H.: Und das Älteste ist?

Irmgard: Mein Bruder.

H.: War jemand von den Eltern vorher in fester Bindung.

Irmgard: Nein

H.: Okay, stell auf, wie du es gesehen hast.

(als sie aufstellt, weist der Stellvertreter des Vaters darauf hin, daß sie ihn noch nicht gestellt hat)

H. *(zu Irmgard)*: Geh hin und stelle ihn richtig.

(zur Gruppe): Bei den Aufstellungen ist es wichtig, daß jeder in die Hand genommen und hingestellt wird. Man darf nicht einfach sagen: so das stimmt.

*Irmgard: 1. Bild**

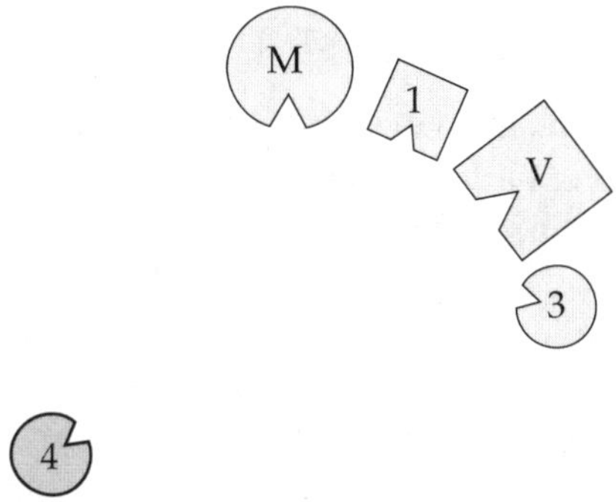

H.: Wie geht es dem Vater?

[V]: Es geht mir ganz gut. Die einzige von Bedeutung ist die jüngste Tochter- und irgendwas weiter weg anscheinend. Kein Kontakt zur Frau.

(M): Ich weiß gar nicht, was ich hier soll. Ich fühle mich abgeschoben, ich habe zu keinem Kontakt.

[1]: Ich bin froh, daß ich neben dem Vater stehe. Das gibt mir Sicherheit.

[V]: Der Kontakt zur älteren Tochter ist bei mir ziemlich stark auch.

H.: Inzestuös?

[V]: Wie eine Frau, ja.

(die ältere Tochter nickt)

(3): Ich fühle mich total wütend und ich habe große Lust, dem Vater den Ellenbogen in die Seite zu rennen. Also hier ist das nicht gut.

H. *(zur Gruppe)*: Die hat die Gefühle der Mutter gegen den Mann.

(3): Ja, hier kann ich nicht bleiben.

H. *(zur jüngsten Tochter)*: Wie geht es denn dir?

---

* ***Abkürzungen:***

V	Vater
M	Mutter
1	Erstes Kind, Sohn
+2	Zweites Kind, Sohn, totgeboren
3	Drittes Kind, Tochter
4	**Viertes Kind, Tochter**

(4): Ich schaue meinem Vater direkt in die Augen und sonst stehe ich wie vor einem Tribunal.

H. *(zu Irmgard)*: Was war in der Herkunftsfamilie des Vaters?

Irmgard: Ich weiß nicht so viel über ihn. Er hatte eine große Familie. Er war behindert, er hatte als Kind einen Unfall gehabt beim Rodeln. Die Behinderung wurde dann immer schlimmer am Bein, je älter er wurde. Also, er war am Schluß wirklich sehr stark behindert. Und er war der Liebling aller Schwestern. Mir fiel gestern noch was ein. Ich habe gestern abend noch telefoniert. Es gab nach meinem Bruder noch eine Totgeburt. Das war ein Sohn. Es hat nie jemand darüber gesprochen. Ich wußte es, aber man hat mir nie eine Antwort drauf gegeben. Ich habe gestern abend noch eine Verwandte erreicht, die es noch weiß. Meine Mutter ist vor zwei Jahren gestorben. Ich konnte sie ja nicht mehr fragen. Aber ich wußte, daß jemand da war.

H.: Ja, das ist bedeutsam. Das ist sehr bedeutsam. Gab es einen Vorwurf, weil das Kind tot geboren ist?

Irmgard: Aber ich bin doch die Kleinste.

H.: Ich meine, gab es einen Vorwurf zwischen den Eltern?

Irmgard: Das habe ich nie gehört.

H.: Was war der Eindruck?

Irmgard: Nein, ich glaube nicht, daß ich es bis gestern eigentlich gesehen habe. Mir kam es erst gestern, daß da was war und daß man nicht darüber reden durfte.

H.: Wieso nicht darüber reden durfte?

Irmgard: Bei uns durfte überhaupt nicht geredet werden *(schluchzt)*.

H.: Gab es andere Familiengeheimnisse?

Irmgard: Ich glaube, daß irgendwas passiert ist. Also, im Gefühl habe ich das, daß mein Vater irgendwas mit meiner Schwester, daß da irgendwas war. Ich weiß es nicht.

H.: Das sieht so aus, ganz klar. Hat deine Mutter sich dem Vater entzogen?

Irmgard: Meine Mutter ging weg, als ich fünfzehn war, und hat mich mit dem Vater allein gelassen.

H.: Was heißt: sie ging weg?

Irmgard: Sie hat jemanden kennengelernt, und ich mußte mit ihm eine Zeitlang allein bleiben. – Und irgendwann hat sie mich wieder geholt. Und er kam dann weg in eine Anstalt und meine Mutter blieb bei diesem Mann und ich mußte mit dabei bleiben.

H.: Wer kam in die Anstalt?

Irmgard: Meine Mutter hatte dann einen Freund, da mußte ich mit, mit den beiden zusammenleben.

H.: Merkwürdige Sachen.

[V]: Als dieser totgeborene Sohn von mir genannt wurde, also sein Bruder, da kriegte ich Herzbeklemmungen, Herzklopfen, und mein Gedanke war, ich habe was damit zu tun.

H.: Den stellen wir mal auf.

(zu Irmgard): Wo würdest du ihn hinstellen?

(Irmgard stellt ihn rechts neben ihre Stellvertreterin)

Irmgard: 2. Bild

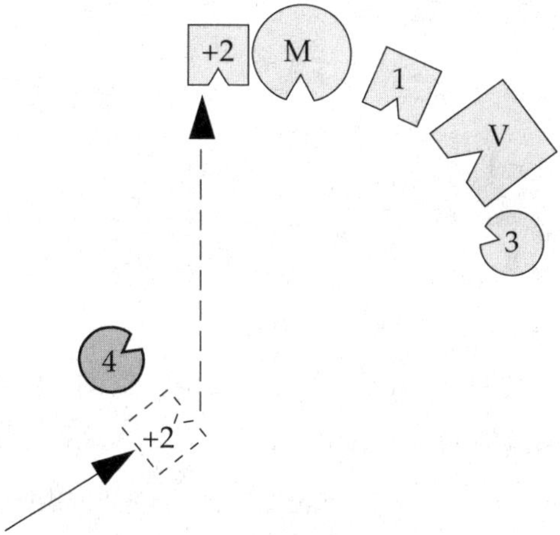

H. *(zur jüngsten Tochter)*: Was ist jetzt?

(4): Ich will hier weg. Der bedroht mich, ich habe Angst. *(sie ist sehr bewegt)* Als Irmgard das vorhin erzählt hat, da mußte ich mich bergen. Jetzt steht er genau neben mir. Ich will den nicht.

H. *(zum totgeborenen zweiten Sohn):* Wie geht es denn dir?

[+2]: Ich will hier lieber nicht rein. Ich habe Herzschmerzen auch gekriegt. Ich sollte hier lieber nicht erscheinen, so ein Gefühl.

H.: Ich probiere mal was mit dir aus. Stelle dich mal neben die Mutter.

(M): Ich halte das nicht aus. Als er aufgetaucht ist, da wurde mir richtig übel und ich habe unheimliche Aggressionen. Also, ich will den weg haben.

(H. stellt die Mutter abgewandt abseits und den totgeborenen Sohn links neben den Vater)

Irmgard: 3. Bild

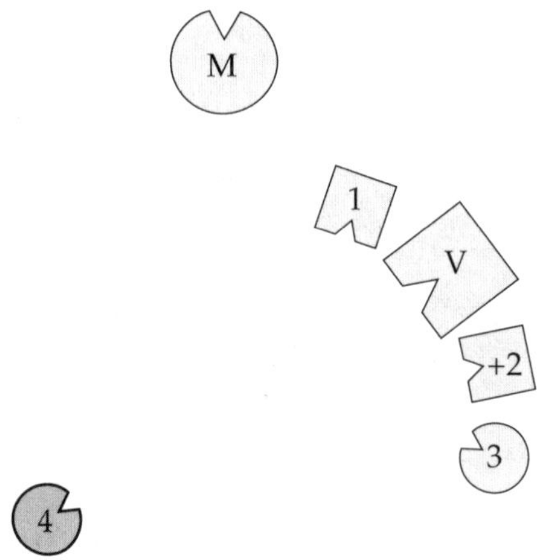

H.: Wie ist das für den Vater?

[V]: Es ist was sehr Wichtiges, es ist anrührend. – Ja, es ist mein Sohn.

H. *(zum totgeborenen Sohn)*: Wie geht es dir?

[+2]: Also, ich habe wieder das Gefühl wie eben bei ihr: der kann mich auch nicht halten, oder das ist nicht genug. Ob der mich wohl hält oder so, aber er schafft es nicht, oder so was. So ein Gefühl. Ich fühle mich noch nicht richtig.

(H. stellt die Kinder dem Vater gegenüber und das totgeborene Geschwister zwischen sie)

Irmgard: 4. Bild

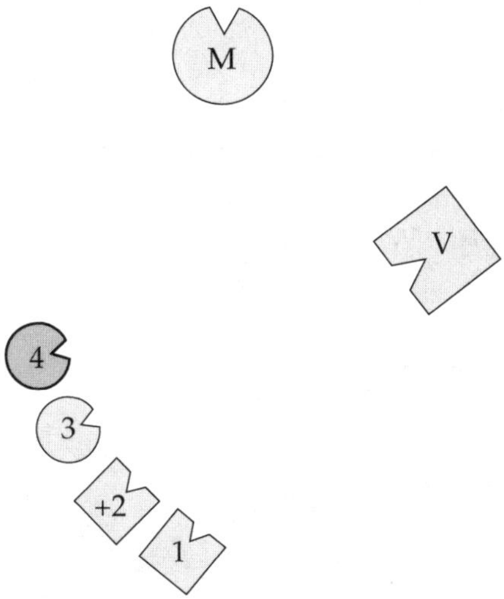

H. *(zum Vater)*: Was ist jetzt?

[V]: Ja für mich ist das sehr gut. Die älteste Tochter ist zur Tochter geworden.

H.: Und der Kleinen geht es ja auch gut.

(4): Ja *(sie strahlt)*.

H.: Erstaunlich.

(4): Ja.

H. *(zum totgeborenen Sohn)*: Wie geht es dir jetzt?

[+2]: Es ist bis jetzt das beste, ich bin aber sehr zittrig und habe das Gefühl, wenn überhaupt, müssen die Geschwister zu mir stehen. *(die Geschwister rücken spontan zusammen)*

H.: Genau, ganz genau. Deswegen mußt du ganz eng zwischen die Geschwister.

(zum ältesten Sohn): Wie geht es dir jetzt?

[1]: Für mich war immer entscheidend, daß der Kontakt zum Vater gut war, und der ist hier auch okay. Hier ist es besser, daß der Bruder in der Reihenfolge ist, damit ist die Beziehung zum Vater weiter okay. Das war eben *(als er links neben dem Vater stand)* Konkurrenz.

[+2]: Das ist jetzt gut, hier ist es ganz dicht. Das hat was verändert.

(3): Ja, das ist gut.

H.: Wie geht es denn der Mutter?

(M): Mir geht es besser als da drin, aber nicht gut hier. Vorhin hatte ich das Gefühl: ich konnte kaum stehen, will umfallen und Kopfweh und auch noch irgendwo Wut. Wut und Vorwurf.

H.: Gegen wen?

(M): Gegen den Vater.

H.: Gegen den Mann?

(M): Ja.

(H. dreht die Mutter um)

Irmgard: 5. Bild

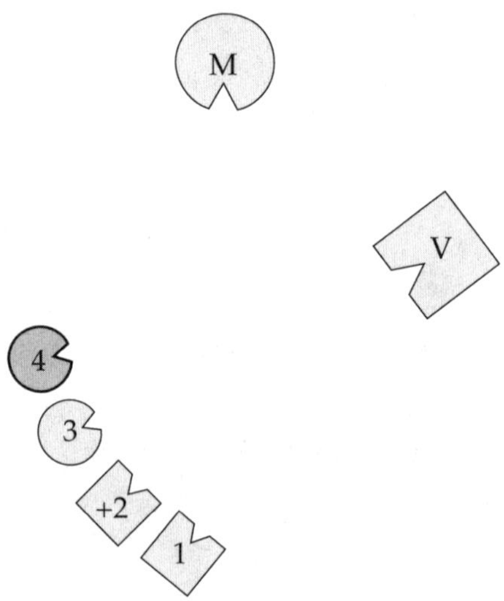

(M): So spüre ich das noch stärker.

H. *(zur Mutter und zum Vater)*: Wechselt mal die Positionen.

Irmgard: 6. Bild

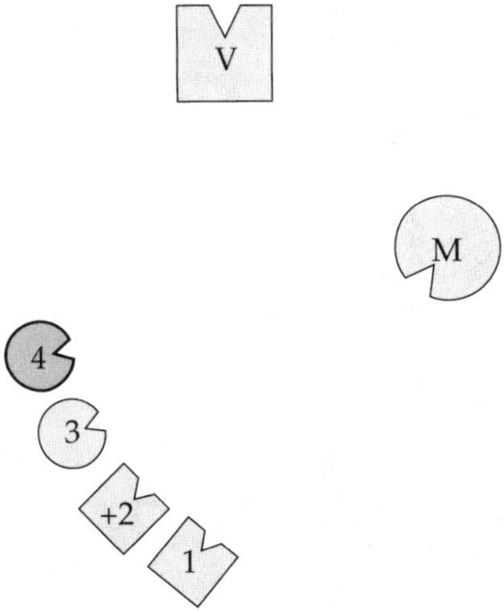

(M): So ist es besser für mich.

H.: Wie ist das für die Kinder?

[1]: Es ist nicht gut.

[+2]: Die sind beide beteiligt. Nicht besser.

(3): Es ist wichtig, daß die Mutter aufgetaucht ist, aber der Vater fehlt auch.

(4): Ich will beinahe die Eltern nicht. Ich ziehe meine Kraft aus dem Zusammensein mit den Geschwistern. Und da ist meine Hinwendung.

H. *(zur Gruppe)*: Man muß das bei den Eltern lassen. Da gibt es ein Geheimnis von Schuld; man muß es dort lassen.

(zu Irmgard): Stell dich mal an deinen Platz.

[V]: Bei mir ist kein Vorwurf gegenüber der Frau.

(M): Ich habe das nur gesagt bei dem Mann, weil der da war. Aber vom Gefühl her denke ich, es könnte auch wer anders sein. Aber es geht zumindest über den Mann, also diese Aggression oder der Vorwurf.

H. *(zur Gruppe)*: Ich glaube schon, daß die Mutter weg muß und daß der Mann dableiben muß

(H. wechselt wieder die Positionen von Mutter und Vater)

Irmgard: 7. Bild

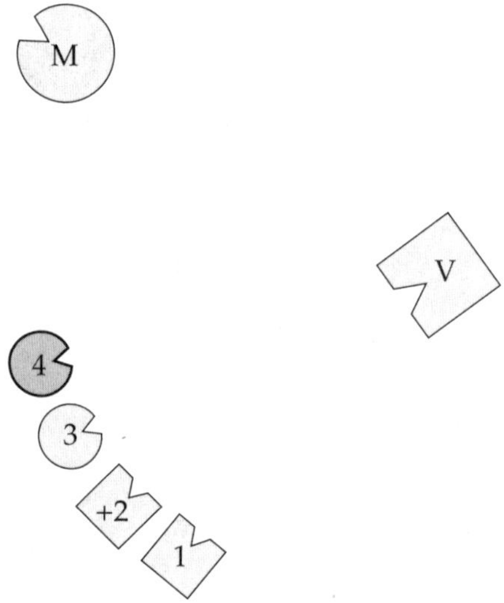

(zur Mutter): Du müßtest noch weiter weg gehen, bleib aber da stehen.

Irmgard: Ich komme mit dem Vater nicht klar. Ich verstehe ihn nicht. Er tut mir leid.

H.: Wenn Eltern Kindern leid tun, ist es eine Anmaßung, für die sie sich schwer bestrafen. Das steht Kindern nicht zu. – Ich glaube, ich habe dir das Wesentliche gezeigt, und jetzt muß deine Seele arbeiten. Sie tut es aber nur, wenn du es ihr gestattest. Einverstanden?

(Irmgard nickt)

Gut, das war's dann.

*

Okay, wir sind genau in der Zeit. Jetzt machen wir die Mittagspause und wir treffen uns wieder um zwei Uhr.

Rosa (4): (Forts. v. S. 242)

Die Angst, verrückt zu werden

(Video 3: 2h 52min 00")

H.: Ist irgend etwas nachzutragen zu heute vormittag?

(zu Rosa): Du wolltest mich was fragen oder was sagen?

Rosa: Ja, ich habe gesagt, mir ist mit dem Verrücktwerden wieder eingefallen, daß ich früher immer Angst hatte verrückt zu werden und auch heute die Angst noch habe, wenn ich sie nicht verdrängen würde. Und daß mein Vater mehrmals durchgedreht hat und deswegen in die Psychiatrie gekommen ist.

H.: Und was war mein Vorschlag, was du tun sollst?

Rosa: Verrückt zu werden.

H.: Paß auf! Wenn ich was sage, mußt du es ganz genau verstehen, sonst ist es falsch. Was habe ich gesagt?

Rosa: Ja, ich soll das übernehmen verrückt zu werden.

H. *(zur Gruppe)*: Ich habe ihr gesagt – also bei diesen Dingen muß alles ganz genau sein, sonst ist es falsch – sie soll den Vater anschauen und ihm sagen: *„Lieber Papa, wenn es sein muß, tue ich es gerne für dich".* – Merkt ihr den Unterschied und was sie daraus gemacht hat? Etwas Destruktives.

(zu Rosa): Da war noch etwas, was du mich gefragt hast.

Rosa: Ich habe gesagt: ich bin auch therapiesüchtig, und die herkömmliche Therapie widerspricht dem, was Sie machen, und ich habe gefragt, was ich jetzt weiter machen soll und ob ich zu Ihnen noch mal kommen darf?

H. *(zur Gruppe)*: Da erzähle ich ihr eine *Geschichte.*

Die Hypnotherapie

(Video 3: 2h 53min 12")

Da kam mal die Oberärztin einer Klinik zu mir und erzählte, da wurde einer mit Blaulicht in die Klinik eingeliefert, weil er einen pelzigen Daumen hatte. Der ist fast durchgedreht. Dann haben sie ihn operiert und alles Mögliche mit ihm gemacht; es ist aber nicht weggegangen. Doch sie verstand etwas von Hypnotherapie und hat ihn eines Tages ganz unschuldig gefragt, ob ihn das hindere bei seiner Arbeit. Er sagte: eigentlich nicht, und weg war's.

Dann kam der Chefarzt und hat ihm gesagt: das war nur Hypnose. Er bekam wieder einen pelzigen Daumen, wurde wieder operiert und ist fast durchgedreht.

Dann hat sie mich gefragt, was man da machen kann. Ich habe ihr gesagt, sie soll dem Patienten sagen, er sei zweimal hypnotisiert, einmal von ihr und einmal vom Chefarzt: und jetzt kann er unter den beiden wählen, welche er will.

(Fortsetzung Rosa S. 313)

Jane (3): (Forts. v. S. 249)

Bulimie
(Die Herkunftsfamilie)

(Video 3: 2h 54min 25")

Die Dynamik: *Die Mutter von Jane lehnt den Vater ab.*
Die Lösung: Jane sagt zu ihrer Mutter: „Mama, ich mute dir zu, daß mir der Papa genauso wichtig ist wie du".
Die Dynamik: *Die Frau lehnt den Mann ab. Die Lösung: Jane sagt zu ihrer Mutter: „Mama, ich mute dir zu, daß mir der Papa genauso wichtig ist wie du".*

H. *(zu Jane)*: Okay, ich mache weiter mit dir. Also wir stellen jetzt das System auf. Das war dein Ursprungssystem?.

Jane: Ja, genau: Vater, Mutter, eine sechs Jahre ältere Schwester und ich. Und dann noch meine Großmutter.

H.: Nein nein. – War jemand von den Eltern vorher verheiratet oder in fester Bindung?

Jane: Nein, weder meine Mutter noch mein Vater.

H.: Okay, stell auf.

*Jane. 1. Bild**

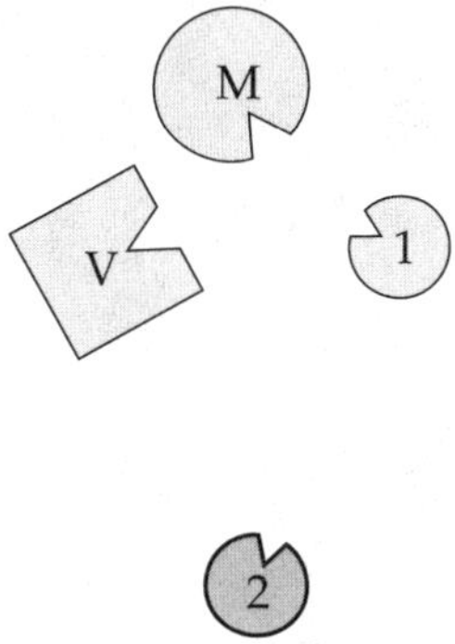

H.: Wie geht es der Mutter?

(M): Die ältere Tochter ist mir viel zu nah und der – puh – ist irgendwie nicht mein Mann.

H.: Wie geht es dem Mann?

[V]: Irgendwie versuche ich Bedeutung zu erlangen, dadurch daß ich meiner Frau einen Riesenvorwurf mache. Das geht aber ins Leere, so ein Gefühl ist das.

H. *(zur Gruppe)*: Bei Bulimie – in einer Familie, in der es Bulimie gibt – zählt der Mann nichts. Hier sehen wir es.

Wie geht es der ältesten Tochter?

(1): Ich fühle mich nicht wohl mit der Mutter, ich habe Wut. Die anderen sind gar nicht da.

H. *(zur jüngsten Tochter)*: Wie geht es dir?

(2): Ich habe ganz arg Herzklopfen. Mir ist schwindlig und so ein heißes Gefühl.

(H. stellt die Mutter abseits und den Vater den Kindern gegenüber)

---

* *Abkürzungen:*

V	Vater	1	Erstes Kind, Tochter
M	Mutter	**2**	**Zweites Kind, Tochter**

Jane. 2. Bild

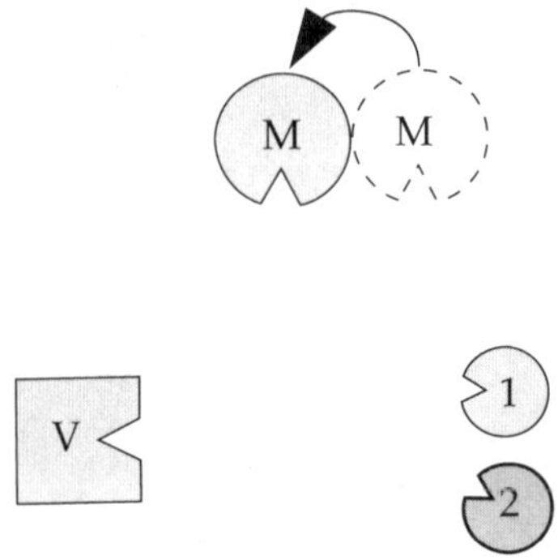

H. *(zum Vater)*: Wie geht es dir jetzt?

[V]: Also besser, Gewicht, ja.

H. *(zur ältesten Tochter)*: Wie geht es dir?

(1): Es ist befreiend, den Vater zu sehen. Ich würde am liebsten sofort hin.

(2): Ich fühle mich auch wohler und sehe ihn.

H. *(zur Mutter)*: Wie geht es denn dir?

(M): Ich bin recht unbeteiligt.

H.: Ich stelle dich ein bißchen in den Blick

(zu Jane): Komm du gleich mal her und schau die Mutter an. Wie hast du sie angeredet als Kind?

Jane: Mama.

H.: Sag: „Mama".

Jane: *Mama.*

H.: „Ich mute dir zu."

Jane: *Ich mute dir zu.*

H.: „Daß mir der Papa genauso wichtig ist wie du."

Jane *(beginnt zu schluchzen)*: Daß mir der Papa genauso wichtig... *(schluchzt)*

H.: Mach die Augen auf und sage es ganz gelassen. Schau sie an und sage es ihr ins Angesicht.

Jane: *Daß mir der Papa genauso wichtig ist wie du.*

H.: Jetzt sage es noch mal und sage es ganz ruhig, mit Kraft.

Jane: Mama, der Papa ist mir genauso wichtig wie du.

H.: Das war schon viel besser. Jetzt noch mal.

Jane: Mama, der Papa ist mir genauso wichtig wie du.

H. *(zur Gruppe)*: Das war jetzt die Heilung von der Bulimie.

(zu Jane): Gut hast du es gemacht.

Mona (2): (Forts. v. S. 177)

Tödlicher Unfall des Mannes (Die Gegenwartsfamilie)

(Video 3: 3h 00min 13")

Die Dynamik: *Wahrscheinlich wollte die Frau gehen, und der Mann ging an ihrer Stelle.*

H.: Okay, machen wir weiter, damit wir noch durchkommen. Wer wollte noch?

(zu Mona): Du wolltest noch? Was war bei dir?

Mona: Das Wichtigste habe ich neulich vergessen zu sagen, ich weiß nicht warum. Mein Mann ist tödlich verunglückt vor eineinhalb Jahren. Ich habe es miterlebt mit meiner kleinen Tochter und konnte nichts machen und mich beschäftigt die Frage, ob er sich umbringen wollte. Das ist für mich offen und ich finde keine Ruhe.

H.: Okay, wir stellen mal das Gegenwartssystem auf. – Mach schon, so viel Zeit haben wir nicht. Fang an sofort. – War jemand vorher verheiratet oder in fester Bindung?

Mona: Nein, keiner von uns.

*Mona: 1. Bild**

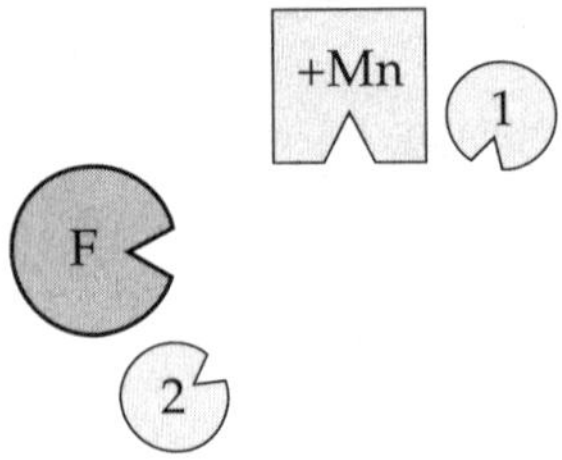

H.: Wie geht es dem Mann?

[+Mn]: Unbehaglich. Zu viele Frauen und viel zu eng, vor allem hier zur ältesten Tochter.

H.: Wie geht es der Frau?

(F): Ich halte mich an der jüngsten Tochter und bin da rüber zum Mann wütend. Ich habe auch eine Sehnsucht nach meinem Mann. Aber es ist auch viel Ärger da.

H. *(zur ältesten Tochter)*: Wie geht es dir?

(1): Ich habe ein unbehagliches Gefühl auf meiner rechten Körperseite *(zum Vater hin)*, aber ich fühle mich sehr mächtig.

(die Frau nickt)

H. *(zur jüngsten Tochter)*: Wie geht es dir?

(2): Ich bin völlig verkrampft *(zeigt auf ihre Brust)*, habe zur älteren Schwester irgendwo eine Beziehung. Hier habe ich ein ganz komisches Prickeln im Arm zu der Mutter hin. Zu ihm habe ich gar nichts, zum Vater also.

H. *(zu Mona)*: Ist was passiert zwischen euch?

Mona: Ja, ich kann nur sagen, daß unsere Beziehung sehr konfliktgeladen war, und daß ich mich eigentlich immer am Rand meiner Kraft gefühlt habe und mir oft überhaupt nicht erklären konnte, woher das eigentlich kam.

H.: Was war in deiner Herkunftsfamilie?

---

* ***Abkürzungen:***

+Mn	Mann, tödlich verunglückt	1	Erstes Kind, Tochter
F	**Frau**	2	Zweites Kind, Tochter

Mona *(seufzt)*: Ja, schon einiges. Da war auch eine sehr schwierige Beziehung zwischen meinen Eltern.

H.: Ich brauche nur Ereignisse.

Mona: Ereignisse. Auf Vaters Seite sind fünf Kinder sehr früh verstorben in der Familie. Mein Vater war das letzte von sieben Kindern. Bei meiner Mutter ist ein Kind verstorben. Das waren zwölf Kinder und eines starb als ganz kleines Kind.

H.: Also beim Vater waren sieben Geschwister und davon sind fünf früh ...?

Mona: Relativ früh verstorben.

H.: Was heißt: relativ früh?

Mona: Mit zwanzig, mit dreißig ungefähr, einer mit achtunddreißig, einer war etwas über vierzig und der fünfte vielleicht auch in dem Alter ungefähr.

H.: Was war in der Großelterngeneration? War da was Besonderes?

Mona: Könnte ich nicht sagen.

H.: Von seinen Eltern.

Mona: Da weiß ich nur, daß sein Vater ein ziemlich despotischer Mensch war.

H.: Das bringt nichts. Waren da besondere Ereignisse? Ist eine Frau im Kindbett gestorben zum Beispiel?

Mona: Nein, da weiß ich nichts davon.

H. *(zu den Stellvertretern)*: Ist was verändert nach der Information?

(1): Bei mir. Also ich habe schon während der Information die ganze Zeit den Impuls gehabt, den Vater zu nehmen und da *(nach links)* weg zu gehen, ihn so rauszuschleifen.

[+Mn] *(seufzt)*: Mir wird es immer unbehaglicher und ich zittere

H.: Geh aus der Tür und mache sie hinter dir zu.

(als er zur Tür hinausgeht, schütteln die Frau und die Kinder den Kopf, so als wollten sie das nicht haben)

Mona: 2. Bild

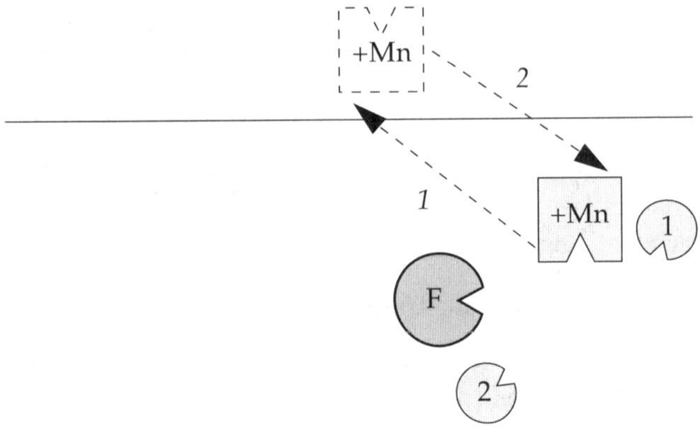

H.: Was ist verändert?

(F) *(faßt sich an die Brust)*: Ich könnte hinterher rennen. Ich bin wahnsinnig traurig.

(1): Mich friert's. Mich friert's ganz arg.

(2): Ich habe genau das gleiche.

H. *(zu Teilnehmern aus der Gruppe)*: Ruft ihn mal rein.

(zum Mann, als er wieder hereinkommt): Wie ist es dir draußen gegangen?

[+Mn] *(seufzt)*: Wie betäubt.

H.: Wie betäubt? Stell dich wieder hierher.

(zur Frau): Jetzt geh du aus der Tür und mache sie hinter dir zu.

Mona: 3. Bild

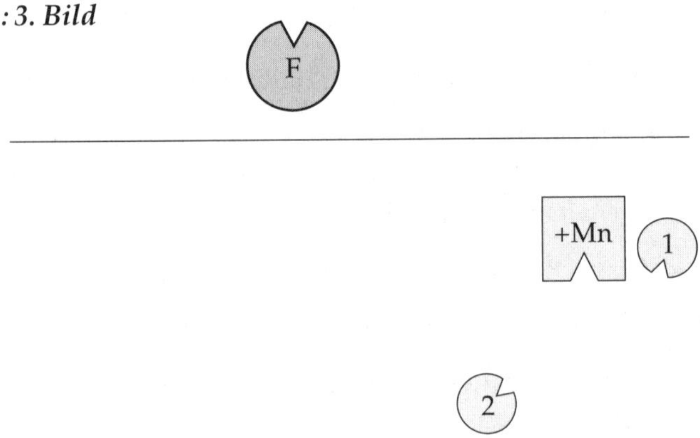

H.: Was ist verändert?

[+Mn]: Es ist mehr Luft hier, es ist mehr Platz. Es ist besser so, aber noch nicht gut.

(1): Im ersten Moment war ein kurzes Frösteln und dann eine Erleichterung.

(2): Bei mir war zuerst so ein kleines bißchen Erleichterung, und jetzt habe ich wieder diese eiskalten Hände.

H. *(zu Mona)*: Wer will gehen?

Mona: Mein Mann.

H.: Für dich.

Mona: Ja.

H.: Hast du das kapiert, was hier gelaufen ist?

Mona: Irgendwo nicht ganz richtig.

H.: Er stirbt für dich.

Mona: Vielleicht habe ich es doch kapiert. Ich habe nämlich nicht nur ein starkes Trauergefühl, sondern ich habe auch ein ungeheures Kraftgefühl, und ich fühle mich irgendwie verpflichtet, ihm Dank zu sagen, was ich mir die ganze Zeit eigentlich nicht erklären konnte. Ich spüre eigentlich eine ungeheuer starke Nähe zu ihm, wie ich sie in der Zeit, als er noch da war, in der Art nur ganz selten gespürt habe, weil immer diese Mutter dazwischen stand.

H. *(zum Mann)*: Geh noch mal aus der Tür als derjenige, der zuerst ging, und dann folgt dir die Frau nach.

H. *(zu den Kindern, als ihre Eltern aus der Tür gehen)*: Und ihr stellt euch nebeneinander.

(sie stellen sich nebeneinander und ihre Gesichter hellen sich auf)

Mona: 4 Bild

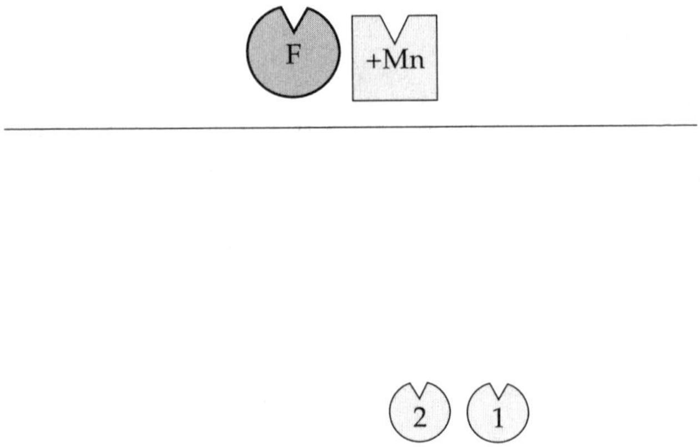

H.: Was ist?

(2): Okay bei mir.

(1): Ja, wir müssen aber ganz eng stehen. Wir stützen uns gegenseitig. Aber dieser Druck, dieser Nebel ist weg.

(2): Es wird freier dieses ganze Gefühl.

H.: Da unterbreche ich es.

(zu Teilnehmern aus der Gruppe): Okay, ihr könnt die wieder hereinrufen.

(zum Mann und zur Frau, als sie hereinkommen): Also zu eurer Information: den Kindern ging es gut. Sie sind ganz eng zusammengerückt und waren beide erleichtert. Jetzt geht aus den Rollen raus und setzt euch wieder hin.

*

H.: Irgendwelche Fragen dazu vielleicht? Ja?

Teilnehmerin: Wenn ein Therapeut ein System aufstellt und irgendwas Wichtiges übersieht oder ihm nicht die gewichtige Kraft gibt, kann er sich dann schuldig machen?

H.: Der Therapeut, der meint, daß es in seinen Händen liegt, macht sich schwer schuldig.

Noch jemand, der was fragen möchte?

Teilnehmer: Ich habe von hier aus nicht genau gesehen, woran du gesehen hast, daß er raus wollte.

H.: Daß der Mann raus wollte? Er ist ja rausgegangen, er ist ja tot. Davon bin ich ausgegangen. Ich wollte sehen, welche Wirkung das hat, wenn er jetzt wirklich weg ist.

Noch eine Frage dazu?

Teilnehmerin: Ich habe noch eine andere Frage. Was ist, wenn man viele Sachen vergißt und bestimmte Sachen behält? Was ist da wichtig?

H.: Das, was man vergißt, ist wichtig.

Hugo:

Angstzustände seit dreißig Jahren (Die Herkunftsfamilie)

(Video 3: 3h 12min 48")

Die Dynamik: *Hugo lehnt seinen Vater ab.*
Die Lösung: *Der Vater wird ihm gegenübergestellt. Dann stellt sich die Mutter neben den Vater. Dadurch wird der Sohn entmachtet. Als Hugo in der Geschwisterreihe den Eltern gegenübersteht, fühlt er sich sehr gut.*

H. *(zu Hugo)*: Ich nehme dich jetzt erstmal. – Was ist deine Beschwerde?

Hugo: Angst seit dreißig Jahren.

H.: Bist du verheiratet?

Hugo: Ich lebe getrennt.

H.: Hast du Kinder?

Hugo: Vier Kinder.

H.: Wieso habt ihr euch getrennt?

Hugo: Ich konnte zu meiner Frau nicht stehen, bin immer wieder untreu gewesen und dann habe ich schließlich gesagt: Schluß, ich gehe.

H.: Ist das eine gute Lösung?

Hugo: Jetzt eine gute Lösung.

H.: Bei wem sind die Kinder?

Hugo: Drei bei ihr, einer bei mir.

H.: Was war in deiner Ursprungsfamilie?

Hugo: Vater, Mutter, zwei Schwestern. Tod des Großvaters als ich zehn war.

H.: An was?

Hugo: Diabetes.

H.: Ist sonst jemand umgekommen?

Hugo: Ein Bruder des Vaters im Krieg, der meinen Namen hat.

H.: Bei was für einer Einheit war der?

Hugo: Rußland. Er ist vermißt irgendwo bei Kiew.

H.: Bei was für einer Einheit war er?

Hugo: Weiß ich nicht.

H.: War er bei der Waffen-SS?

Hugo: Sicher nicht.

H.: Okay, ich fange jetzt mal an mit deinem Ursprungssystem. – War jemand von den Eltern vorher in fester Bindung?

Hugo: Nein.

H.: Fehlt sonst jemand? Gibt es irgendwo ein uneheliches Kind, ein weggegebenes Kind?

Hugo: Nein.

H. Gut, stell auf. – Ich habe noch eine Frage an dich. Gab es einschneidende Ereignisse in deiner Kindheit?

Hugo: Nein.

H.: Unfälle, Krankenhausaufenthalt? War etwas Besonderes bei deiner Geburt?

Hugo Nein.

H.: Zangengeburt oder Frühgeburt?

Hugo: Nein.

(als Hugo beim Aufstellen den Vater ziemlich grob nach draußen stellt, gibt es ein Gemurmel in der Gruppe)

Hugo: 1. Bild*

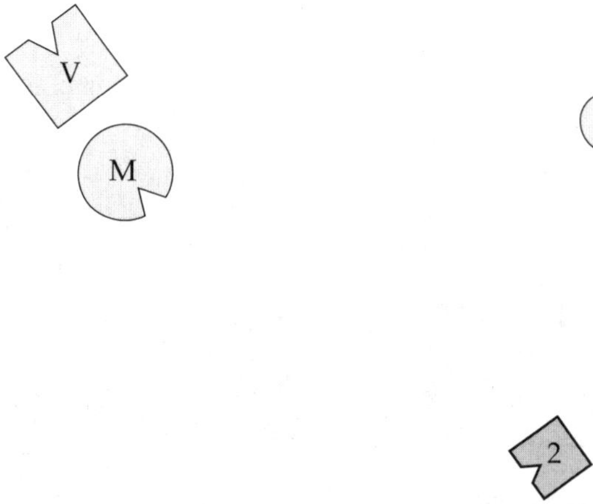

H.: Wie geht es der Mutter?

(M): Ich habe eine Beziehung zu der jüngsten Tochter, aber ich bin ein bißchen erschreckt für den Platz.

H.: Wie geht es dem Vater?

[V]: Also ich bin ja hier mit extremer Wut in die Ecke geflogen und spüre eine Gegenwut. Ich spüre das Bedürfnis, den übers Knie zu legen, und merke, daß es nichts nutzt.

H.: Das wollen wir mal sehen.

(H. stellt den Vater dem Sohn konfrontativ gegenüber)

---

* ***Abkürzungen:***

V	Vater
M	Mutter
1	Erstes Kind, Tochter
2	**Zweites Kind, Sohn**
3	Drittes Kind, Tochter

Hugo: 2. Bild

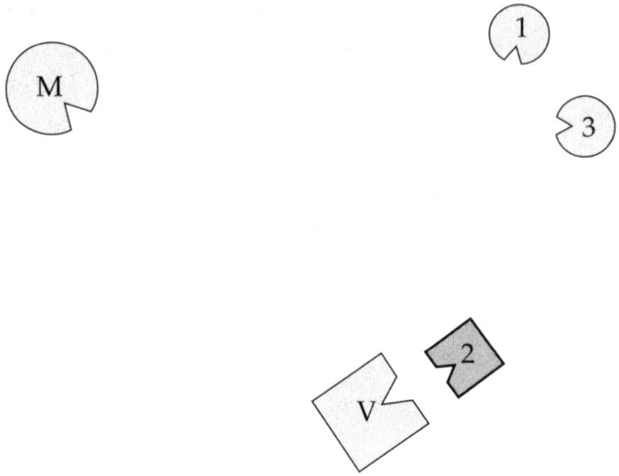

H. *(nach geraumer Zeit)*: Was ist bei der Frau?

(M): Das tut mir sehr gut, das zu sehen.

H.: Jetzt stell dich neben den Mann.

(Als sie neben den Mann tritt, legt dieser den Arm um sie und schaut überlegen lächelnd auf den Sohn herab. Es ist klar, daß dieser die Konfrontation verloren hat.)

Hugo: 3. Bild

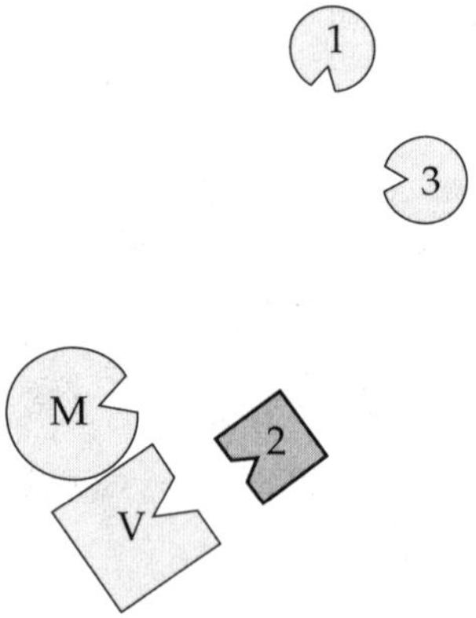

H. *(zum Sohn)*: Gib auf.

(als dieser weich wird und dem Vater in die Arme will): Nein nein, das hast du nicht verdient. Du mußt weg.

(H. stellt ihn umgedreht abseits)

Hugo: 4. Bild

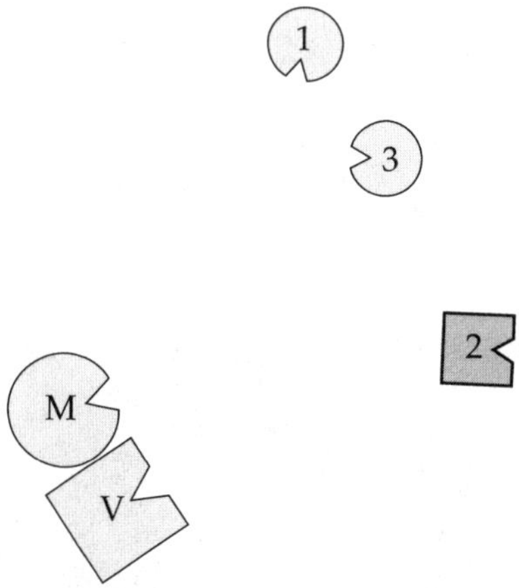

H. *(zur ältesten Tochter)*: Wie geht es dir?

(1): Ich habe das Gefühl, relativ verantwortlich zu sein für die Geschwister, besonders als die Eltern da *(am früheren Platz)* waren. Schon als Schwester, nicht als Mutter, aber irgendwie hatte ich das Gefühl, ich muß wenigstens hier schauen, daß Schlimmeres verhütet wird.

(3): Ich hatte von Anfang an eine starke Beziehung zum Vater und die Mutter hat gestört. Als er weg war, wurde ich traurig, und jetzt möchte ich gehen. Dahin *(nach vorne)*.

Hugo: 5. Bild

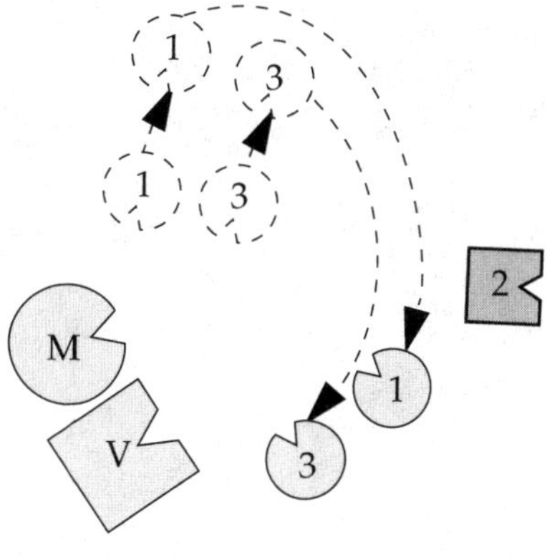

H. *(zur ältesten Schwester, als er sie mit der jüngeren Schwester nah zu den Eltern stellt)*: Wie ist das?

(1): Viel zu dicht.

(3): Ja.

H.: Okay, tretet zurück ein bißchen. – Wie ist es so?

(1): Besser.

(3): Ich kann auf der Seite von der Mutter nicht. Ich muß mehr...

H.: Auf die andere Seite?

(zu den beiden Schwestern): Geht mal mehr auf diese Seite *(näher zum Vater)*.

Wie ist es da?

(3): Gut.

(1): Ich finde beides nicht gut. Ich bin ärgerlich.

H. *(zum Sohn)*: Wie geht des dem verlorenen Sohn?

[2]: Ich verstehe nichts mehr. Ich habe so eine Wärme hinten im Rücken und, ja ich verstehe nichts mehr.

(1): Ich fühle mich vorwurfsvoll, egal in welcher Position.

H. *(zum Sohn)*: Jetzt stell dich mal zwischen die Schwestern.

(H: stellt die Kinder in der Reihenfolge den Eltern gegenüber)

Hugo: 6. Bild

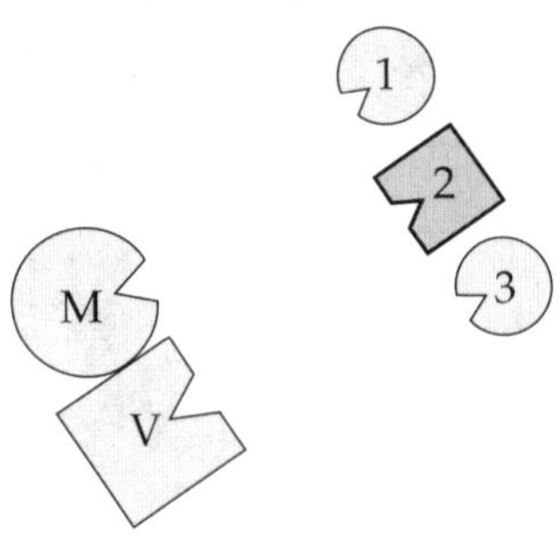

H. *(als der Sohn strahlt und lächelt)*: Ach so?

(Lachen in der Gruppe)

H. *(zur Gruppe)*: Wie das Kinder erleichtert, wenn Eltern mal ihre Autorität zur Geltung bringen.

(zur ältesten Tochter): Wie geht es dir?

(1): Ich bin immer noch vorwurfsvoll.

[2]: Irgendwas habe ich mit dem Vater. Es ist so was wie: ein bißchen kämpfen, zeigen, ich bin auch wer. Die Mutter sehe ich gar nicht. Er ist unglaublich wichtig für mich.

(3): Für mich ist es sehr gut, wenn der Bruder hier ist. Das entlastet mich vom Vater.

H. *(zu Hugo)*: Was ist in der Familie deiner Mutter?

Hugo: Nichts Besonderes.

H.: Okay, stell dich mal an deinen Platz.

(zur Gruppe): Also für die Schwester kann ich jetzt nicht sorgen. Es geht um ihn, und das genügt hier für die Arbeit.

(Hugo steht an seinem Platz und strahlt und lächelt)

H.: Gut so?

Hugo: Sehr gut.

H.: Gut, das war's.

*

H.: Könnt ihr mithalten mit dem Tempo?

(Lachen in der Gruppe)

Wir müssen jetzt aufräumen, damit wir noch fertig werden. Wer wollte noch drankommen? Du noch, du? Wir kommen ja gut rum.

Kurt:

Der Zwillingsbruder starb bei der Geburt (Die Herkunftsfamilie)

(Video 3: 3h 23min 44")

Die Dynamik: *Kurt fühlt sich schuldig, weil er lebt, während sein Zwillingsbruder tot ist. Der Zwillingsbruder sagt: „Meine einzige Funktion ist, für meinen lebenden Bruder da zu sein".*
Die Lösung: *Die Brüder umarmen sich innig und stehen dann zusammen den Eltern gegenüber.*

H. *(zu Kurt)*: Okay, ich nehme dich erst. – Sage kurz, worum es dir geht.

Kurt: Ich bin eine Zwillingsfrühgeburt und mein Zwillingsbruder ist gestorben. Ich habe das Gefühl, daß das sehr wichtig ist für mich, aber ich kann es nicht genau durchschauen.

H.: Bist du verheiratet?

Kurt: Ich bin verwitwet.

H.: An was ist deine Frau gestorben?

Kurt: Verkehrsunfall.

H.: Hast du Kinder?

Kurt: Einen Sohn.

H.: Der Sohn wird diesen Bruder vertreten.

Kurt: Ich weiß nicht, was ich dazu sagen soll.

H.: Okay, jetzt stell erstmal dein Ursprungssystem auf. Dazu gehört also dein Vater, deine Mutter, du und dein Zwillingsbruder – seid ihr die ersten Kinder?

Kurt: Nein, ich habe einen älteren Bruder.

H.: Okay, den stelle auch dazu. – Wer ist älter von euch beiden, du oder dein Zwillingsbruder?

Kurt: Soweit ich das verstanden habe, bin ich der jüngere, eine halbe Stunde.

H.: Das macht allen Unterschied. – War jemand von den Eltern vorher in fester Bindung?

Kurt: Ich weiß nichts davon. Ich weiß nur, daß meine Mutter mal gesagt hat: er wollte eigentlich eine andere, er hat mich nur genommen wegen des Kindes.

H.: Also es war eine Muß-Heirat?

Kurt: Es sieht so aus, ja, aber ich war ja nicht dabei. Ich weiß es nicht, aber es sieht so aus.

H.: Hast du nie nachgerechnet?

Kurt: Es war eine Muß-Heirat.

H.: Na also. – Die andere Frau, von der die Mutter sagt, daß sie der Vater lieber heiraten wollte, stellen wir auch mit auf.

Kurt: 1. Bild*

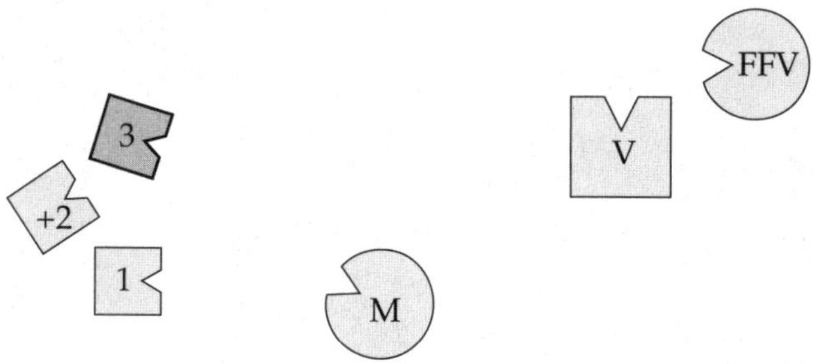

(als Kurt den verstorbenen älteren Zwillingsbruder zum jüngeren Zwillingsbruder stellt, beginnt dieser zu weinen)

H.: Wie geht es dem Vater?

[V]: Mit dem System habe ich nichts zu tun. Angerührt haben mich ein bißchen die Zwillinge, als die aufgestellt wurden. Das habe ich gemerkt. Ich bin woandershin ausgerichtet. Das *(die frühere Freundin)* ist auch nicht die richtige Frau. Mein Sinn geht in ein anderes System oder in eine andere Gegend, also das hat mit denen allen, die hier sind, nichts zu tun.

---

* *Abkürzungen:*

V	Vater
M	Mutter
1	Erstes Kind, Sohn
+2	Zweites Kind, Sohn, älterer Zwillingsbruder, bei der Geburt gestorben
3	**Drittes Kind, Sohn, jüngerer Zwillingsbruder**
FFV	Frühere Freundin des Vaters
+VV	Vater des Vaters, früh verstorben

H. *(zu Kurt)*: Was wollte dein Vater wirklich werden?

Kurt: Das weiß ich nicht. Mein Vater war Alkoholiker. Ich weiß nicht, was er werden wollte.

H.: Was ist in seiner Herkunftsfamilie?

Kurt: Sein Vater ist sehr früh gestorben, ich weiß aber nicht genau wann. Er lebte schon nicht mehr, als ich Bewußtsein hatte davon.

H.: Weißt du an was der gestorben ist?

Kurt: Das weiß ich auch nicht.

H.: Also den Vater stelle ich mal auf.

Kurt: 2. Bild

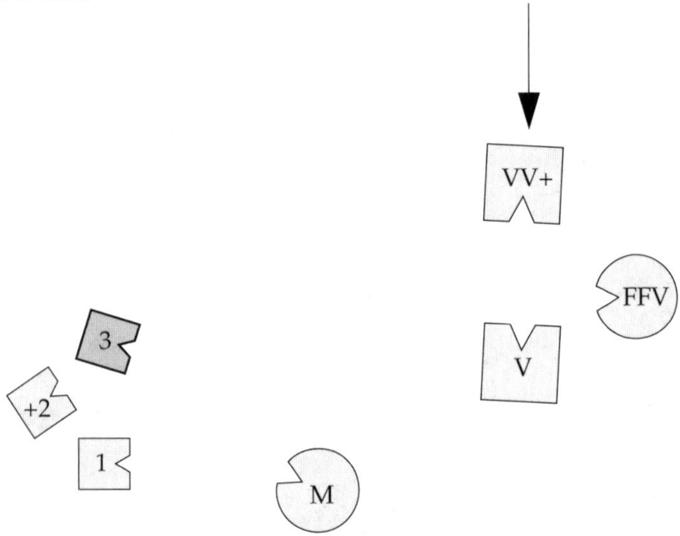

[V]: Ja, das ist er. Nach dem sehne ich mich.

[+VV]: Es ist gut hier. Ich habe niemanden im Blick außer ihm.

H.: Wie geht es der Frau?

(M): Als ich, bevor er aufgestellt hat, neben dem Mann stand, war das ein gutes Gefühl. Und jetzt hier mit meinen Jungs, das ist zwar nicht so optimal, wie die da stehen, aber es ist auch ein gutes Gefühl. Ärgerlich wurde ich erst, als die Frau dazugestellt wurde. Als dann sein Vater dazukam, war es wieder besser. Also, es ist nicht gut, aber ich habe ein Gefühl von Zuneigung oder Verbundenheit mit meinem Mann.

[1]: Am Anfang habe ich mich geschämt. Als der tote Zwillingsbruder dazukam, hat es mich geschaudert und jetzt habe ich ein Gefühl von Kabbelei. Zu den Eltern hin, das ist keine Orientierung. Das hier zwischen uns Brüdern ist so wie Zwietracht.

[+2]: Meine einzige Funktion ist, für meinen lebenden Bruder da zu sein.

[3]: Meinen Vater und meine Mutter spüre ich überhaupt nicht. Ich fühle mich unheimlich schuldig *(beginnt heftig zu schluchzen).*

H.: Das ist so. Wenn der eine lebt und der andere stirbt, fühlt sich der Überlebende schuldig. Aber schau mal deinen Bruder an. Schaue ihn an. Schaue ihn an. So.

[3]: Da geht es mir gleich besser. Vorher habe ich mich bedroht gefühlt, als wenn ich bestraft würde.

H.: Bleib in Kontakt. Nichts sagen, schaue ihn nur an.

(zu Kurt): Ich nehme dich gleich hierher.

(zum Stellvertreter von Kurt): Ich wechsle dich gleich aus. Das muß gleich der Richtige machen.

(zu Kurt): Tritt ein bißchen zur Seite und schaue ihn an.

Kurt: 3. Bild

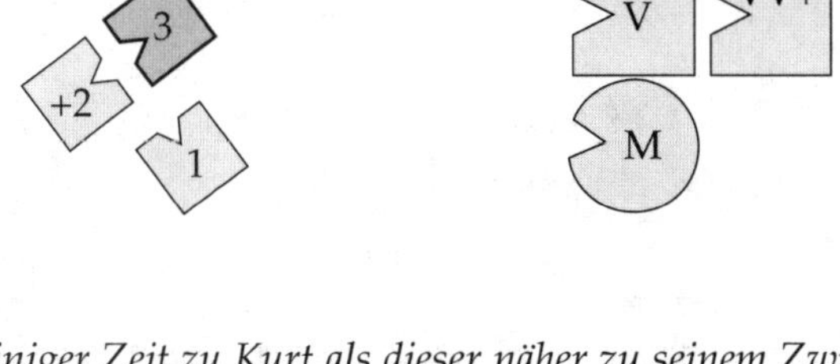

H. *(nach einiger Zeit zu Kurt als dieser näher zu seinem Zwillingsbruder will)*: Halte ihn, den Zwillingsbruder, ja klar.

(Kurt umarmt seinen Zwillingsbruder lange und innig)

H. *(zur früheren Freundin des Vaters)*: Du kannst dich setzen, glaube ich, das ist nicht wichtig.

[V]: Ich möchte was sagen. Also seit mein Vater auftaucht, zieht es mich zu der Frau. Die ist richtig und ich kann auch Vater sein.

H.: Das werde ich auch machen mit euch.

(H. stellt die Eltern den Kindern gegenüber und den Vater des Vaters hinter ihn)

[1]: Jetzt möchte ich mehr zu den Brüdern.

H.: Tu.

(der älteste Bruder umarmt ebenfalls die anderen Brüder)

H. *(nach einiger Zeit zu den Brüdern)*: Jetzt stellt euch nebeneinander genau in der Reihenfolge und der tote Bruder genau zwischen euch, eng zusammen.

Kurt: 4. Bild

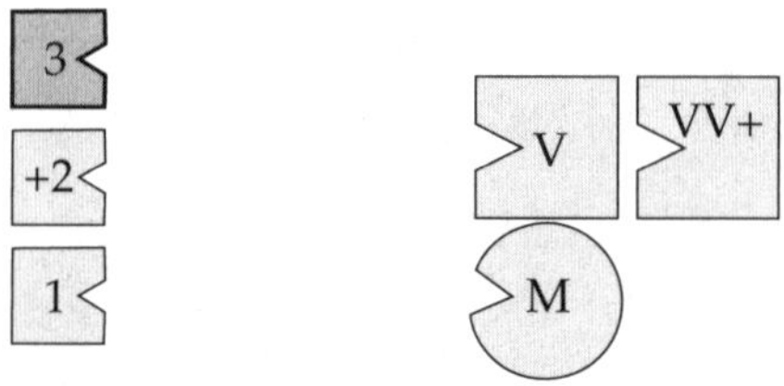

(Eltern und Kinder strahlen sich an)

H.: Gut so? Okay, das war's.

*

H.: Irgendwelche Fragen vielleicht dazu?

Wann nimmt man den Protagonisten herein und wann nicht?

(Video 3: 3h 34min 17")

Teilnehmer: Mal stellst du den Protagonisten mit rein ins System und ein paarmal hast du es auch nicht gemacht.

H.: Das mache ich entsprechend den Umständen. Manchmal braucht es das nicht, weil es für den Protagonisten ganz klar ist. Wenn er noch etwas vollziehen muß, so wie hier, dann stelle ich ihn herein, damit er es selber vollziehen kann.

Manchmal ist es aber so, daß der Protagonist innerlich solche Widerstände hat oder solche Scham, daß er das nicht selber vollziehen kann oder daß man ihm das nicht zumuten kann. Dann laß ich das auch durch den Protagonisten vollziehen. In Kliniken z.B. laß ich das manchmal vom Therapeuten an Stelle des Klienten machen. Dann braucht der Klient nur zuzuschauen und vollzieht es innerlich nach in seiner Seele. Das ist eine sehr gute Weise therapeutischen Tuns. Man macht es immer nach den Umständen. Nur keine festen Regeln. Was am besten wirkt, das macht man.

Teilnehmerin: Muß es denn nicht vollzogen werden, weil du sagst, wenn du siehst, daß er es nicht selber vollziehen kann, dann läßt du es von einem anderen an seiner Stelle machen. Ist es denn nicht in jedem Fall so, daß derjenige es innerlich auch für sich vollziehen muß? Kann das jemand anders für ihn machen?

H.: Die gute Seele ist unwiderstehlich. Sie wirkt innerlich, auch wenn es ein anderer äußerlich für ihn macht. Okay? Nur nicht der Seele Vorschriften machen, was richtig ist. Sie findet das Beste, auch durch andere, wenn man sie läßt.

Wie kann man den früh verlorenen Vater vertreten?

(Video 3: 3h 35min 53")

Teilnehmer: Wenn ein Sohn den Vater nicht genommen hat, weil der z.B. gestorben ist, als der Sohn noch klein war, kann das dann nachgeholt werden durch eine andere Person oder in irgend einer anderen Weise?

H.: Es kann nicht ohne weiteres durch eine andere Person nachgeholt werden, aber ein Therapeut kann z.B. den Vater vertreten und dann kann mit seiner Hilfe die Hinbewegung, die unterbrochen ist, die frühe, ans Ziel gebracht werden. Dann vertritt der Therapeut den Vater für diese kurze Zeit. Das kann man machen.

Doch der Sohn oder das Kind, das den Vater ganz früh verloren hat, wird ihn nicht vermissen, wenn die Mutter ihn im Herzen hat, den Vater des Kindes. Dann ist er voll vertreten.

Für eine Muß-Heirat sind nur die Eltern verantwortlich

(Video 3: 3h 36min 41")

Teilnehmerin: Ich habe noch eine Frage zu mir. Meine Mutter hat zuerst zwei Mädchen entbunden, also Zwillinge, und die sind bei der Geburt gestorben. Jetzt ist mir eingefallen, daß sie der Grund für die Heirat waren.

H.: *(zur Gruppe)*: Ich will noch etwas sagen über Muß-Heirat. Ein Kind, das aus einer Muß-Heirat kommt, fühlt sich für den Elternteil verantwortlich, der sich später unglücklich fühlt. Es fühlt sich schuldig. Wenn einer der Eltern unglücklich ist, fühlt sich dieses Kind schuldig. Da ist eine Standardintervention, daß man dem Kind sagt: *„Du bist kein Vertragspartner, das sind die Eltern. Sie haben sich auf den Vollzug eingelassen mit allen Folgen, und du nimmst die Eltern zum Preis, den es sie kostet."* Das ist sehr viel schwerer, als sich schuldig zu fühlen.

Wenn z.B. ein Vater seiner Tochter sagt: „Wenn du nicht wärst, hätte ich mich von deiner Mutter scheiden lassen", und die Tochter glaubt das, dann ist es für sie schlimm. Er läßt sich nicht scheiden wegen dem Kind, sondern weil er zu seiner Vaterschaft steht. Das ist würdevoll und dann ist das Kind frei. So muß es das Kind sehen.

Da hat mich mal einer gefragt: „Was soll ich sagen? Mein Sohn ist die Ursache unserer Heirat, und jetzt kommt er in das Alter, wo er anfängt zu zählen."

Ich sagte ihm, er soll ihm sagen: *„Wir haben es nicht mehr ausgehalten"*. Das ist doch ehrenvoll.

Teilnehmer: Ich bin froh, daß du das angesprochen hast. Ich wollte zur Muß-Heirat noch fragen: Wenn die Eltern ein Geheimnis daraus machen, das Kind aber von der Verwandtschaft erfährt, daß es eine Muß-Heirat war, dem Kind aber von den Eltern gesagt wird, es ist ein Siebenmonatskind, was soll es sagen?

H.: Es kann sagen: Wie immer, d*ie Hauptsache ist, ich bin da.*

(zur Gruppe): Nur nicht mit diesen Geheimnistuereien mitmachen oder mit diesem Da-was-Hineinlegen, als sei es was Schlimmes.

Nachsorge für die Geschwister von verstorbenen Frühgeborenen

(Video 3: 3h 39min 36")

Teilnehmerin: Ich betreue unter anderem auch Eltern von Frühgeborenen. Da gibt es viele Mehrlingsgeburten, wo eben Kinder sterben. Reicht das, ihnen zu sagen, daß sie dem toten Kind einen guten Platz geben? Ist dann genug für die Überlebenden getan, oder was kann man ihnen noch sagen?

H.: Wenn die toten Kinder anerkannt sind, wenn das z.B. ganz klar ist in der Zählweise, und wenn an sie gedacht wird, z.B. an ihrem Geburtstag, dann braucht kein anderes Kind sich schlecht zu fühlen. Dann ist das ganz klar. Man darf ihnen ruhig sagen, daß die toten Geschwister wohlwollend auf die lebenden schauen. Das war ja sehr schön zu sehen vorhin bei den Zwillingen.

Die Toten sind den Lebenden freundlich

(Video 3: 3h 40min 18")

H.: Die Toten sind den Lebenden freundlich. Die Lebenden meinen oft, den Toten geschehe durch ihren Tod ein Unrecht. Wer darf sich anmaßen, das zu sagen?

Rilke spricht über diese Dinge sehr schön in den Duineser Elegien: daß es den Toten weh tut, wenn man es ihnen verwehren will, daß sie gehen und sich „des Irdischen sanft entwöhnen".

Man muß sie gehen lassen. Wir wissen ja gar nicht, was mit ihnen geschehen ist. Es kann doch keiner verschwinden. Wohin soll er denn verschwinden? Diese Vorstellung, als würden die Toten verschwinden, ist doch völlig verrückt. Sie sind nicht anwesend: das ist es. Sie wirken aber weiter. Das zu wissen und zu erfahren, hat was Tröstendes.

Okay, noch eine Frage lasse ich zu. Dann erzähle ich eine Geschichte.

Anmaßendes und achtsames Mitleid

(Video 3: 3h 41min 20")

Teilnehmer: Du hast vorher gesagt, wenn die Kinder mit einem Elternteil Mitleid haben, dann würden sie sich dafür bestrafen. Wo liegt da die Lösung?

H.: Das Mitleid ist eine Anmaßung. Es ist meistens eine Anmaßung. Wenn Therapeuten Mitleid haben mit Klienten, ist es eine Anmaßung. Es gibt aber eine Art des Mitleids, die ist anders. Dann sage ich dem Klienten: *„Ich bin bei dir, neben dir, was immer du leidest.* Dann stelle ich mich dem Leid, ohne daß ich eingreifen will. Dann bewahrt der seine Würde.

Ich glaube, ich habe das hier auch demonstriert: wie heilsam das ist, wenn einem sein Leid mit Achtung zugemutet wird.

*

H.: Nun erzähle ich zum Schluß noch eine *Geschichte über die wahre Vollkommenheit*. Die wahre Vollkommenheit ist etwas völlig Irdisches.

(Video 3: 3h 42min 39")

Die Geschichte heißt:

Das Fest

Jemand geht aus seinem Haus, tritt ins Freie, kommt über eine Brücke, wandert vorbei an blühenden Wiesen und wachsenden Feldern, sieht in der Ferne einige Häuser, geht darauf zu und entdeckt unter diesen Häusern das Haus, das ihm gehört.

Er tritt hinein und findet einen Raum hergerichtet für ein Fest. Und zu dem Fest kommen alle, die in seinem Leben wichtig waren, und jeder, der kommt, bringt etwas, bleibt ein wenig – und geht.

Und so kommen zu dem Fest, jeder mit seinem besonderen Geschenk, für das er den vollen Preis bezahlt hat, wie auch immer:

die Mutter, – der Vater, – die Geschwister, – der eine Großvater, die eine Großmutter, – der andere Großvater, die andere Großmutter, – die Onkel und die Tanten, – alle, die Platz gemacht haben für dich, – alle, die dich gepflegt haben, – Nachbarn vielleicht, -Freunde, -Lehrer, – Partner, – Kinder, – alle die wichtig waren und wichtig sind in deinem Leben. Und jeder der kommt, bringt etwas, bleibt ein wenig – und geht.

Nach dem Fest bleibt die Person zurück, reich beschenkt, und die sind noch bei ihr, für die es wichtig ist und richtig, noch eine Zeit zu bleiben. Und die Person tritt ans Fenster und schaut hinaus, sieht andere Häuser, weiß, eines Tages ist dort ein Fest, und sie wird hingehen, etwas bringen, ein wenig bleiben – und gehen.

Auch hier war ein Fest. Wir sind gekommen, haben etwas gebracht und etwas genommen, sind etwas geblieben – und gehen.

*

Das ist die wahre Vollkommenheit, und mit der und mit dieser Fülle geht nach Hause und laßt es euch gut gehen.

*

Gunthard Weber: Ich möchte nochmals ganz besonders herzlich denen danken, die den Mut hatten, als Klienten ihr eigenes Anliegen in diesem Kreis einzubringen.

(Klatschen in der Gruppe)

Anhang I

Rückmeldungen von Kranken und ergänzende Schritte nach einem Jahr*

Adrian (3): (Forts. v. S. 40)

Asthma und Neurodermitis

Rückmeldung

Zunächst, mein Asthma und meine Neurodermitis habe ich noch. Es hat sich aber dennoch einiges von meiner Sichtweise gegenüber meiner Mutter und meinem verstorbenen Vater verändert. Also ich sehe meine Mutter jetzt ganz anders, und ich kann vielleicht unterscheiden, wenn sie mir etwas zuviel des Guten gibt, also zuviel Zuneigung. Ich kann eigentlich gut damit umgehen, ohne daß ich jetzt ihr kühl gegenüber bin. Aber es ist eine gewisse Erleichterung für mich.

Die Hinbewegung zur Mutter

H.: Okay, dann werde ich jetzt mit dir arbeiten und zwar nicht systemisch, sondern mehr direkt, wenn du willst.

Adrian: Natürlich, deswegen bin ich hier.

H.: Okay. Jetzt stelle deinen Stuhl mir gegenüber.

(Adrian nimmt seinen Stuhl und setzt sich H. gegenüber)

H.: Bist du parat?

Adrian *(lacht und nickt)*: Ich bin dabei.

H.: Dann mußt du noch ein bißchen näher ran kommen. Noch ein bißchen. Noch mehr. Kriegst du Angst?

(Adrian lacht)

---

* Auf dem Folgekurs 4.–5. März 1995 in Heidelberg

H.: Ich mache das schon. Wir arbeiten zusammen.

(H. berührt Adrian mit der einen Hand am Brustbein, mit der anderen zieht er seinen Kopf sachte nach vorne)

Mach die Augen zu. Mund auf und so atmen. Genau. Tief. Den Mund auflassen. So, ja. Locker lassen, so. Kraftvoll atmen. Schneller. Wie hast du zu deiner Mutter gesagt, Mutti oder Mama?

Adrian: Mutti.

(Adrian atmet kraftvoll und tief)

H.: Tief ausatmen, so. Kraftvoll. Sag ihr: „Ich will zu dir".

Adrian: *Ich will zu dir.*

H.: Wiederhole es, und zwar ganz deutlich, mit Liebe.

Adrian: Ich will zu dir.

H.: Genau. Lauter.

Adrian: Ich will zu dir.

H.: Lauter.

Adrian: Ich will zu dir.

H.: Genau. Jetzt lege die Arme um mich. Sag: „Liebe Mutti!"

Adrian: *Liebe Mutti!*

H.: Ich will zu dir.

(Adrian ist sehr bewegt)

H.: Tief atmen. Laß es kommen. Laß das Gefühl fließen, wie es will. Einfach so.

Adrian: *„Ich will zu dir."*

H.: Genau.

(Adrian atmet tief ein und aus)

H.: So, das ist jetzt der Atem. Weiter so. „Ich will zu dir."

Adrian: Ich will zu dir.

H.: Komm näher zu mir. Ganz fest.

Adrian *(atmet heftig)*: Ich will zu dir.

H.: So. Den Mund auflassen.

Adrian: Mutti, ich will zu dir.

H.: Und tief ausatmen. So, ja, tief, ganz tief ausatmen. Das ist die Hinbewegung zur Mutter. Genau.

(Adrian atmet tief ein und aus)

H.: Mund auf. Schneller. Schneller. Kraftvoll. Schneller. Vor allem tief ausatmen.

(H. zieht Adrians Kopf noch näher zu sich)

Das ist die Atmung jetzt. Das ist der heilende Atem. Tief ein und aus.

Und ausatmen, ganz aus dem Herzen, wie ein Kind. Das ist es.

H. *(nach einiger Zeit)*: Wie geht es dir?

(Adrian ist sehr bewegt)

H.: Ist das nicht ein schönes Gefühl?

(Adrian nickt)

H.: Genau. Die alte Kindersehnsucht kommt ans Ziel. Siehst du, wie frei du atmest?

(Adrian nickt)

H. *(zu Gunthard Weber)*: Unsere Theorie bestätigt sich: Asthma ist unterbrochene Hinbewegung.

(zu Adrian): Das Ausatmen ist schwer.

Adrian: Jetzt nicht mehr.

H.: Genau, jetzt ist es gut. Wenn es wieder kommt, dann erinnerst du dich und sagst: „Liebe Mutti, ich will zu dir.“

Okay, das war's dann.

Veronika (3): (Forts. von S. 227)

Leukämie

Rückmeldung

H. *(zu Veronika)*: Wie geht es denn dir?

Veronika: Sehr gut.

H.: Was hat sich getan?

Veronika: Also einmal haben mir die Leukämie behandelnden Ärzte gesagt, daß ich damit rechnen könnte, daß mein derzeitiger Zustand ungefähr zehn Jahre stabil bleibt.

H. Gut.

Veronika: Und ich habe herausgekriegt, daß die am allerwenigsten damit gerechnet haben, daß sich so etwas einstellt. Das haben sie mir vorher nicht gesagt, und das wollten sie mir auch dann nicht direkt sagen, aber ich habe es halt herausgekriegt.

Ich habe ein ganz anderes Verhältnis zu meinem Mann gefunden, von dem ich jetzt geschieden bin, so daß am Scheidungstag meine Kinder mit dabei waren, und als wir hinterher alle zusammen in ein Lokal gegangen sind haben die Kinder gesagt: Es ist richtig toll, daß ihr jetzt geschieden seid: das ist so schön, wie es früher nie war.

H.: Das ist deswegen, weil die Scheidung gemäß war.

Veronika: Meinen Mann habe ich heute mitgebracht.

H. *(zum Mann)*: Wir haben ja gesagt: Die Kinder müssen zum Mann. Haben Sie das erfahren von ihrer Frau?

Mann: Nein.

Veronika: Nein, nicht.

(Lachen in der Gruppe)

H.: Aber auf dem Video ist alles drauf.

Veronika: Das Jugendamt hat ihn von allen Unterhaltszahlungen entbunden, weil er sowieso die Hälfte der Zeit die Kinder hat. Also, ich habe geteilt.

H.: Das ist die beste Lösung natürlich, wenn sich beide Eltern gemeinsam darum kümmern. Ja, da freue ich mich, daß sich das so gut entwickelt hat.

(zum Mann): Und ist für Sie diese Lösung auch annehmbar?

Mann: Wunderbar.

H.: Da war doch noch was mit einem verschollenen Bruder von Ihnen.

Mann: Ach ja, das habe ich vergessen. Das kam in unseren Gesprächen nicht vor. Der verschollene Bruder ist immer noch verschollen.

H.: Immer noch verschollen? Es wäre eine große Hilfe für alle, wenn der aufgefunden wird, und ich würde mir die gute Gelegenheit nicht entgehen lassen.

Mann: Es kommt auch auf meine Mutter an. Mit ihr würde ich darüber sprechen.

H.: Kinder dürfen sich aufsuchen gegenseitig. Ich glaube, da ist im Video auch ein Tip drin, wie man das macht. Man beauftragt ein Anwaltsbüro. Die finden das sofort heraus. Das ist auch deswegen wichtig, weil es ihren Kindern zugute kommt. Denn eines der Kinder wird den Ausgeschlossenen nachahmen. Schon um der Kinder willen ist es ein großer Segen, wenn man das macht. Okay? – Wer ist es, der ihn nachahmt? Ich weiß, wer das ist. Bei der Aufstellung hat der immer zum Vater gesagt: Du bleibst hier. Das ist der, der ihn nachahmt. Das ist der zweite Sohn. Das macht nämlich dann Sinn, was der gesagt hat.

(In der Pause sagte der Mann zu H., daß sein zweiter Sohn den gleichen Namen trage wie sein verschollener Bruder. Der Zusammenhang war ihm aber bisher noch nie in den Sinn gekommen, weil er dachte, er habe ihn nur nach einem Freund so benannt.)

Die Herkunftsfamilie

Die Dynamik: *In der Herkunftsfamilie von Veronika ist kein Platz für sie, da alle Personen gehen wollen.*
Die Lösung: *Veronika ist auf sich gestellt und muß sich auf sich selbst verlassen.*

H. *(zu Veronika)*: Noch ein Anliegen an mich?

Veronika: Ich würde gerne meine Herkunftsfamilie aufstellen.

H.: Bitte. Wer gehört dazu?

Veronika: Mein Vater, meine Mutter und ich.

H.: War jemand von deinen Eltern vorher verheiratet oder in einer festen Bindung?

Veronika: Ja, beide. Meine Mutter hatte eine Verlobung, die der Verlobte gelöst hat, und sie war schwanger von dem. Mein Vater hatte eine Freundin, die er hat heiraten wollen, die sich aber dann einen anderen genommen hat.

H.: Jetzt stelle erst mal die Eltern und dich auf. Die beiden anderen nehmen wir später dazu.

Veronika: 1. Bild*

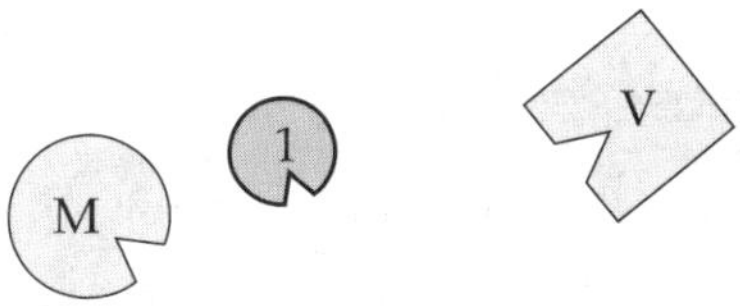

H. *(zu Veronika)*: Was ist bei dir? Das ist ein Gefühl. Was ist es?

Veronika: Das Gefühl, daß jeden Moment etwas explodieren muß.

H.: Ja. Setze dich so, daß du es gut sehen kannst.

(zum Kind): Was ist bei dir?

(1): Ich habe Herzklopfen. Ich bebe.

[V]: Ich fühle mich sehr unruhig und auch Herzklopfen.

(M): Ich will da raus. *(zeigt nach vorne rechts)*

H. *(zu Veronika)*: Was war mit dem Kind? Die Mutter war ja schwanger.

Veronika: Das war acht Jahre bevor ich geboren bin. Meine Mutter hatte ihre Arbeitsstelle verloren und hat dann eine Stelle im Ausland bekommen. Als sie im Ausland war, hat sie gemerkt, daß sie schwanger ist, und dann hat sie einen Brief von ihrem Verlobten gekriegt, daß er geheiratet hat. Dann hat sie abgetrieben.

H.: Jetzt stelle den Verlobten auf.

---

* ***Abkürzungen:***

V Vater
M Mutter
1 Einziges Kind, Tochter
FFV Frühere Freundin des Vaters
FVM Früherer Verlobter der Mutter

Veronika: 2. Bild

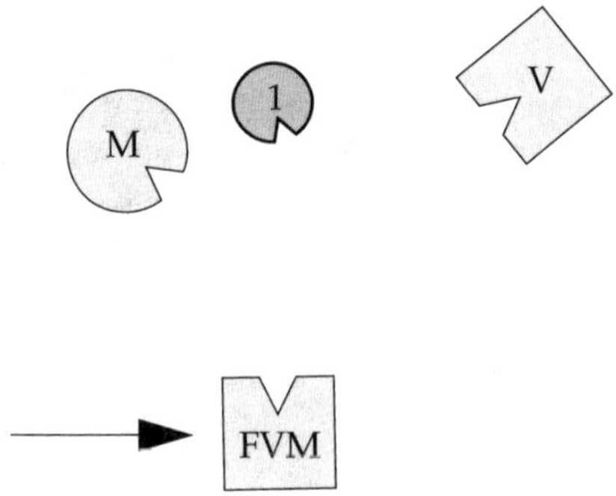

H.: Was ist verändert?

(M): Ich kriege einen Zorn auf den. Es ist mir sehr unwohl dabei.

(1): Unverändert.

H. *(zum Vater)*: Ist bei dir etwas verändert?

[V]: Nein.

H. *(zum früheren Verlobten der Mutter)*: Wie geht es dir?

[FVM]: Unangenehm. Ich habe so einen Druck auf dem Herzen. Ich würde am liebsten wegrennen.

H. *(zu Veronika)*: Jetzt stelle noch die frühere Freundin des Vaters dazu.

Veronika: 3. Bild

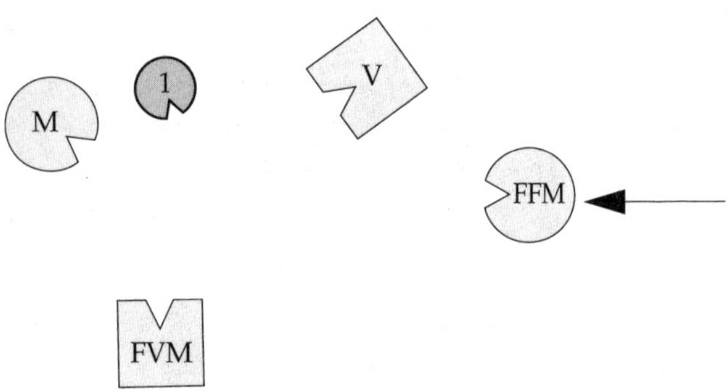

H.: Was ist verändert?

[V]: Ich werde ruhiger. Es ist angenehmer. Es ist besser so.

(FFV): Ich bin auch ruhig. Ich habe nicht so viel mit ihm zu tun.

(1): Etwas weniger Herzklopfen, aber immer noch.

(M): Ich mag sie ganz gerne. Es geht mir besser. Aber ich möchte immer noch gehen. Vorher war es da raus *(nach vorne)*, jetzt möchte ich lieber nach hinten raus. Nach vorne steht mir mein früherer Verlobter im Weg.

(H. stellt die Mutter umgedreht nach außen)

Veronika: 4. Bild

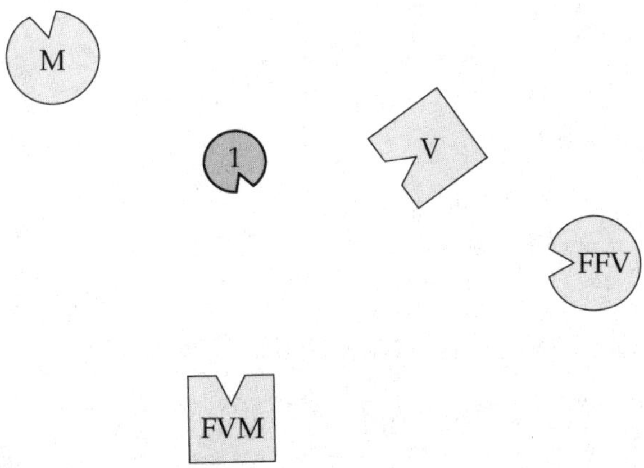

H.: Was ist jetzt?

(1): Ich habe zu niemandem eine Beziehung.

H.: Was hat sich jetzt verändert?

(1): Gar nichts.

H. *(zum Vater)*: Hat sich bei dir etwas verändert?

[V]: Es gefällt mir besser. Es ist ruhiger, noch ruhiger. Gut, daß sie weg ist.

(H. stellt jetzt die Tochter nach außen und die Mutter wieder zurück)

Veronika: **5. Bild**

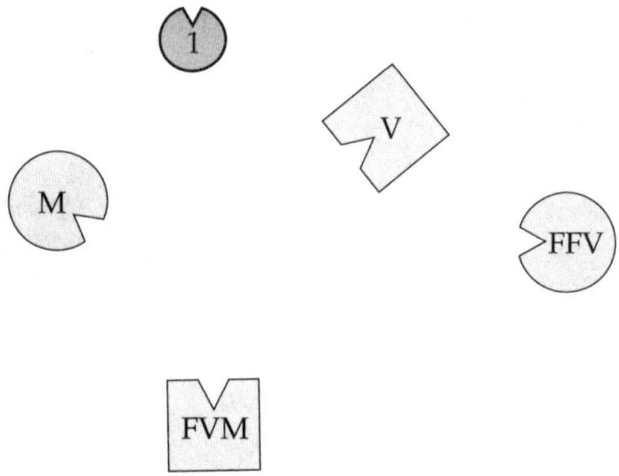

H. *(zur Tochter)*: Was ist bei dir?

(1): Es ist besser.

H.: Bei der Mutter?

(M): Für mich auch.

[V]: Mir fehlt die Tochter, aber es geht auch so. Doch ich hätte sie gern.

H.: Ist es besser oder schlechter?

[V]: Besser.

H. *(zu Veronika)*: Da ist kein Platz für dich in der Familie.

(H. dreht nun auch die anderen Personen nach außen)

Veronika: 6. Bild

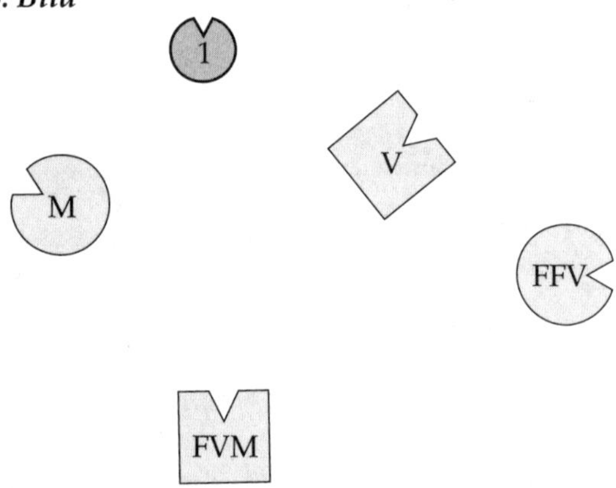

H.: Wie ist das ?

[FVM]: Gut.

(FFV): Okay.

[V]: Erleichternd.

(M): Auch gut.

(1): Gut.

H. *(zu Veronika)*: Also ein gewisser Dante hat einmal ein großes Gedicht geschrieben. Hast du schon einmal davon gehört? Die göttliche Komödie?

Veronika: Ja, aber nicht gelesen.

H.: Darin beschreibt er den Himmel. Und über dem Himmel steht geschrieben: Wer hier eintritt, lasse alle Hoffnung fahren.

Veronika: Daher kommt es.

H.: Mehr oder weniger.

(Lachen in der Gruppe)

Okay, jetzt bist du auf dich gestellt, und damit hast du auch Kraft. Wer sich keiner trügerischen Hoffnung mehr hingibt, ist frei. Okay, das war's dann.

Hedwig (2): (Forts. v. S. 85)

Diabetes

Rückmeldung

H. *(zu Hedwig)*: Wie geht es dir?

Hedwig: Es geht gut. Ich weiß nicht genau, was sich verändert hat, aber von meiner Herkunftsfamilie fühle ich mich unabhängiger. Ich kann sie liebevoll anschauen und muß nicht mehr in einem fort rumwirken. Als ich vorhin hier saß, ist mir etwas eingefallen, was kurz nach dem Seminar passiert ist. Ich habe kurz nach dem Seminar das erste Mal gedacht: ich will ein eigenes Kind haben, ich kann das. Vorher habe ich immer gedacht, ich kann das körperlich nicht. Und ein, zwei Monate später habe ich das erstemal gedacht, ich könnte das, mit Diabetes.

H.: Das ist eine schöne Form der Zustimmung zum Leben.

Hedwig: Das habe ich gespürt, daß es so ist.

H.: Deine Großeltern haben doch etwas für dich getan.

Hedwig: Meine Großeltern? Die haben was für mich getan? Ja. *(lacht)*

H.: Ja, genau. Denen habe ich dich ja anvertraut, damals.

Hedwig: Das weiß ich nicht mehr.

H.: Das wird klar herauskommen auf dem Video. Mein großer Kampf um deine Seele kommt da heraus. Okay, was ist mit dem Diabetes?

Hedwig: Der ist da, und ich glaube, ich bin mehr bemüht um ihn. Ich bin vorsichtiger mit mir.

H.: Das ist schön. Hast du ein Anliegen an mich?

Hedwig: Das überlege ich im Moment noch. Ich bin mit dem Mann hier, mit dem ich verheiratet bin, und ich überlege, ob wir uns mal stellen sollten, so.

(Lachen in der Gruppe)

H.: Ja, mache es doch gleich. Wenn du schon dran bist, stelle dich doch mal.

Die Gegenwartsfamilie

Die Dynamik: *Hedwigs Mann war vorher schon verheiratet gewesen und hat sich in der Ehe zusammen mit seiner ersten Frau sterilisieren lassen. Er will das rückgängig machen, um mit Hedwig, seiner zweiten Frau, ein Kind haben zu können.*
Die Lösung: *Hedwig sagt ihrem Mann: „Es ist ein besonderes Geschenk, daß du mich geheiratet hast, trotz meiner Krankheit. Ich nehme das als ein Geschenk." Der Mann sagt zu ihr: „Es ist ein besonderes Geschenk, daß du mich geheiratet hast, trotz meiner Sterilisation. Ich würdige das."*

H.: War jemand von euch vorher in einer festen Bindung?

Hedwig: Er war verheiratet.

H.: Hat er Kinder?

Hedwig: Nein.

H.: Wieso ist das auseinandergegangen?

Hedwig: Du könntest ihn ja gleich direkt fragen.

H. *(zum Mann)*: Ist irgend etwas Besonderes passiert, äußerlich meine ich?

Mann: Meine Frau hat Beziehungen zu anderen Männern gehabt und eine wichtige Sache ist, ich habe mich sterilisieren lassen in dieser Zeit. Ich bereue diese Entscheidung sehr, und wir sind gerade dabei, zu versuchen, ob es rückgängig zu machen ist.

H.: Damit geht eine Beziehung zu Ende, wenn man sich sterilisieren läßt.

Mann: Meine erste Frau hat sich auch sterilisieren lassen.

H.: Ihr habt euch beide sterilisieren lassen?

Mann: Ja.

H.: Dann geht die Beziehung auseinander.

(zu Hedwig): Stelle sie dennoch mit auf.

Hedwig: 1. Bild (aufgestellt von der Frau)*

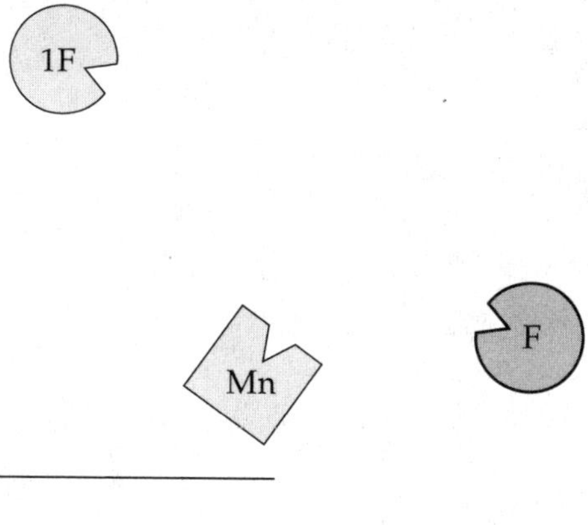

* ***Abkürzungen:***
Mn Mann
F Frau
1F Erste Frau

Hedwig: 1. Bild (aufgestellt vom Mann)

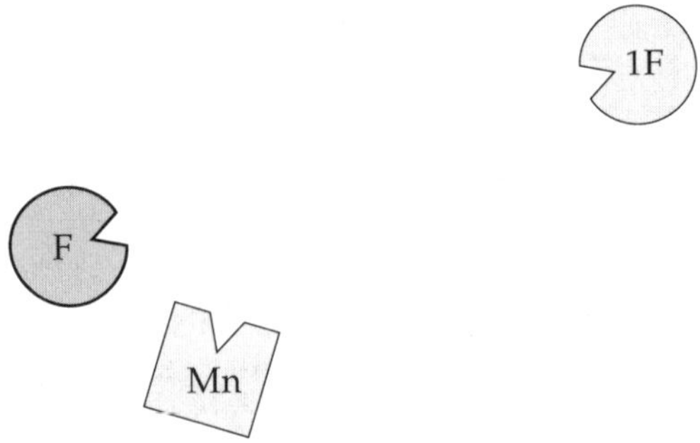

H. *(zum Stellvertreter des Mannes)*: Wie geht es dir?

[Mn]: Ich bin hin und her gerissen. Ich weiß nicht, meine erste Frau stört mich.

H.: Gibt es einen Unterschied zur ersten und zweiten Aufstellung?

[Mn]: Es ist einfach seitenverkehrt.

(F): Ich bin sehr wütend.

H.. Auf wen?

(F): Auf beide. Vielleicht auf ihn mehr. Ich weiß es gar nicht.

H. *(zur ersten Frau)*: Was ist bei dir?

(1F): Also, ich möchte weg hier. Ich fühle mich sehr unwohl.

(H. stellt die Frau rechts vom Mann)

Hedwig: 2. Bild

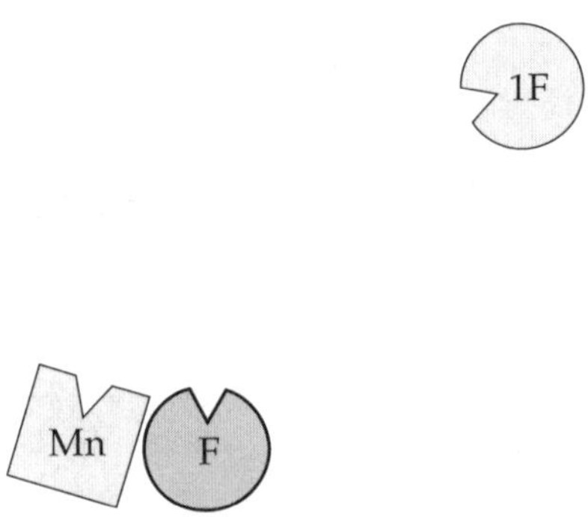

H. *(zur Frau)*: Wie ist das?

(F): Ein bißchen besser, aber es nicht geklärt.

[Mn]: Ich hätte gerne, daß sie die andere verdeckt.

H. *(zur ersten Frau)*: Ist bei dir etwas verändert?

(1F): Es beruhigt mich, aber ich habe das Gefühl, ich kann gehen.

H.: Ja, drehe dich um.

Hedwig: 3. Bild

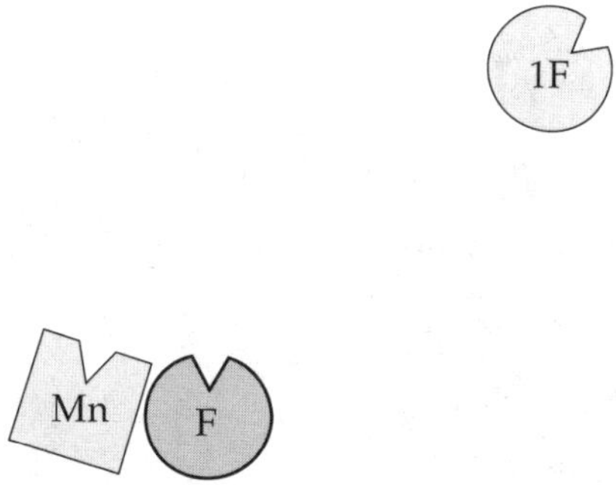

H.: Wie ist das jetzt?

[Mn]: So ist es gut.

(F): Besser, aber nicht in Ordnung.

H. *(zu Hedwig)*: Was sagst denn du dazu?

Hedwig: Ja, da ist was für mich dran, das stimmt. Als meine Stellvertreterin vorhin sagte: wütend, da habe ich gedacht: wütend, ach, wütend. Ich habe es nicht so mit wütend sein.

H.: Manche werden wütend, statt daß sie um etwas bitten. – Seit wann hast du den Diabetes?

Hedwig: Seit fast zweiundzwanzig Jahren, seitdem ich zehn bin.

H. *(zum Mann)*: Ist bei Ihnen etwas, das sie dazu sagen wollen?

Mann: Ich bin über diese Wut überrascht.

H.: Das werden wir klären. Ja?

(zu Hedwig und ihrem Mann): Okay, jetzt stellt ihr euch mal selber an euren Platz.

(zu Hedwig): Schau deinen Mann an und sag: „Es ist ein besonderes Geschenk, daß du mich geheiratet hast".

Hedwig: *Es ist ein besonderes Geschenk, daß du mich geheiratet hast.*

H.: „Trotz meiner Krankheit."

Hedwig: *Trotz meiner Krankheit.*

H.: „Und ich nehme es von dir als ein Geschenk."

Hedwig: *Und ich nehme es von dir als Geschenk.*

H. *(zum Mann)*: Und sag du ihr: „Es ist ein besonderes Geschenk, daß du mich geheiratet hast".

Mann: *Es ist ein besonderes Geschenk, daß du mich geheiratet hast.*

H.: „Trotz meiner Sterilisation."

Mann: *Trotz meiner Sterilisation.*

H.: „Und ich würdige das."

Mann: *Und ich würdige das.*

H. *(zu Hedwig)*: Wie ist das für dich?

Hedwig: Es klingt gut.

Mann: Für mich auch.

H.: Okay, das war's dann.

(zur Gruppe): In Paarbeziehungen ist es oft so, daß wenn jemand eine Behinderung hat und er trotz der Behinderung von einem geheiratet wird, – eine Krankheit wie Diabetes ist eine Behinderung und die Sterilisation ist auch eine Behinderung – es dann eine Scheu gibt, anzuerkennen, daß es ein besonderes Geschenk ist, und dann schlägt das manchmal um in Wut.

(zu Hedwig): Die Wut ist sozusagen die Abwehr von Dank oder von Anerkennung. Wenn die Anerkennung aber mal offen ausgesprochen ist, so wie ihr das ausgesprochen habt, dann ist das vorbei. Dann kann man das gegenseitig würdigen, und dann wächst die Liebe.

Herbert (3): (Forts. v. S. 112)

Chronische Prostataentzündung

Rückmeldung 1

(Vorbemerkung: Herbert hat öffentlich nichts über seine chronische Krankheit erwähnt, sagte aber in einem Pausengespräch, daß sich das nach dem Kurs sehr stark zum Guten hin verändert hat.)

H. *(zu Herbert)*: Wie geht es dir?

Herbert: Gut.

H.: Irgendwelche Nachwirkungen von der Arbeit vom vorigen Jahr?

Herbert: Ja. Ich denke, mein Verhältnis zu meinem Vater ist innerlich gebessert, und vor allem das Verhältnis zu meiner Mutter auch. Ich nehme an, ich war immer auf sie böse. Das hat sich entschieden verbessert sogar. Ich kann sie jetzt endlich in Ruhe lassen. Sie läßt mich eigentlich schon sehr lange in Ruhe, im Grunde. Sie wehrt sich nur immer gegen mich, und das ist viel besser geworden. Vielleicht, ich war neulich unheimlich erstaunt: meine Mutter hat ihr Leben lang mit dem Gewicht zu kämpfen und sie ist immer schwerer geworden. Neulich, zu Weihnachten, hat sie mich zum Essen eingeladen und hat mir gesagt, daß sie zwölf Kilo abgenommen hat. Vielleicht hat ihr das auch geholfen, irgendwie. Ich weiß es nicht. Ich war sehr erstaunt.

Fettsucht der Mutter

(H. ließ Herbert die Herkunftsfamilie seiner Mutter stellen. Dabei kam ans Licht, daß sie mit der verstorbenen ersten Frau ihres Vaters identifiziert ist und ihr nachfolgen und weggehen will.)

H. *(zu Herbert)*: Was macht einer, der weiß, daß er eigentlich sterben muß und doch leben will – zur Vorsicht?

Herbert: Ja, er hamstert Nahrung. Er ißt viel.

H.: Er ißt etwas mehr – zur Vorsicht. Das ist einer der Hintergründe von Fettsucht. Essen heißt ja: ich bleibe. Wer weiß, daß er bleiben darf, der kann normal essen. Wer aber fürchtet, daß er gehen muß, der ißt lieber etwas mehr, damit er bleiben kann.

Und was kann nun der Fettsüchtige machen, wenn er Hunger hat? – Er sagt: *„Ich bleibe"*. Dann genügt auch etwas weniger vielleicht.

Rückmeldung 2

Brief vom 17.6.95

Der Anlaß für mich nach Berlin zu Deinem Seminar zu kommen, war ein Gefühl von tiefer Dankbarkeit nach der Arbeit in Heidelberg vom März 95. Ich möchte mich zuallererst bei Dir bedanken.

Darüber hinaus lerne ich natürlich sehr viel von Deiner Arbeit, was für meine Beschäftigung mit Alexandertechnik sehr wertvoll ist.

Neben diesem Lernen und der guten Wirkung, die Deine Arbeit für mich hat, möchte ich von einem besonderen Ereignis berichten, das sich einen Tag nach unserem letzten Treffen in Heidelberg abspielte.

Du hattest mir den Satz gesagt: „Ein Herz voller Liebe, und er weiß nicht, wohin damit".

Der fuhr mir wie ein Skalpell ins Herz und flickte etwas zusammen, was vorher offenbar gebrochen war. Das kam wie ein Krampf, ich lag schluchzend am Boden mit beiden Händen auf dem Herzen. Ich „schaute mit dem Herzen" zurück und fühlte, daß ich seit meiner ersten Liebesbeziehung mein Herz nicht mehr geöffnet hatte. All dies war beängstigend und beglückend zugleich. Ich habe das Gefühl, daß jetzt erst Platz da ist für eine neue Liebesbeziehung.

In der Zeit nach diesem Erlebnis habe ich sehr viel Dankbarkeit verspürt.

Körperlich kann ich den Kopf besser nach vorne loslassen, meine Beine kommen besser zum Boden und dadurch öffnet sich das Becken. Ein Linksverdrehung im Körper löst sich mehr und mehr auf, und ganz besonders hat sich seit dem Erlebnis meine Atmung verbessert. Das „Zuviel" im Herzen ist wohl auch mit zuviel Halten in der Atmung zusammengegangen.

Mit Liebe
Herbert

Rosa (5): (Forts. v. S. 270)

Eßsucht

Nehmen des früh verstorbenen Kindes

Rosa: Der Tod beschäftigt mich sehr und bewegt mich auch sehr, weil ich immer weiter absterbe vom Körper her, auch vom letzten Jahr zu diesem Jahr, und ich will das irgendwie auflösen. Ich verdränge ja alles, und mir ist wieder eingefallen, daß mein Vater ungefähr in meinem Alter gestorben ist, und er war froh, als er gestorben ist.

H.: Stelle mal dieses Kind auf, das früh gestorben ist, dein erstes Kind. Stelle es mal auf.

(als Rosa den Stellvertreter für ihr Kind ausgesucht hat, dreht H. ihn um und führt Rosa von hinten näher zu dem Kind, bis sie mit dem Kopf seinen Rücken berührt)

Rosa: 1. Bild*

H. *(zu Rosa, als er sie zu dem Kind führt)*: Langsam, weiter, noch ein Stück, so.

(Nach einiger Zeit beginnt Rosa tief zu atmen und dann heftig und laut zu schluchzen. Danach legt sie die Arme auf die Schultern des Kindes und schluchzt laut, während ihr die Beine zittern. Wieder nach einiger Zeit dreht H. das Kind um. Rosa umarmt es innig und schluchzt weiter.)

Rosa: 2. Bild

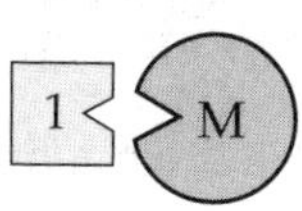

* *Abkürzungen:*
M **Mutter**
1 Erstes Kind, Sohn, kurz nach der Geburt gestorben

H. *(zu Rosa, als das Schluchzen etwas nachläßt)*: Sag ihm: „Liebes Kind"

Rosa: *Liebes Kind.*

H.: „Liebes Kind."

Rosa: Liebes Kind. Liebes Kind.

H.: Jetzt sage es ganz ruhig, ohne Emotion, einfach so: „Liebes Kind".

Rosa: Lieber Wolfgang.

H.: Sage es ganz still: „Lieber Wolfgang".

Rosa: Lieber Wolfgang.

H.: Genau. Das ist es. „Jetzt gebe ich dir einen Platz."

Rosa: *Jetzt gebe ich dir einen Platz.*

H.: „Du bist mein erstes Kind."

Rosa: *Du bist mein erstes Kind.*

H.: „Und jetzt darfst du mich haben als deine Mutter."

Rosa: *Und jetzt darfst du mich haben als deine Mutter.*

H. *(nach einiger Zeit)*: Gut so?

Rosa: Das ist verdammt gut. Ich danke dir.

H.: Okay, gern.

Eltern eines Kindes, das an Diabetes leidet (2):

(Forts. v. S. 143)

Rückmeldung

H.: Wir machen jetzt weiter mit der Familie mit dem Kind, das an Diabetes leidet, die voriges Jahr die Familie hier aufgestellt hat.

(zu den Eltern): Erzählt mal, wie es euch geht, und was sich verändert hat.

Vater: An dem Diabetes hat sich nichts geändert. Dadurch daß Agnes wächst und auch größer geworden ist, brauchen wir im Moment natürlich mehr Einheiten als z.B. vor einem Jahr. Aber wir haben insgesamt das Gefühl, daß sowohl Agnes als auch wir sehr gut damit zurechtkommen, und vor allem auch, daß Agnes in der Schule – sie ist jetzt in der zweiten Klasse – ganz hervorragend zurechtkommt. Sie bringt immer ganz tolle Zeugnisse mit nach Hause, da sind wir ganz stolz drauf. Es fällt uns auch immer leichter, sie mal woanders hinzugeben und auch andern diese Verantwortung zu übergeben mit dem Spritzen zweimal am Tag. Sie macht auch schon viel selber. Blutzucker messen kann sie ganz alleine machen.

Es gibt immer mal wieder Tage, manchmal kurze Phasen, wo man plötzlich das Gefühl hat, wir spritzen eigentlich viel zu viel. Das kommt vor. Und zwar, daß sie morgens einen ganz niedrigen Wert hat, und wir dann darauf eingehen und etwas weniger spritzen, und sie dann, obwohl sie relativ viel ißt, danach weiterhin ganz niedrige Werte hat. Wir können uns nicht erklären genau, woran es liegt, aber es gibt immer wieder mal so Zeiten, wo …

Mutter: Zum Beispiel, wenn sie sich freut. Also gestern auf der Reise hierher...

Vater: Gestern war es auch wieder auffällig, daß sie schon morgens – wir sind sehr früh weggefahren in Passau – schon morgens einen sehr niedrigen Wert hatte. Wir haben dann auch gleich sehr viel weniger gespritzt, haben ihr ganz viel zu Essen gegeben, und danach hatte sie immer noch ganz niedrige Werte, es ist den ganzen Tag so geblieben, bis gestern abend. Wir haben ihr dann auch für die Nacht viel weniger gespritzt. Also, es pendelt oft ziemlich hin und her.

Es ist auch so, daß die Langzeitwerte – also es gibt ja so HBA 1 Werte – bei ihr immer sehr gut sind. Also vor Schäden glaube ich, brauchen wir im Moment überhaupt keine Angst zu haben, also daß es irgendwelche Langzeitschäden bei ihr geben könnte.

Mutter: Ich möchte ganz kurz noch zu mir etwas sagen. Ich selber habe vom letzen Jahr sehr viel mitgenommen, und ich habe das Gefühl, ich nehme meinen Platz jetzt ganz anders ein. Ich fülle ihn zwar noch nicht ganz aus, aber ich kann ihn anders nehmen, annehmen und einnehmen. Ich habe auch noch etwas Familienforschung getrieben und habe über beide Großmütter noch ganz erstaunliche Informationen bekommen. Die Großmutter mütterlicherseits, also die, die Selbstmord gemacht hat, hatte noch eine Schwester vor ihr, die ein oder zwei Jahre nach der Geburt gestorben ist. Die andere Großmutter väterlicherseits hat noch zwei weitere Kinder gehabt, von denen ich nichts gewußt habe, und zwar eins vor meinem Vater.

Das war ein uneheliches Kind. Das hat sie weggegeben, und das ist dann früh gestorben. Danach hat sie meinen Großvater geheiratet, der dann im Krieg gefallen ist. Von ihm hat sie nur meinen Vater. Dann hatte sie noch einen Mann. Das erste Kind von dem ist bei der Geburt gestorben. Dann hatte sie noch meine Tante, die ich kenne.

H.: Ich frage mich, ob das noch eine Rolle spielt. Was ist dein Eindruck?

Mutter: Ich glaube nicht.

H.: Habt ihr noch ein Anliegen an mich?

Mann: In dem Zusammenhang nicht. Mit mir selber hätte ich noch eines. Ich spüre bei mir auch eine unterbrochene Hinbewegung zu meiner Mutter. Ich merke, daß da irgendwo noch etwas wirkt und mich das immer besonders berührt, wenn solche Szenen sind, weil ich selber als Säugling vier Wochen von meiner Mutter getrennt war, als ganz kleines Baby, weil ich einen Leistenbruch hatte. Ich merke einfach, da komme ich überhaupt nicht dran. Ich merke auch keine Gefühle dazu, ich merke nur, daß da irgendwas da ist.

H.: Da ist ganz bestimmt etwas. So etwas wirkt sich sehr aus. Das muß man aber in einer anderen Sitzung machen, mit jemand, der das gut kann.

H. *(zur Mutter)*: Hast du noch ein Anliegen?

Mutter: Nein.

H.: Gut dann, das war's.

Gerhard (4): (Forts. v. S. 205)

Schwere Unfälle

Rückmeldung

Gerhard: Mir geht es deutlich besser als vor einem Jahr. Ich habe keinen Unfall mehr gehabt, wirtschaftlich geht es sehr stark bergauf, und durch die Aufstellung habe ich für mich eine ganze Menge gelernt: wie ich achtsamer mit Geld bin, wie ich aber auch achtsamer mit mir selber bin. Ich habe gelernt, mich besser abzugrenzen.

H.: Ich will dir was sagen. Das klingt mir alles ein bißchen verdächtig.

Gerhard: Und ich habe keinen Bedarf mehr an Psychotherapie.

H.: Das ist gut.

Gerhard: Womit ich nicht gut zurechtkomme, das ist die Situation mit meinen Kindern. Ich werde nächste Woche geschieden, und so wie es aussieht, werden die Kinder bei meiner Frau bleiben. Das ist, was mir sehr weh tut.

H.: Hast du gekämpft?

Gerhard: Ja *(weint).*

H.: Du heulst mehr, als daß du kämpfst.

Gerhard: Ich heule deshalb...

H.: Ich will keine Erklärung haben.

Gerhard. Ich will, daß es einfach vorbei ist.

H.: Genau. Das ist das Verdächtige gewesen.

(zur Gruppe): Das war so schön, was er erzählt hat. So schön ist das schöne Leben nicht.

Gerhard: Ich versuche mich manchmal da reinzuretten.

H.: In was?

Gerhard: In das schönere Leben.

Die Herkunftsfamilie

Die Dynamik: *Die erste Frau des Vaters starb im Kindbett. Ein früherer Freund der Mutter hat sich, als sie den Vater heiratete, freiwillig zur Waffen-SS gemeldet und ist bald darauf gefallen. Mit ihm ist Gerhard identifiziert. Die Mutter hat versucht, sich umzubringen. Sie will dem toten Freund nachfolgen und Gerhard mitnehmen.*
Die Lösung: *Die Mutter verneigt sich vor der ersten Frau ihres Mannes und sagt zu Gerhard: „Ich vertraue dich deinem Vater an. Dort ist dein guter Platz." Gerhard sagt zur Mutter: „Ich bleibe beim Vater. Auch wenn du gehst, ich bleibe beim Vater."*

H.: Jetzt stelle mal deine Herkunftsfamilie auf.

Gerhard *(als er die Stellvertreter aussucht)*: Mein Vater war zweimal verheiratet. Soll ich seine erste Frau auch aufstellen?

H.: Ja.

Gerhard: Jetzt sofort?

H.: Sofort. – Hatte dein Vater Kinder mit der ersten Frau?

Gerhard: Zwei und mit meiner Mutter fünf, und das Kind, das vor mir war, ist gestorben, aber wie, weiß ich nicht. Meine Mutter hat immer erzählt, das sei eine Fehlgeburt gewesen, aber ich fühle mich dabei komisch.

H.: Wieso haben die sich getrennt, dein Vater und die erste Frau.

Gerhard: Die haben sich nicht getrennt, die erste Frau ist im Kindbett gestorben.

H.: Ach Gott, ja das ist natürlich sehr bedeutsam. – Du bist das wievielte Kind?

Gerhard: Das vorletzte.

H.: Bei wem sind die Kinder der ersten Frau aufgewachsen?

Gerhard: Bei meiner Mutter.

H.: Jetzt stelle mal auf.

Gerhard: 1. Bild*

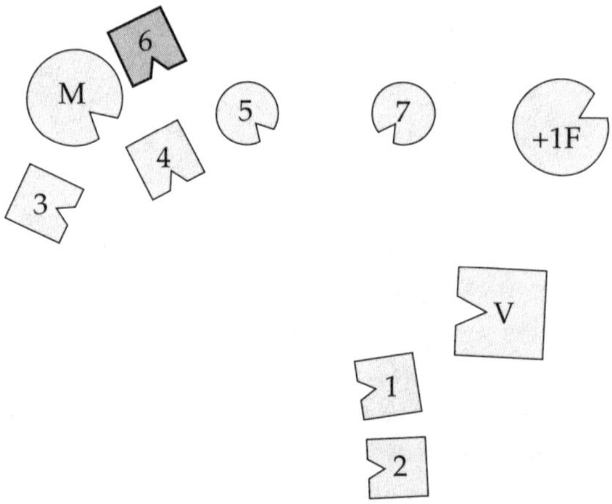

* *Abkürzungen:*

V	Vater
+1F	Erste Frau, im Kindbett gestorben
1	Erstes Kind von der ersten Frau, Sohn
2	Zweites Kind von der ersten Frau, Sohn
M	Mutter
3	Drittes Kind, erstes von der zweiten Frau, Sohn
4	Viertes Kind, Sohn
5	Fünftes Kind, Tochter
6	**Sechstes Kind, Sohn**
7	Siebtes Kind, Tochter
+FFM	Früherer Freund der Mutter, im Krieg gefallen.

H.: Was ist denn mit deiner Mutter? Ist da was passiert?

Gerhard: Die hatte einen Freund. Ich weiß aber nicht, wie intensiv die Beziehung war. Als sie meinen Vater geheiratet hat, hat der sich freiwillig zur Waffen–SS gemeldet *(weint)*.

H.: Der Freund?

Gerhard: Der ist gleich in den ersten Kriegstagen gefallen.

H.: Den stellen wir zur Vorsicht auch noch auf.

Gerhard: 2. Bild

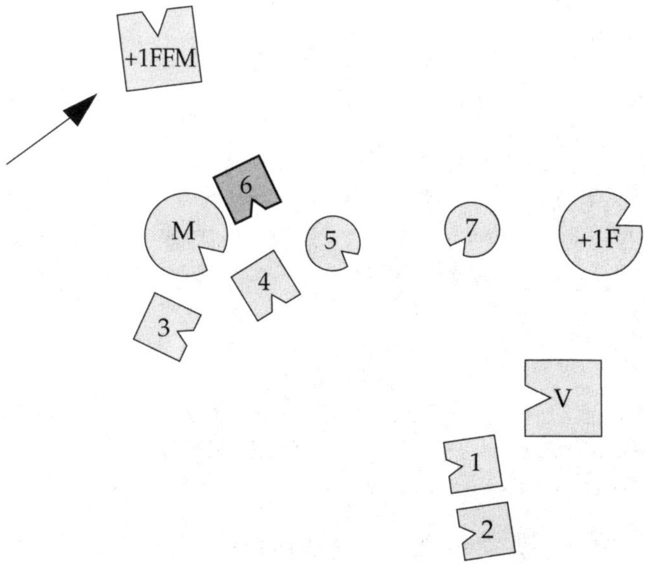

H. *(zur Gruppe)*: Also, wo eine Mutter so eingekesselt wird von den Kindern, die sich vor sie stellen, dann ist der Verdacht, daß sie sich umbringen will. Die Kinder wollen sie daran hindern, daß sie weggeht.

Gerhard: Das hat sie versucht.

H.: Hat sie versucht?

Gerhard: Da war ich vier Jahre alt.

H.: Aus dem Bild kann man das ablesen. Da ist was drin in dieser Familie, mein Gott.

(zum Stellvertreter von Gerhard): Wie geht es denn dir?

[6]: Ich verstehe das alles nicht, fühle mich ein bißchen am Rande und sehr beunruhigt mit dem Mann hinter mir.

H. *(zu Gerhard)*: Mit dem bist du identifiziert, mit dem Waffen-SSler.

(Gerhard weint)

Na und?

Gerhard: Es ist vielleicht ganz gut zu wissen.

H.: Da gibt es ein englisches Sprichwort. Kannst du Englisch?

Gerhard: Ja.

H.: Give the rogue a piece of rope and he will hang himself. Also für die, die kein Englisch können: Dem Gauner gibt man einen Strick, und dann hängt er sich daran auf. Manche machen das so mit der Psychotherapie: wenn sie etwas Wichtiges erfahren, hängen sie sich daran auf.

Wie geht es der Mutter?

(M): Ich habe das Gefühl, ich will da raus. Ich will nicht unbedingt zu ihm *(dem verstorbenen früheren Freund),* aber ich will weg. Und er *(der Stellvertreter von Gerhard)* könnte mit. Also, er ist mir am nächsten.

H. *(zu Gerhard)*: Ich mache jetzt einfach mal Ordnung. Das Wichtigste ist, daß die erste Frau ihren Platz bekommt. Das ist ja ganz schlimm, wie sie aufgestellt wurde.

(H. stellt das Bild um, die erste Frau rechts vom Vater, die Mutter links von ihm, alle Kinder gegenüber und den verstorbenen früheren Freund der Mutter abseits. Als die Mutter auch auf diesem Platz sagt: „Ich will hier weg", stellt er sie hinter ihren verstorbenen Freund.)

Gerhard: 3. Bild

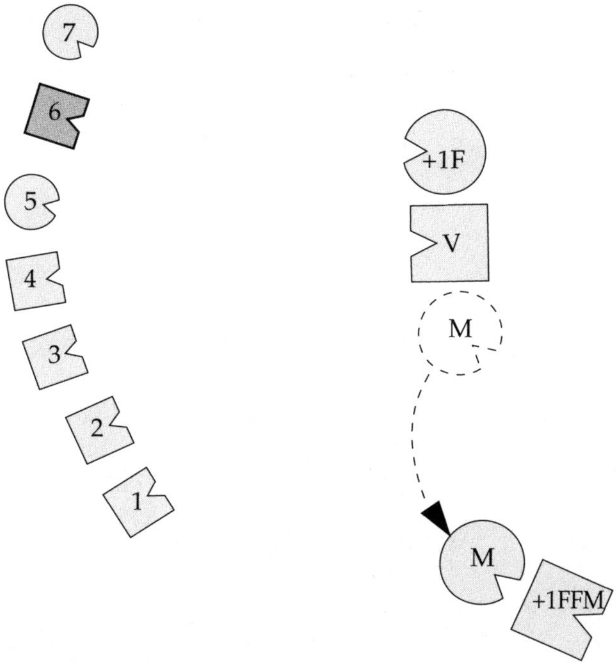

H. *(zur Mutter)*: Wie ist das?

(M): So ist es richtig.

H. *(zum Stellvertreter von Gerhard)*: Wie geht es dir?

[6]: Ich verspüre so eine Traurigkeit. Auch schon, als sie da neben den Vater gegangen ist. Andererseits fühlt es sich gut an hier in der Reihe.

[V]: Es ist gut.

(+1F): Gut.

[1]: Zu den Eltern stimmt das Verhältnis. Mit den anderen habe ich wenig zu tun.

[2]: Ich fühle mich schuldig.

H. *(zu Gerhard)*: Ist sie an ihm gestorben, die Mutter?

Gerhard: Ja.

[3]: Erleichtert mit dem Weggehen von der Mutter.

(H. stellt jetzt erst den zweiten und dann auch den ersten Sohn neben ihre verstorbene Mutter. Die anderen Kinder rückt er mehr in den Bannkreis des Vaters.)

Gerhard: 4. Bild

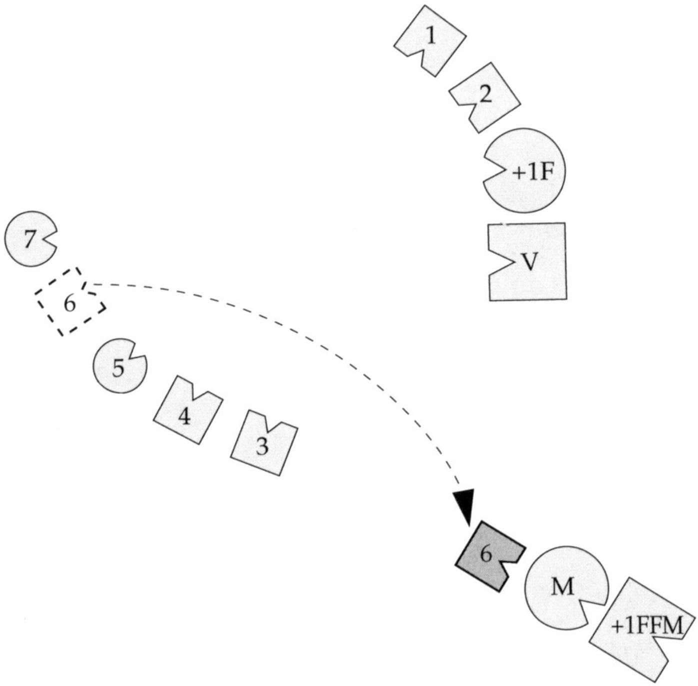

H. *(zur ersten Frau, als er ihre Kinder neben sie stellt)*: So?

(+1F): Ja.

[2]: Gut.

[1]: Hier wollte ich hin.

H. *(zum Stellvertreter von Gerhard)*: Was ist bei dir jetzt?

[6]: Ich fühle mich ganz fremd dem Vater gegenüber. Wie keine Beziehung.

(H. stellt ihn hinter seine Mutter)

H.: Wie ist das?

[6]: Besser

H. *(zur Gruppe)*: Das ist das Verdächtige, das ich rausgehört habe. Wenn einer so wunderbar erzählt, ist er meistens selbstmordgefährdet.

(zu Gerhard): Für die, die das planen, ist das ja nicht schlimm. Es ist doch schön mit den beiden im Himmel zu sein, mit dem da und mit der. Die sind ja alle noch lebendig da oben. Ist das nicht schön in Wolkenkuckucksheim?

Gerhard: Ich habe es noch nicht ausprobiert.

H.: Ach so?

(H. stellt den Stellvertreter von Gerhard links neben den Vater)

Gerhard: 5. Bild

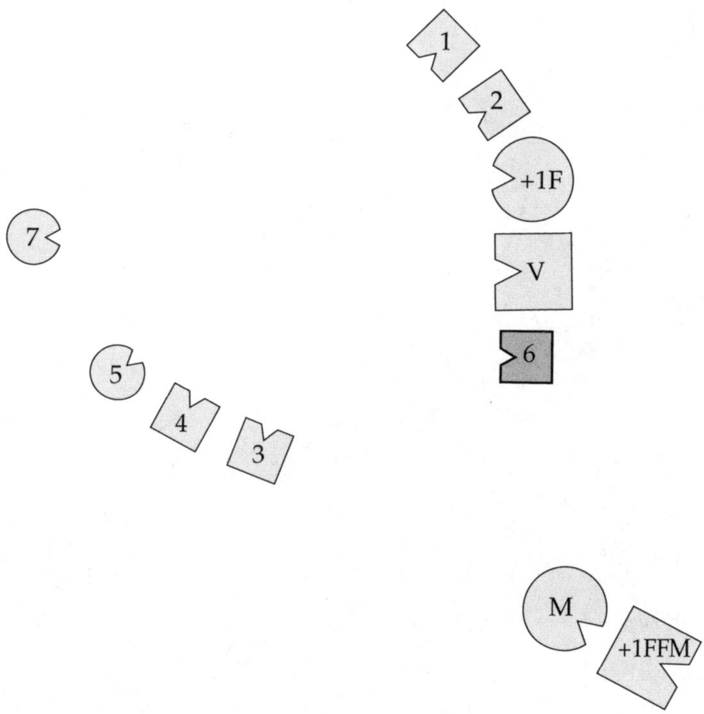

H: Wie ist das?

(Vater und Sohn lachen sich an)

[6]: Schon gut.

H. *(zu Gerhard)*: Selbstmordgefährdete werden gerettet vom Vater, weißt du das?

Gerhard: Jetzt weiß ich's.

H.: Okay, jetzt stell du dich selber mal dahin.

(Gerhard stellt sich an seinen Platz, und H. dreht die Mutter um)

Gerhard: 6. Bild

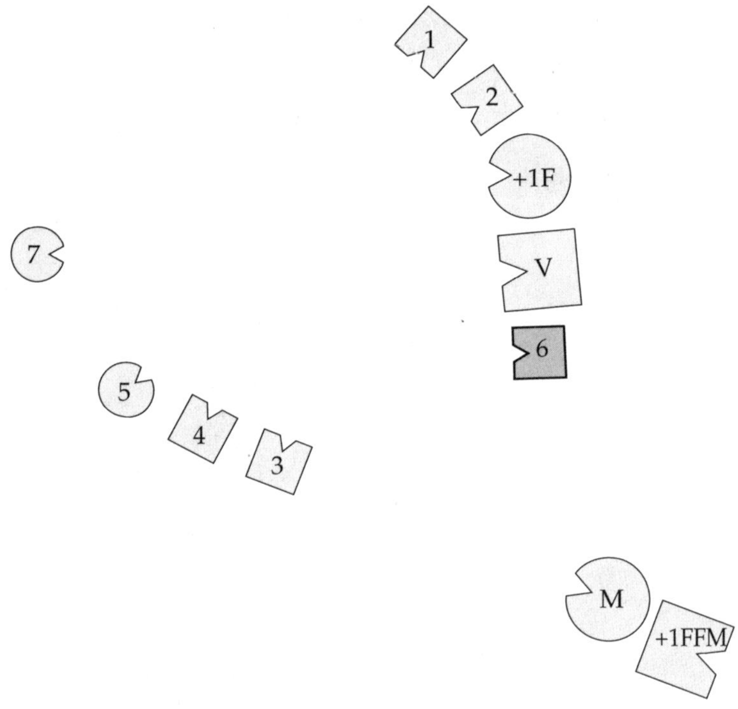

H. *(zur Mutter)*: Wie ist das, wenn du dich jetzt umdrehst?

(M): Ich bin sehr traurig.

H.: Geh hin und verneige dich vor der ersten Frau. Verneige dich ganz sachte, mit der Hand auf dem Herzen.

(nach einiger Zeit): Und jetzt stelle dich neben den Mann.

(H. hat Gerhard in der Zwischenzeit auf seinen Platz in der Geschwisterreihe geschickt)

Gerhard: 7. Bild

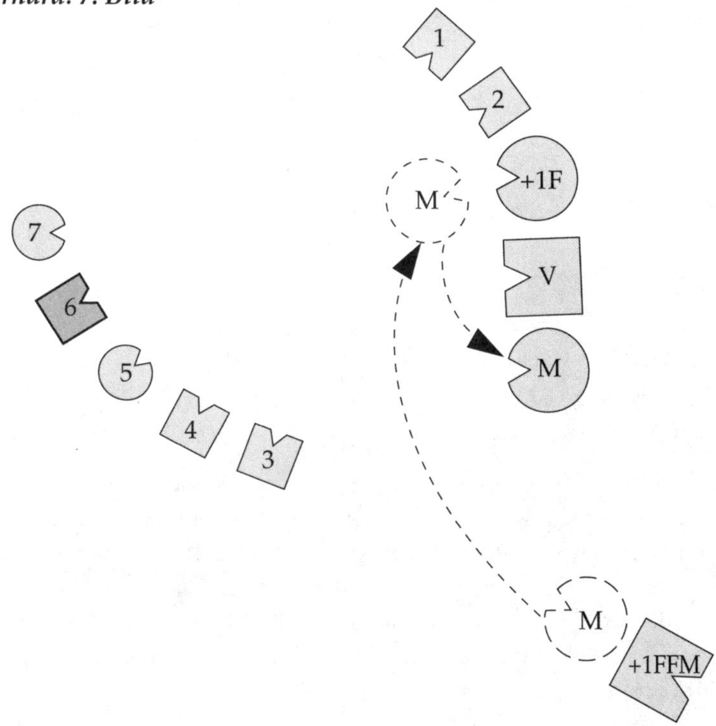

H.: Wie ist das jetzt?

(M): Er *(Gerhard)* soll herkommen. *(sie atmet schwer)*

H.: Sag ihm: Ich vertraue dich deinem Vater an.

(M): *Ich vertraue dich deinem Vater an.*

H.: „Dort ist dein guter Platz."

(M): *Dort ist dein guter Platz.*

H. *(zu Gerhard, als dieser zu schluchzen beginnt)*: Laß die Augen auf. Dieses Gefühl bringt nichts. Sag ihr: „Ich bleibe beim Vater".

Gerhard: *Ich bleibe beim Vater.*

H.: „Auch wenn du gehst, ich bleibe beim Vater."

Gerhard: *Auch wenn du gehst, ich bleibe beim Vater.*

H.: Das hast du doch gut gemacht jetzt. Wie geht es dir?

Gerhard: Es geht mir gut.

H.: Da lasse ich es. Okay? Gut.

Gerhard: Danke.

Hans (2): (Forts. v. S. 100)

Asthma

Rückmeldung

H. *(zu Hans)*: Was ist bei dir nachzutragen zum vorigen Jahr? Hat sich was verändert bei dir?

Hans: Ich habe mich im letzten Frühjahr entschlossen, bei meiner Familie zu bleiben. Ich habe das auch konsequent gemacht, zumindest nach außen hin, aber ich merke, daß ich im Innerlichen nicht so ganz zu diesem „Ich bleibe" stehe und daß ich in Gedanken auch halb außerhalb bin, immer wieder. Ja, so sieht es aus: vom äußerlichen Rahmen her ist es ganz klar, daß ich bleibe, aber in meinem Kopf ist es halt nicht so.

Die Herkunftsfamilie

Die Dynamik: *Die Mutter von Hans will zusammen mit ihrem früh verstorbenen Bruder weggehen. Sie hat zu ihm ein ähnliches Verhältnis wie Hans zu seiner lebenden Schwester. Seine jüngste Schwester ist gestorben. Hans ist vielleicht sowohl mit seiner toten Schwester als auch mit dem toten Bruder der Mutter identifiziert.*
Die Lösung: *Hans muß die Mutter ziehen lassen. Er wird mit seinen Geschwistern nahe zum Vater gestellt. Dort bekommt er Luft. Dann sagt er zu seiner Mutter: „Hier (neben dem Vater) ist mein Platz. Hier bleibe ich".*

H.: Dann stellen wir mal dein Ursprungssystem auf. Wer gehört dazu?

Hans: Vater, Mutter, ich als das älteste Kind, meine Schwester und dann noch ein früh verstorbenes Kind.

H.: Stelle das verstorbene Kind auch mit auf.

*Hans: 1. Bild**

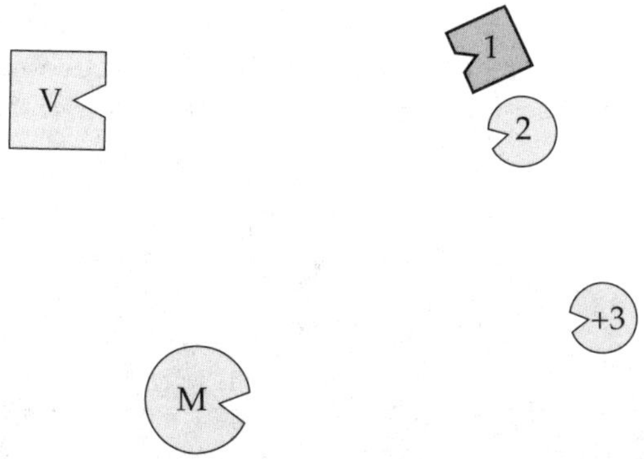

H.: Wie geht es dem Vater?

[V]: Ich bin ärgerlich auf meine Frau, und ich habe das Gefühl, es hat etwas mit dem toten Kind zu tun. Mit den Kindern geht es, jetzt, wo ich etwas mehr zurückgegangen bin. Zu der Tochter habe ich etwas mehr Beziehung als zu dem Sohn. Aber hier, zur Frau, ist etwas nicht in Ordnung. Da ist etwas passiert.

(M): Ich fühle mich nach vorne gut, und nach hinten sehr abgeschnitten. Platt gesagt, ob mein Mann da steht oder nicht, interessiert mich eigentlich gar nicht.

[1]: Ich sehe zwar, daß ich Eltern habe, aber ich habe zu wenig Gefühl von den Eltern und bin froh, daß ich meine Schwester neben mir habe, so dicht.

(2): Ich fühle mich auch wohl neben meinem Bruder und hätte meinen Vater gerne noch ein Stück näher.

---

* *Abkürzungen:*

V	Vater
M	Mutter
1	**Erstes Kind, Sohn**
2	Zweites Kind, Tochter, leidet an Diabetes
+3	Drittes Kind, Tochter, kurz nach der Geburt gestorben
+BM	Bruder der Mutter, mit zehn Jahren an Diphtherie gestorben

(+3): Ich bin ganz zittrig und habe hinten so Kälteschauer und möchte so nach unten weg und einfach so hinunterfallen.

H. *(zu Hans)*: Wenn ich diese Stimme höre, höre ich deine. – Ist dir voriges Jahr genau aufgegangen, daß es da einen Zusammenhang gibt zwischen deinem Asthma und dem Tod dieser Schwester?

Hans: Nein.

Du hast damals gesagt, du hast es mit fünf Jahren bekommen, und als du fünf Jahre alt warst, ist sie geboren und gestorben. Genau zu der Zeit.

Hans: Ja.

H.: Obwohl du nicht gewußt hast, daß es diese Schwester gab, hast du damals Asthma bekommen.

Hans: Ja.

H.: Diese merkwürdige Stimme deiner Schwester, die genau so klingt wie deine, weist auch auf diesen Zusammenhang hin. – Was ist in der Herkunftsfamilie deiner Mutter?

Hans: Ein Bruder meiner Mutter ist mit zehn Jahren an Diphtherie gestorben.

H.: Stelle ihn auch mit auf.

Hans: 2. Bild

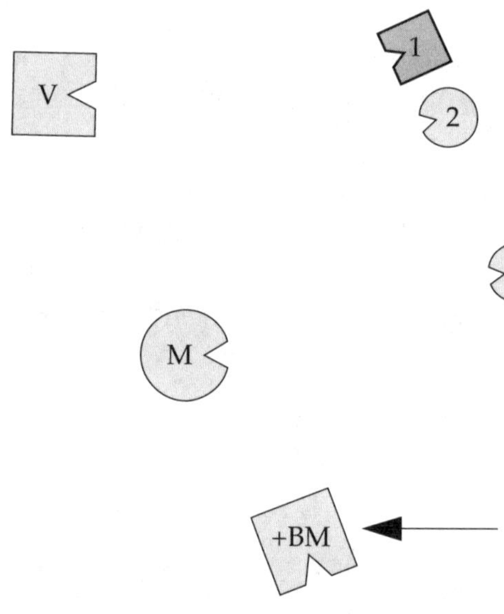

H. *(zur Mutter)*: Ist etwas verändert bei dir?

(M): Ich fühle mich nicht mehr so hart. Ich werde eher traurig.

(H. stellt sie zuerst hinter ihren Bruder und dann neben ihn)

Hans: 3. Bild

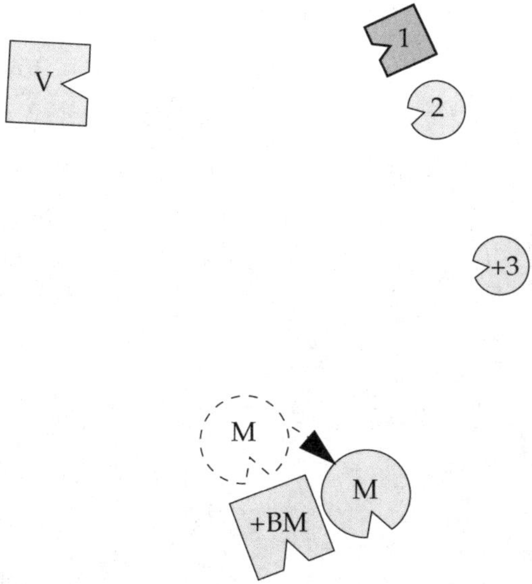

H. *(zur Mutter als er sie hinter ihren Bruder stellt)*: Wie ist das?

(M): Weicher und noch trauriger.

H. *(als er sie neben ihren Bruder stellt)*: Wie ist das?

(M): Es stimmt so.

H. *(zum verstorbenen Bruder der Mutter)*: Wie ist das für dich?

[+BM]: Ich fühle mich ganz ruhig und will weder nach vorne noch sonstwie weg. Ich fühle mich eigentlich gut hier.

H. *(zu Hans)*: Das ist Hänsel und Gretel. Und ihr zwei, du und deine Schwester, auch.

(Hans nickt)

(zum Vater): Wie geht es dir jetzt?

[V]: Mein Ärger ist weg. Jetzt bin ich einsam.

(H. stellt die Kinder näher zum Vater)

Hans: 4. Bild

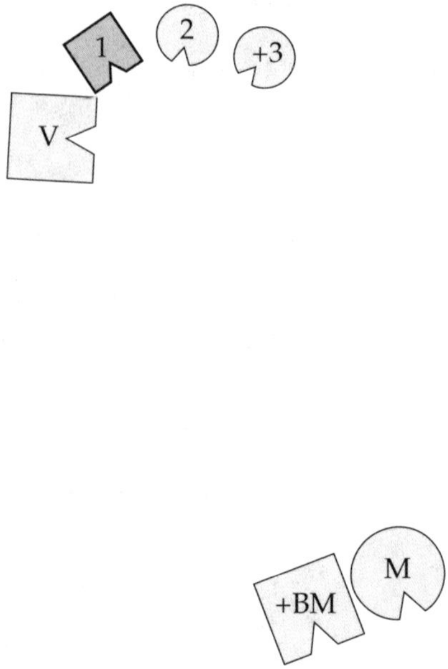

[1]: Es geht mir wesentlich besser. Also, die Kraft, die ich von der Mutter nicht gekriegt habe, habe ich jetzt als Stärke durch den Vater.

(als H. ihn ganz nah zum Vater stellt): Da kriege ich mehr Luft *(atmet tief ein).*

H. *(zur Gruppe)*: Luft hat er gekriegt.

H. *(zu Hans)*: Stell dich mal hierher gleich. Wie geht es dir hier?

Hans: Ich habe gerade gedacht: erstmals ist meine kleine Schwester in mein Blickfeld gerückt, also die, die ich nie gekannt habe. Und hier beim Vater fühle ich mich ganz wohl, da kann ich mich anlehnen.

H. *(zur Schwester von Hans, die auch teilnimmt)*: Willst du auch mal an deinen Platz gehen?

(sie stellt sich dazu)

Du mußt dich umschauen. Du mußt zu deinem Vater rüberschauen.

(als sie tief atmet): Laß den Mund ruhig auf dabei. So, ja, und schau rüber zum Vater.

(sie schaut zu ihm hinüber und lacht ihn an)

H. *(zur Mutter und ihrem Bruder)*: Dreht euch um und wechselt dabei die Seite.

Hans: 5. Bild

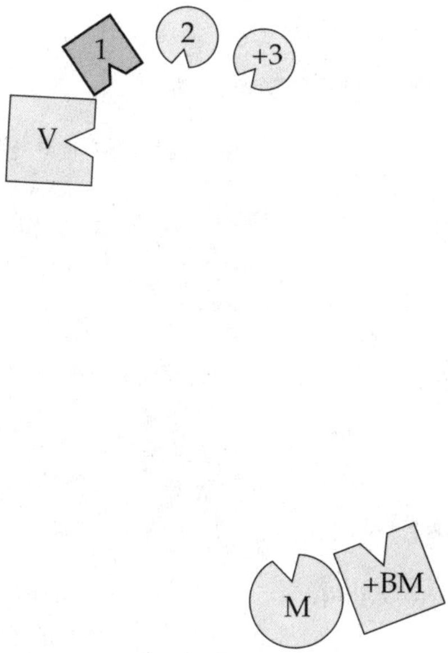

H.: Wie ist das?

(M): Es ist gut, sie jetzt zu sehen. Ich kann gut hier bleiben und schauen.

H. *(zu Hans)*: Sag ihr: „Hier ist mein Platz".

Hans: *Hier ist mein Platz.*

H.: „Hier bleibe ich."

Hans: *Hier bleibe ich.* Hier ist mein Platz, hier bleibe ich.

H. *(zur Schwester von Hans)*: Sage es auch zur Mutter.

Schwester von Hans: *Hier ist mein Platz, hier bleibe ich.* Hier ist mein

Platz, hier bleibe ich.

H. *(zur Stellvertreterin der verstorbenen Schwester)*: Wie geht es denn dir?

(+3): Ich bin froh, daß ich hier bin und nah bei meiner Schwester.

H.: Okay, das war's.

Gemma:

Mutter, Kind und Tod

Gemma: All diese Hinbewegungen lösen bei mir Tränen aus. Meine Mutter wird vermutlich die nächsten Tage sterben. Die Hinbewegung ist nie erfolgt *(sie weint)*. Kann ich das mit ihr noch machen, im Krankenhaus oder zu Hause? Ich weiß nicht mehr, ob sie noch mal nach Hause kommt.

H.: Komme hierher. Ich stelle jetzt drei Personen auf: deine Mutter, dich und den Tod.

Gemma: Ich soll sie aufstellen?

H.: Ja.

(Als Gemma die Mutter und den Tod aufstellt, schaut die Mutter unentwegt, wie mit großer Liebe, auf den Tod. Als Gemma sich selbst nahe dazu stellt, wird die Mutter vom Tod abgelenkt und schaut abwechselnd auf den Tod und das Kind. Daraufhin führt H. die Tochter schrittweise von der Mutter weg, und als die Mutter noch immer durch sie vom Tod abgelenkt wird, stellt er sie abseits, so daß der Tod zwischen ihr und der Mutter steht und der Mutter den Blick auf das Kind verdeckt.)

*Gemma: 1. Bild**

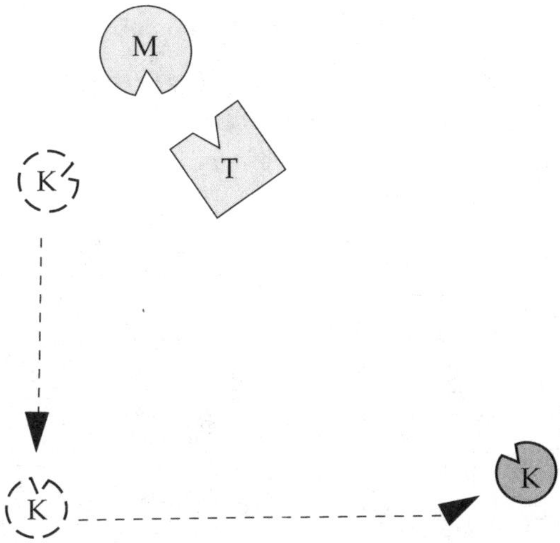

H. Wie geht es der Mutter?

(M): Mit dem Tod geht es mir gut. Mit dem bin ich ausgesöhnt. Daß die Tochter jetzt nicht zu sehen ist, ist komisch.

H. *(zu Gemma)*: Die Tochter lenkt die Mutter ab. Ja? Das war ganz deutlich, wie die Mutter mit Liebe zum Tod geschaut hat, und als du dich hingestellt hast, bist du in Konkurrenz getreten mit dem Tod. Die Tochter läßt die Mutter nicht los. Das darfst du nicht. Du mußt sie so lassen. Okay? Gut. Das war's dann.

*

Stellvertreter des Todes: Ich hatte ein ganz ruhiges Gefühl zu der Mutter, aber ich war nicht engagiert in meiner Aufgabe. Und zu der Tochter hatte ich den Eindruck, die drängt sich da ganz ungebührlich in mein Geschäft ein. Das gehört sich nicht. Damit hat sie gar nichts zu tun. Das haben wir unter uns schon geklärt.

H. Okay, Gemma? Und verneige dich vor deiner Mutter und dem Tod. Eltern sterben zwar, gehen aber nicht aus der Welt.

---

* ***Abkürzungen:***
M Mutter
K Kind
T Tod

Margot:

Gegensätze in der Familie

Margot: Bei der Frage, inwieweit fühlt eine Frau sich dem System in ihrem Land verpflichtet, merke ich, daß ich total Herzklopfen kriege. Ich komme aus Belgien. Was ist, wenn eine Familie im Krieg gegensätzlichen Richtungen anhängt?

H.: Komme hierher, dann werden wir schauen, wie wir das lösen. - Also du bist aus Belgien?

Margot: Ja.

H.: Und lebst in Deutschland?

Margot: Ja, sieben Jahre jetzt.

H.: Bist du hier verheiratet oder wie?

Margot: Nein, ich bin nicht verheiratet, und das ist auch eine Frage, die immer wieder auftaucht. Ich hätte sehr gerne eine feste Partnerschaft, aber es klappt nicht. Ich drücke es so mal aus.

H.: Und was ist mit dem Krieg gewesen?

Margot: Der Vater meiner Mutter war sehr stark patriotisch, also mit Belgien verbunden, und der Vater meines Vaters war deutschorientiert. Das heißt, er war sehr flämisch und von daher sehr den Deutschen zugetan, weil er gedacht hat, er kann das System unterstützen.

H.: Ist deine Mutter französisch sprachig?

Margot: Nein, flämisch.

H.: Beide sind flämisch. Und was ist jetzt die Schwierigkeit?

Margot: Die Schwierigkeit ist einmal, daß ich gerne feste Beziehungen hätte, doch innerhalb von sieben Jahren hat es nicht geklappt, oder Beziehungen sind wieder auseinandergegangen. Dann habe ich auch gemerkt, daß, wenn die Problematik auftaucht: deutsch - jüdisch, mein Herz anfängt zu rasen, und von daher stelle ich mir manchmal die Frage: Vielleicht muß ich wirklich auf die Suche gehen und noch mehr erfahren.

H.: War der Vater deines Vaters engagiert in einer Partei oder in der SS oder so?

Margot: Nein, das nicht. Nein.

(H. wählt zwei Teilnehmer aus, einen für den mütterlichen und einen für den väterlichen Großvater. Er stellt sie nebeneinander und fordert Margot auf, sich vor jedem von ihnen leicht zu verneigen.)

Bild*

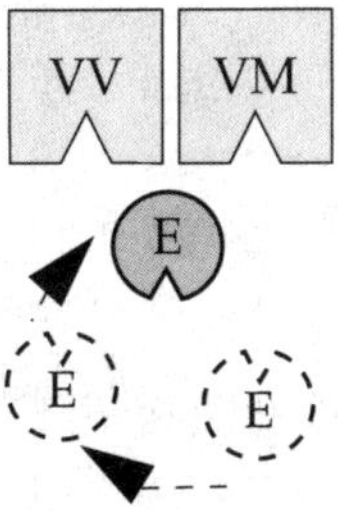

H. *(zu Margot):* Vor jedem einzeln. Erst in die Augen schauen und dann verneigen.

(nach einer Weile): Jetzt richte dich auf und lehne dich mit dem Rücken an sie an.

(Margot ist sehr bewegt)

Laß die Augen auf, das ist besser.

(wieder nach einer Weile): Wie geht es dir jetzt?

Margot: Das ist sehr wohltuend.

H.: Okay, das war's dann.

(Margot lacht)

*

---

* ***Abkürzungen:***

VM Vater der Mutter
VV Vater des Vaters
E Enkelin

H. *(zur Gruppe):* Also, wenn man sich entscheiden muß, ist die beste Entscheidung: sowohl als auch.

(Lachen in der Gruppe)

Okay, Gibt es irgendwas zu fragen dazu oder zu sagen?

Teilnehmer: Ich verstehe die Dynamik nicht, die hier abgelaufen ist. Kannst du noch etwas sagen dazu?

H.: Also, es gibt da einen Familienkonflikt offensichtlich, einer gegen den andern. Ich habe sie zu jedem hingehen lassen und sich vor jedem verneigen, wie immer er ist, und sich dann an sie beide lehnen. Damit verbindet sich das, was getrennt ist, in ihr. Dann braucht sie sich nicht mehr zu entscheiden zwischen dem einen und dem andern. Also, das war die Dynamik dabei.

(zu Margot): Kannst du das nachvollziehen, was ich gesagt habe?

Margot: Ja, sehr.

H.: Okay.

Uwe:

Manische Depression der Schwester (Die Herkunftsfamilie)

Die Dynamik: *Eine Schwester des Vaters ist früh gestorben. Mit ihr ist die manisch-depressive Schwester von Uwe identifiziert. Uwe verhält sich zu ihr, wie sein Vater zu seiner toten Schwester.*
Die Lösung: *Die tote Schwester des Vaters wird hinter Uwes Schwester als Schutz gestellt.*

H.: Ich mache noch eine Aufstellung: mit dir, Uwe. Was war dein Anliegen?

Uwe: Ich mache mir Sorgen um meine manisch-depressive Schwester *(weint).*

H.: Dann stelle deine Herkunftsfamilie auf.

*Uwe: 1. Bild**

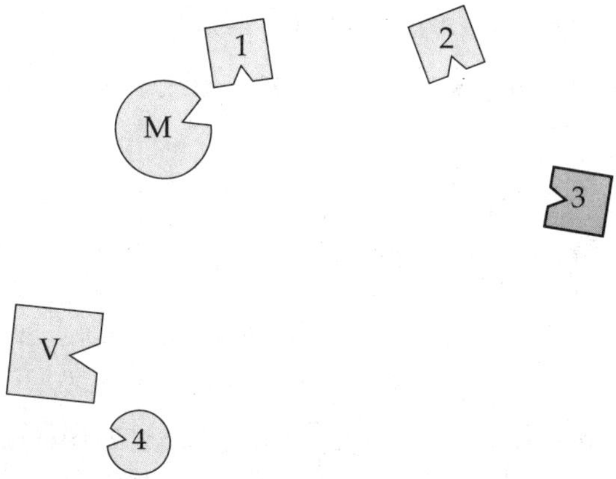

H. *(zu Uwe):* War jemand von deinen Eltern vorher verheiratet?

Uwe: Nein.

H.: Was war in der Familie deines Vaters?

Uwe: Das waren sieben lebende Kinder, und noch ein Kind ist früh gestorben.

H.: Ein Junge oder ein Mädchen?

Uwe: Ein Mädchen.

H.: Was heißt: früh gestorben.

Uwe: Ganz früh, in den ersten Monaten oder in den ersten Wochen.

H.: Älter oder jünger als der Vater?

Uwe: Älter.

---

* ***Abkürzungen:***

V	Vater
M	Mutter
1	Erstes Kind, Sohn
2	Zweites Kind, Sohn
3	**Drittes Kind, Sohn**
4	Viertes Kind, Tochter, manisch-depressiv
+SV	Schwester des Vaters, früh verstorben
+VM	Vater der Mutter, im Krieg gefallen

H.: Und was ist in der Familie der Mutter passiert?

Uwe: Ihr Vater ist ganz früh im Krieg gefallen.

H.: Der älteste Sohn ist mit ihm identifiziert. Das kann man ganz klar sehen.

Wie geht es dem Vater?

[V]: Ich würde gerne Kontakt haben mit meiner Frau. Ich wünsche mir die Nähe und bin unglücklich, daß sie mit dem ältesten Sohn so verbunden ist. Und ich habe eine starke Beziehung zu meiner Tochter, sehr eng, warm.

(M): Mir war erst ganz beklommen, und als die Tochter hierher kam, richtig schwindlig. Ein sehr unangenehmes Gefühl. Ja, und die linke Seite ist ganz gelähmt.

[1]: Mir geht es hier nicht so schlecht. Ich stehe nur nicht als Sohn hier, aber ich stehe für jemand, und dafür stehe ich gut.

[2]: Ich bin ärgerlich auf meine Mutter, daß die nicht bei mir ist, sondern bei meinem Bruder. Aber mein jüngerer Bruder wird das schon in Ordnung bringen.

[3]: So fühle ich mich überhaupt nicht. Ich dachte erst, die Schwester ist mir noch eine Stütze, doch seit sie näher zum Vater gestellt wurde, habe ich so ein komisches Gefühl auf der linken Seite, so ein Herzklopfen. Ich spüre einen Sog weg von hier. Ich fühle mich eigentlich ganz beziehungslos. Am ehesten habe ich noch eine Beziehung zur Mutter.

[V]: Für die beiden ältesten Söhne habe ich gar keine Kraft und keine Aufmerksamkeit.

(4): Von hinten habe ich das Gefühl, irgend etwas drückt mich. Ich bin auch sehr unruhig. Das wurde mehr, je näher ich zum Vater gestellt wurde. Daß ich rausgucken kann, das hat es etwas gemildert.

(H. stellt die verstorbene Schwester des Vaters neben ihn und die Tochter vor sie)

Uwe: 2. Bild

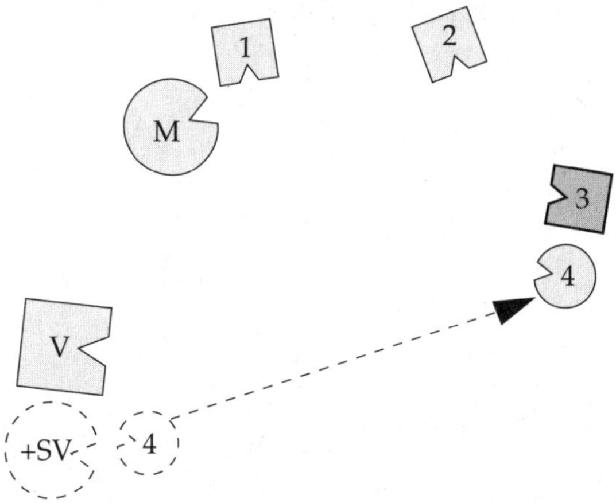

H.: Was ist verändert?

[V]: Da kommt Traurigkeit und Liebe zur Schwester.

(4): Ich werde unruhiger.

(H. stellt sie neben ihren Bruder)

H.: Wie ist das?

(4): Besser, so ist es gut.

[3]: Für mich ist es auch besser, aber ich muß sie auch sehen *(stellt sich so, daß er sie sehen kann).*

H. *(zu Uwe):* Ihr beiden spielt Vater und seine Schwester.

(Uwe nickt)

Deine Gefühle von vorhin sind ja die von deinem Vater zu seiner Schwester.

Uwe: Genau.

H. *(zur Mutter):* Was ist bei dir verändert?

(M): Ich kriege besser Luft. Es ist leichter, und ich habe auch das Bedürfnis zu meinem Mann und zu seiner Schwester zu schauen.

H.: Geh mal hin.

(H. stellt die Frau neben den Mann und ihren Vater zu ihr. Die Kinder stellt er in der Altersreihenfolge den Eltern gegenüber.)

Uwe: 3. Bild

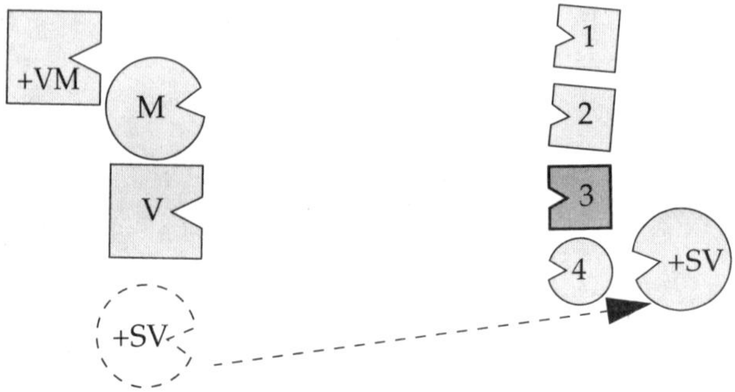

H. (*zum ältesten Sohn):* Wie geht es dir jetzt?

[1]: Kleiner. Es ist etwas schmerzlich *(lacht).* Aber sonst, wenn ich mich daran gewöhne, ist es gut. Es ist ein Verlust auch.

H. *(zum Vater):* Bei dir?

[V]: Ich bin in einen schweren Konflikt geraten. Ich fühle mich meiner Schwester gegenüber sehr verpflichtet und verbunden, und das ist auf einmal lockerer geworden, dadurch daß meine Frau näher gekommen ist.

(+SV): Mein Bedürfnis war, ein Stück wegzurutschen.

(H. stellt sie hinter die Tochter)

H.: Wie ist das für die Tochter?

(4): Es ist gut hier.

H.: Uwe, stell dich an deinen Platz.

(als er an seinem Platz steht): Erzählst du es deiner Schwester, womit ihre manische Depression zusammenhängt?

(zur Gruppe): Bei manischen Depressionen habe ich den Verdacht, daß sie mit früh verstorbenen Geschwistern zu tun haben, entweder ein eigenes Geschwister oder ein Geschwister der Eltern.

(zu Gunthard Weber): Kannst du das nachfühlen?

Gunthard Weber: Ja, sofort.

H.: Gut, das war's dann.

Anhang II

Inhalt nach Themen geordnet

Bitte beachten Sie, daß sich die Zahlen auf den Anfang der Kapitel beziehen, in denen diese Themen vorkommen. Die Zahlen in Klammern bezeichnen die Seite, auf der innerhalb eines Kapitels die Behandlung des genannten Themas beginnt.

Verzeichnis der Geschichten

Sätze, die lösen

Eltern zu einem abgetriebenen Kind:
Mein liebes Kind. Ich gebe dir jetzt einen Platz
in meinem Herzen.
Es tut mir leid. Und jetzt nehme ich dich als mein Kind. 25/26

Sohn der einen Freund der Mutter vertritt, zur Mutter:
Mama, mit dem habe ich nichts zu tun. Der hier ist mein Vater. 33

Und zum Vater:
Mit dem habe ich nichts zu tun. Du bist mein Vater,
und ich stehe neben dir. Das ist mein Platz. 34
Lieber Vati. 39

Sohn zum Vater, der wegen seiner politischen
Überzeugung im Gefängnis starb:
Lieber Vati, ich gebe dir die Ehre.
Bitte segne mich, wenn ich bleibe. 65

Kind zum Vater, der früh starb:
Lieber Vater, du bist tot, ich lebe noch eine bißchen,
dann sterbe ich auch.
Segne mich, wenn ich bleibe.
Ich mache was aus dem, was ich von dir geschenkt bekommen habe;
es war nicht umsonst. 67

Tochter zu den Eltern,
die früh verstorbenen Eltern nachfolgen wollen:
Papa, ich achte dein Schicksal. Auch wenn du gehst, ich bleibe.
Bitte segne mich, wenn ich bleibe.
Liebe Mama, auch wenn du gehst, ich bleibe. Bitte segne mich,
wenn ich bleibe. 81/82

Kind zu Eltern, die gehen wollen:
Ich bleibe, und ich traue euch zu,
daß ihr mich segnet, wenn ich bleibe. 84

Mann zu seiner Frau, die bei der Geburt ihres Kindes starb:
Wir haben es gemeinsam auf uns genommen.
Du hast schwerer dafür bezahlt als ich.
Meine Liebe bleibt bei dir, und ich sorge im Andenken
an dich gut für unser gemeinsames Kind. 88

Kind zur Mutter, die bei seiner Geburt starb:
Ich nehme es auch zu diesem Preis;
und ich nehme es auch zum Preis, den es mich kostet. 89

Bulimische Tochter zum Vater:
Bei dir schmeckt's mir. Von dir nehme ich es gerne. 93

Mann zu seiner Frau, die er verlassen will:
Ich bleibe. 99

Diese Frau zu ihrem Mann:
Ich nehme dich – mit allem, was zu dir gehört. 99

Dieser Mann zu seiner Mutter und
seiner früh verstorbenen Schwester:
Hier ist mein Platz.
Hier bleibe ich.
100

Dieser Mann zu seiner Tochter:
Ich bleibe. Ich bin dein Vater, und ich bleibe. 100

Sohn der einen Freund der Mutter vertritt
zu seinem Vater, den er verachtet hat:
Es tut mir leid. Ich achte dich als meinen Vater.
Nimm mich als deinen Sohn. 111

Tochter zur Mutter, die bei der Geburt einen Schaden erlitt:
Ich nehme es von dir zum Preis, den es dich gekostet hat.
Ich halte es in Ehren und gebe es weiter, so wie du.
Es soll nicht umsonst gewesen sein. 124

Diese Tochter zur Mutter, als sie ihr den Sohn zeigt:
Schau, das ist mein Sohn. Es ist gut weitergegangen. 125

Mutter zu ihrem an Diabetes erkrankten Kind:
Ich bleibe, und ich freue mich, wenn du bleibst. 142

Vater zur Tochter, die Platz gemacht hat, indem sie starb:
Ich nehme es von dir als ein Geschenk. 144

Eltern zu einem abgetriebenen Kind:
Wir nehmen es von dir, was du uns gibst,
daß der Platz gemacht hast. Wir nehmen es mit Liebe. 145

Tochter zur Mutter, die früh an Krebs starb:
Auch wenn du gehst, ich bleibe.
Du hast mir sehr gefehlt.
Das hättest du nicht tun dürfen. 171/172

Frau zum ersten Mann, den sie verlassen:
Es tut mir leid. Ich war ungerecht. 185

Diese Frau zum ersten Mann,
als sie ihm ihre neue Familie zeigt:
Das ist meine neue Familie. Schau freundlich zu uns. 185/186

Bruder und Schwester zur Mutter,
die ihrem Bruder in den Tod nachfolgen will:
Hier, beim Vater, ist mein Platz.
Hier bleibe ich. 331

Bert Hellinger

Carl-Auer-Systeme Verlag

Bert Hellinger
→ **Schicksalsbindungen bei Krebs**
Ein Buch für Betroffene und ihre Therapeuten

Bert Hellinger beschreibt in seinem neuesten Buch an bewegenden Bildern, wie Schicksalsbindungen in Familien schwere Krankheiten wie Krebs mitbedingen und aufrechterhalten.
Und er beschreibt, wie die gleiche Liebe, die an die schlimmen Schicksale bindet, auch aus ihnen löst, wenn sie bewußt wird, und dann heilende Kräfte in der Familie freisetzt.

Bert Hellinger
→ **Schicksalsbindungen bei Krebs**
Ein Buch für Betroffene und ihre Therapeuten
ca. 200 Seiten, Kt
ca. DM 44,–/öS 321,–/sFr 41,–
ISBN 3-89670-008-1
Erscheint Frühjahr 1997

Zu diesem Buch gibt es
ein zweiteiliges Video:

Bert Hellinger
arbeitet mit Krebskranken
Video, ca. 8 Stunden
ca. DM 178,–/öS 1388,–/sFr 158,–
ISBN 3-89670-007-3

Neu von
Bert Hellinger

CARL AUER

Bert Hellinger

Video und Audiocassetten

Carl-Auer-Systeme Verlag

→ Familien-Stellen mit Kranken
10stündige Live-Video-Edition eines Kurses für Kranke, begleitende Psychotherapeuten und Ärzte
3 VHS-Kassetten, insgesamt 10 Stunden
DM 248,–/öS 1934,–,–/sFr 221,–
ISBN 3-927809-55-1

Unser Packageangebot:
Video und Buch
→ Familien-Stellen mit Kranken
DM 278,–/öS 2168,–/sFr 247,–
ISBN 3-89670-009-X

Bert Hellinger
→ Ordnung und Krankheit
Vortrag und therapeutisches Werkstattgespräch
Video, 130 Min.
DM 56,–/öS 437,–/sFr 51,–
ISBN 3-931574-74-1

Bert Hellinger
→ Vom Himmel, der krank macht, und der Erde, die heilt
Vortrag
→ Leiden ist leichter als lösen
Die Familientherapie Bert Hellingers
2 Cassetten, jew. ca. 60 Min.
DM 36,–/öS 281,–/sFr 33,–
ISBN 3-89670-0447-2
(nicht mehr als Einzelcassetten erhältlich)

Carl-Auer-Systeme Verlag
Weberstraße 2
69120 Heidelberg
Telefon (06221) 6438-0
Telefax (06221) 6438-22

CARL AUER